全国对外汉语教学
优秀教师论集

课程教材研究所
对外汉语课程教材研究开发中心 组编

图书在版编目（CIP）数据

全国对外汉语教学优秀教师论集/课程教材研究所编.
北京：人民教育出版社，2008
ISBN 978-7-107-21359-5

Ⅰ.全…
Ⅱ.课…
Ⅲ.汉语－对外汉语教学－教学研究－文集
Ⅳ.H195-53

中国版本图书馆 CIP 数据核字（2009）第 035206 号

人民教育出版社出版发行
网址：http://www.pep.com.cn
北京人卫印刷厂印装　全国新华书店经销
2008 年 9 月第 1 版　2009 年 5 月第 1 次印刷
开本：890 毫米×1 240 毫米　1/32　印张：10.125
字数：250 千字　　印数：0 001～3 000 册
ISBN 978-7-107-21359-5
G·14469　　　定价：18.30 元

如发现印、装质量问题，影响阅读，请与本社出版科联系调换。
（联系地址：北京市海淀区中关村南大街 17 号院 1 号楼　邮编：100081）

序

由课程教材研究所组编的《全国对外汉语教学优秀教师论集》，共编入12篇论文；各篇论文的作者，都是在2002年9月10日举行的"全国对外汉语教学优秀教师奖"① 颁奖仪式上获奖的优秀教师。论集编就后，该所对外汉语课程教材研究开发中心赵晓非同志要我作序。我实在太忙，要不是晓非，我可能会婉言推辞；对晓非我不能这样做，没有什么特别的理由，只是因为他是我的学生。再说，我虽不在汉语作为第二语言/外语教学（以下简称"汉语教学"）的第一线，但我对汉语教学一直比较关注；而通过写序也可以使自己获得一次学习新知的好机会，因为我有一个脾气，一旦答应写序，一定要先阅读全部书稿，以便使序文内容能写得实在一些。

俗话说"先睹为快"，看完论文集的书稿，我确实产生了这种感觉。下面所说的内容算是我阅读每一篇论文后的一点儿心得。

汉语教材的趣味性，这是大家都关注而又众说纷纭的问题。汉语

---

① 这是国家汉办迄今为止组织评选的唯一一次此类奖项。——编者注。

教材必须具有趣味性，这可以说已经是大家的共识。但是，什么叫趣味性？趣味性在汉语教材中占据什么地位？汉语教材需要什么样的趣味性？怎样使汉语教材真正具有汉语教学需要的趣味性？大家又并不是很清楚。刘颂浩的《对外汉语教材编写和使用中的趣味性问题》一文细致剖析和评介了汉语教学界所存在的对汉语教材趣味性的三种不同观点——依附论、平等论、辅助论。他坚持认为，趣味性是一条辅助原则，不及适度性原则和多样性原则重要。他还指出，产品趣味性和过程趣味性是两种密切相关但类型不同的趣味性，保持二者的独立性具有重要的意义。以往的经验和教训告诉我们，要使汉语教材有趣味性，对教材编写者来说，最需要考虑的问题恐怕是：所编汉语教材如何适合汉语学习者实际的汉语水平和学习需要，如何适应汉语学习者的年龄特点，如何符合学习者的文化情趣。而这些问题答案的获得，必须以科研引航。

文化教学是第二语言教学不可分割的组成部分。汉语作为第二语言教学必然同时会涉及和介绍相关的中国文化知识。该介绍哪些中国文化，该怎么介绍中国文化，都还是需要进一步研究的问题。李泉的《对外汉语教材中文化偏误分析》一文正是基于对这两个问题的思考，对四部教材里所存在的这方面的偏误（作者将介绍哪些中国文化方面的偏误称为"取向偏误"，将怎么介绍中国文化方面的偏误称为"解说偏误"）进行了批评性的评论与剖析。属于"取向偏误"方面的，文章选评了7例，属于"解说偏误"方面的，文章选评了6例，所选案例有一定代表性。每一例作者都从"偏误分析"和"偏误评价"两方面进行评论。所作的评论基本公允。当然，正如作者在文中所说的，各人对文化偏误的认定会有一定的主观性。作者某些评论也存在可商榷之处，如"用手指敲桌子是什么意思"这一条，原教材对其介绍说得确实不是很正确、到位，但作者对这一条的评论也欠妥。食指和中指并拢轻轻叩桌（注意，不是一般的"用手指敲桌子"！原教材的说法不妥），原是闽粤地区喝茶、饮酒时对他人给自己倒茶斟酒表示感谢的一种礼节性举动，这种礼节性举动目前已经逐步延伸至其他地区。这种举动丝毫不给人以像作者评论中所说的"既不雅观，也颇不礼貌，让人觉得很傲慢"那样的感觉。该文还有一个遗憾，那就是只是进行批评，没有正面说明该怎么样。如果作者对不同阶段、不同类型的汉语教材该介绍哪些中国文化，该怎样介绍相关的中国文化，能正面提出一些建设性意见，那么文章就更有参考价值了。

卢福波的《语法教学的基本原则及其操作方法》一文，就对成年人的对外汉语语法教学提出了八项基本原则，这八项基本原则是：实用原则、针对原则、复式递升原则、细化原则、简化原则、类比原则、解释原则与操练原则。作者对每一项原则，都紧密联系现代汉语语法实际，用实例作具体的说明。该文可以说是作者的经验之谈，学术含量很高，每一原则的论述都不乏真知灼见。举例来说，在论述"实用原则"时，作者指出，"最大的实用性在于选择和处理最有教学价值的语法内容"，具体说，首先要考虑的应该是："①最基本、最常用的部分；②最容易发生偏误的部分；③语法项用法上的适用条件和限制条件。"在说明"针对原则"时，作者认为，"针对原则主要体现在以下三个方面：针对国别语种、针对水平层次、针对语法要点"；其中在说明"针对水平层次"时指出，主要是要考虑"学习者对语法知识的理解程度和接受水平"，具体说，"一个语法项目用什么样的言词表述、用什么样的方法传授、讲解到什么程度都要有明确的针对性"。关于"复式递升原则"，作者主要在吕文华教授关于"语法分布应与划分等级水平相适应，在同一层次循序渐进的同时，更要做到不同层次的循环递进、逐层深化"这一论述的基础上，作了进一步的阐释，强调：一个语法项目在不同教学阶段需"在难度上作循环性上升，重复性递增的层次教学处理"，进行"由低到高、循环梯阶性的教学"；"需要注意相关度高的语法项目之间的教学距离问题"，要"把看上去分散的、独立的一个一个单一的语法项目有机地整合起来，使学习既有层次，又有衔接"。而在说明"解释原则"时，作者一方面强调对语法现象解释的必要性，同时强调进行解释时，"讲解所占比例不要过大"，譬如从认知角度进行解释时，"坚决杜绝专门地大讲特讲认知原理，而要采取渗入的、点拨的方式，将语法点的认知与形式尽量统一起来，贯穿于整个教学过程当中，即教者要以一种潜在的认知理念驾驭着整个语法形式的教学过程"。为节省篇幅，不再一一举例说明。作者在说明这些原则时都有具体实例。最后作者指出："教师要想准确地抓住语法项目要点，把它处理得简要、浅显、明白、恰到好处，就要首先吃透、研究透该语法项目，而且不是理论上的研究和研究结果的搬用，而是实际应用上的再研究和再加工，这无疑是一个新的挑战，但这也是对外汉语语法教学的必由之路。"这些论述我非常赞同，对于汉语语法教学我认为都亟具指导意义。

吴勇毅的《学习策略的使用与汉语口语教学》和张和生的《对外汉语课堂教学策略研究的回眸与思考》都是谈论策略问题的。前者探讨学习策略，后者谈论教学策略。

吴勇毅一文是一篇很有学术价值和现实指导意义的文章。该文论点明确，材料翔实，很有说服力。我们知道，注重学生"学"的方面，注重外国学生汉语学习的学习策略研究，对提高汉语教学质量至关重要。这一领域的研究我们才起步，有广阔的研究空间。作者用自己的实际调查所得，在文中探讨并论述了注意研究并培养外国学生好的学习策略，对提高汉语口语教学效果的重要影响。作者首先指出，一般说来，学生"一旦遇到表达障碍，其首选的基本上都是采用'目的语策略'"；但通过进一步访谈了解到，学生还常常"会采用各种'补偿策略'以及'社交策略'来弥补由于当前汉语知识和技能的'缺失/缺少'所造成的交际和交流的困难,以保持交际和交流的顺畅"。据此,作者提醒并告诫我们,"教师在口语教学中,应该鼓励学生克服怕说、怕错、怕别人听不懂的畏难心理,以及由此而产生的口语焦虑,提高学生的策略意识,引导学生采用各种补偿策略和社交策略积极主动地跟同学、老师以及其他中国人交际,在交际和交流中提高口语能力"。作者还特别提倡培养学生"元认知策略"。所谓"元认知策略"是指"主体在进行认知活动的全过程中,将自己正在进行的认知活动作为认知和意识的对象,不断地对其进行积极、自觉地监控和调节"。作者指出,实际调查结果显示,"对那些自我监控意识很强,会采用监控策略的学生,教师在课堂上或在跟学生的日常交流中,不一定总是直接指出他们的错误(打断话语,中断交际),而应尽量采用在自己的话语中把正确的话语/句子形式说出来的方式(以自然的或者加重音强调的方式),间接指出学生的错误(不打断话语,不中断交际),让学生自己感悟并且自我纠正"。作者引用吴门吉(2004)的话说,"监控策略的使用在汉语学习的初级阶段具有重要的意义","对学生进行自我监控策略的培养,在声调学习阶段可以取得事半功倍的效果",监控策略一旦掌握,"使学生能较快习惯汉语的表达方式"。可见,注意培养学生的监控意识,是"更充分地调动学生的学习主动性"的"一种以学生为中心的最佳口语教学模式"。作者最后指出,"把学习策略培训纳入第二语言/外语教学,使其成为第二语言/外语教学的一个有机的组成部分(既教语言同时也传授学习语言的策略),是第二语言/外语教学的一个新趋势"。

张和生一文,如标题所示,对先前十年间有关汉语课堂教学策略的研究,进行了回顾与思考。作者在文章开头的第四自然段就指出,决定汉语课堂教学效率的因素很多,但"作为以语言技能训练为主的第二语言教学，要想在课堂教学中用最少的时间和精力达到最佳的教学效果，教师是否了解一定的教学策略、掌握一定的教学技巧，应该是其中一个突出的因素"。由此可足见作者回顾和思考这一问题的用意。作者搜集了360余篇有关论文，分两条线对汉语课堂教学策略的研究进行了细致而又很好的梳理：一条是从教学内容的角度，对诸如汉语语音教学、汉语语法教学、汉语词汇教学、文字教学以及文化教学的课堂教学策略与技巧的研究分别进行梳理；一条是从课型的角度，对诸如汉语精读课、汉语口语课、汉语听力课、报刊课的教学策略与技巧的研究分别进行梳理。值得注意的是，作者并非述而不作。作者在梳理之后，一般都会在最后进行精当的归纳与概括。如在梳理汉语语音课堂教学策略时，在分别介绍他人的观点后，作者最后归纳、概括说，"无论采用何种课堂教学技巧，语音教学都应该注意以下一些原则"——"以示范与模仿为主，语音知识指点为辅"原则、"从易入手，循序渐进，突出难点，有的放矢"原则、"温故而知新"原则、"音形结合，加深印象"原则、"注重对初学者语音教学的时间投入，适时纠正发音"原则。有时作者在最后会提出自己的意见，摆出自己的观点，如在梳理汉语口语课堂教学策略时，在分别介绍他人的观点后，作者指出，"我们认为，口语课教师首先要建立一种意识，或一种观念，即口语课不是教授知识而是训练能力。口语能力是练出来的，而不是教出来的。合格的口语课教师课上的教学语言一般不应超过课堂教学时间的1/4。在学生口语训练中，教师应适时适度地鼓励学生的进步，指出存在的问题，纠正学生的语病，从而让学生产生信任感、安全感。教师应懂得课堂上相互沟通的艺术，恰当地表现出自己对学生的关心、鼓励、期待、失望，适时提示、启发，为学生开口创造条件，营造气氛。优秀的口语课教师应掌握表演的技巧，可以借助形体语言解释教学中的重点、难点；应具有乐队指挥、影视导演才能……；

应掌握提问的技巧,给每一个学生开口的机会……。教师应以饱满的热情感染学生,使学生处于兴奋状态;应将幽默、轻松与严肃、严格有机结合;应控制课堂节奏,口语课提倡在学生有一定压力感的前提下的张弛有序"。这都是肺腑之言,很有指导意义。文章最后指出,汉语课堂教学策略与技巧研究"是我们的软肋",作者分析了这方面研究所存在的具体问题,提出今后应"拓展研究的领域,国内与海外兼顾,普及与提高双修",并认为这"是我们未来对外汉语课堂教学技巧研究的方向"。

杨惠元的《论〈速成汉语综合教程〉的特色》一文是一篇书评,由于作者本人就是教材编写者之一,对教材的编写原则、课文的取舍等都非常熟悉,对教材精彩之处分析得头头是道;文章达到了作者预期的目的,读者通过这篇书评可以明显地感受到《速成汉语综合教程》(以下简称《教程》)确实是一本从课文内容到课文语言都比较生动活泼、通俗浅显、风趣幽默、并能给学生想象空间的好教材。目前大多教材不具有"从课文内容到课文语言都比较生动活泼,通俗浅显,风趣幽默,并能给学生想象空间"这样的优点。该评论无疑会给教材编写者以多方面的启迪,使教材编写者从该教材中获得借鉴。不过文章的评介有些面面俱到,其实可以更概括一些,这样文章的效果可能更好些;再说有些部分前后口气不太协调,如在分析说明《教程》"课文内容实用有趣,学生爱学易学"时,一共列了如下9条:1. 课文内容实用,话题典型,与学生的学习生活有关;2. 语言生动活泼、通俗浅显、风趣幽默;3. 有人物,有情节,有明确的语言环境,创造出了比较鲜活的人物形象;4. 情节真实有趣,有连贯性;5. 课文中适当穿插一些幽默故事、民间笑话等;6. 内容要有一定的思想深度,给学生想象的余地;7. 语体风格要多样化;8. 加大文化的含量,多方面介绍目的语文化;9. 关注世界级的话题和普遍性的文化。且不说分这么9条是否合适,从口气上看,第1至5条和第9条可以认为是对教材的评论,可是第6至8条,变成对教材的要求了,这显然不合适。另外,作者在评论《教程》对"词汇实用量大,课文篇幅较短"这一矛盾的处理时,说由于编者把生词分散在课文和练习两个部分,而"这两部分的生词同等重要",所以"较好地解决了这个矛盾"。这一看法也尚可斟酌。进入练习的生词跟进入课文的生词能认为"同等重要"吗?其地位和教学要求上能一样吗?

吴中伟的《长期进修初级阶段教学探新》一文,具体分析了来自非汉字文化圈的来华长期进修生的初级阶段的教学中的矛盾和问题,并提出了解决矛盾和问题的一些具体设想。作者首先指出,初级阶段教学中存在两对矛盾,一是"循序渐进与急用先学的矛盾","实际上也就是系统性与实用性的矛盾,语言的形式结构规则与其交际功能的矛盾";二是"汉语教学和汉字教学之间的矛盾"。接着,作者概括分析了初级阶段教学的三种模式——(1)以语言结构的系统性为主线的模式,(2)兼顾语言结构系统性和汉字教学系统性的模式,(3)以交际活动的实用性为主线的教学模式;并分析了各种模式存在的不可克服的矛盾与问题。在此基础上作者提出了自己的模式:入门阶段,采取"以语音教学为主线"的"会话、语音、汉字三线并进,逐步汇合"的教学策略;而语音教学,采取"音节切入、突出重点、长期不懈"的教学策略;汉字教学,采取"区分读写,'写''打'结合,多重复现"的教学策略;语法教学,采取"循环式、任务型、词汇化"的教学策略。作者对整个教学设想,对各个教学阶段所采取的教学策略,都具体举例加以说明。应该说作者的论述是很漂亮的,其设想很有参考价值和借鉴作用。当然,这一设想是否就完全解决了作者开始所指出的矛盾与问题,需要由教学实践来加以证明。据作者说,这些设想大部分已经体现在作者的课堂教学实践和作者主持编写的教材中。那么效果如何呢？可惜作者没有交代。说实在的，到底怎样有效地组织和进行汉语教学，都还在摸索之中。作者所提出的教学模式，是一种新的尝试，值得欢迎和支持。汉语教学需要有更多的单位与个人像作者那样提出新的教学思路，进行新的教学试验。

长期以来，在一般教师的心目中都会考虑这样的问题：如何通过正规的课堂教学，使第二语言学习者掌握所学的语言知识和技能，从而能够以更快的速度、更好的途径发展其第二语言？可是许多人认为，实际的教学效果总不能令教授者和学习者十分满意。熊文的《论课堂正规语言教学和第二语言习得的关系》一文正是针对这种现象，来深入讨论这样两个问题：第一，教师和学生应该有什么准备来共同实现成功的教学？第二，教师如何通过正确评价学生的进步来调整自己的教学？这两个问题显然是广大汉语教师经常思考并随时关心的问题。作者旁征博引，并结合自己的教学实践围绕上述两个问题展开了论述，不少见解都很精辟。例如，作者指出，"'输入'必须是可懂的"、"必须大于'输出'"、"必须有'质'的要求"、"必须满足'区别性'这一特征"，而且"必须把'输入'有效地提供给学习者"；"第二语言习得的特征并不是一个线性过程，这个过程由扩展、巩固、退步甚至失落等不同的过程所组成"；评价学生的进步，考试成绩只是"对学习者语言发展的一个阶段性的评价"，而一个合理的评价标准，必须"建立一个纵向的评估标准"，即"从开始就考察学生的中介语从发生到逐步壮大的过程，最后以学生能自发的，能动地使用目的语来评价他们的进步"，这样"才能给学生的语言发展定位"，因为学生的学习并不会因为正规课堂教学的结束而结束，学生学习的资源并不仅仅局限于课堂。这些见解都很值得汉语教师参考。文章要是能写得更精练一些，真正有启迪、有参考价值的实例能多举一些，那就更好了。

肖奚强的《试论汉语本体研究与偏误分析的相互作用》一文，作者以自己对含有介词"除了"的句式的研究成果为实例,说明"汉语本体研究成果为偏误分析提供了理论基础";以自己对"的确""实在"句法、语用差异的研究成果为实例,说明"学生偏误为汉语本体研究提供了课题"。文章给人以实在的感觉。读者可能会对作者关于"除了",关于"的确""实在"的研究成果提出这样那样的意见,但他从自己的研究中所悟出的道理,以及他在文章结尾所总结概括的话——"作为一名对外汉语的教师,如果既具备汉语本体研究的基本功,又能从语言教学的实践中捕捉到汉族人习焉不察的语言现象,并从适当的角度加以研究,那么我们的研究一定会对汉语本体研究和语言习得理论两方面作出应有的贡献",这无疑有现实的、普遍的指导意义,有助于广大汉语教师树立研究意识,提高自己的学术境界。

周健的《对外汉语语感教学法新探》一文的基本观点是,"语言能力的核心是语感能力","汉语教学的根本任务就是培养学生的汉语语感"。这一观点是值得汉语教学界重视的。以往,许多人谈到外语能力,只提听、说、读、写的能力,而忽视语感跟语言能力的密切关系。事实上语言能力之中应该包括语感;把语感和听说读写的能力合起来才真正体现一个人的外语能力。关于这一点,我们的前辈吕叔湘、胡明扬先生都曾指出过,香港王培光教授也曾有专著(《语感与语言能力》,北京大学出版社,2005年)论述过这个问题,遗憾的是汉语学界至今重视不够。作者再次呼吁汉语学界重视语感教学,提出"结合语境学习词汇和语法规则"等多项很有参考价值的语感教学法的原则,其中特别强调,"培养语感最有效的方法是增加学生对目的语的接触时间和接触范围,最理想的是让学生完全沉浸在汉语的语境之中";"语感的形成离不开大量广泛的课外阅读","在学习汉语的早期阶段就着重培养学生的阅读兴趣,对于他们汉语语感的形成,意义重大";"'背'与'悟'是传统语文教学的主要经验","熟读背诵有价值的生动表达、名言佳句、精华短章是培养牢固的汉语语感的必由之路";"汉语语感只能是由学习者自身基于自己的经验背景而建构起来",因此教师要善于从知识的权威,从知识的传递者,变为学生通过自主学习不断发展语感能力的"促进者、组织者和指导者"。这些论述可以认为是实施语感教学法的至理名言,值得重视。作者在文章中还举了语感教学法的实际教例,很值得参考。正如作者在文章结尾所指出的,只要重视并正确把握语感教学法的原则,每位教师都能在教学实践中创造出实用有效的语感教学的方法与技巧。

毛悦的《面向世界知名企业的汉语教学模式》一文针对中国境内正蓬勃开展的面向世界知名企业的汉语教学,在总结、分析已有的公司企业班教学经验的基础上,提出并阐释了三种面向世界知名企业的汉语教学模式,以适应庞大的市场需求,这三种模式是:"强化教学模式""进修教学模式"和"'自主学习与课堂教学相结合'模式"。对每一种模式,作者都从"教学对象""教学时间""教学总目标""教学原则""教学特点""教学内容""教学组织与管理"等方面作了具体说明;对"'自主学习与课堂教学相结合'模式",作者还就"学习方式"和"学习流程"作了说明。作者所提出的教学模式和所作的说明都是建立在对实际教学状况,包括对教学对象的调查研究的基础上的,并借助于一定的理论指导。这在文章的一至三部分都有很具体的说明。该文将有助于推进日益发展的面向世界知名企业的汉语教学;对从事面向世界知名企业的汉语教学工作的同仁来说,这是一篇值得参考的文章。

鲁宝元的《汉语"对句"的文化解析与对外汉语教学》一文,对作为中国文化一部分的汉语的"对句"及其形成的原因、"对句"在古今各个语言、文学领域的运用,都作了全面系统的介绍与论述。作者认为汉语"对句"的产生与延续既跟中华民族的思维特点有关,也跟汉语本身的特点有关,并作了具体说明;作者还介绍了一些我国古代的对句练习的教科书。从事汉语教学的教员要了解这方面的内容，这是值得参考的文章中的一篇。

　　上述12篇论文的作者都是层层评选出来的南北高校中从事汉语教学的优秀教师。他们的论文大多有学术深度，基本上反映了当时我国汉语教学的水平，代表了当时的汉语教学的研究水平。他们既是优秀的教育工作者，也是汉语教学研究队伍里的佼佼者。从他们身上让大家看到了汉语教员的希望——我们的汉语教师已经不再是个纯粹的教书匠了，开始从教书匠走向既是汉语教育战线上的好教员，又是汉语教学的研究者。这是十分令人欣慰的。

　　当前汉语教学的发展形势，总体上来说是很好的，汉语正逐步走向世界。国际上日益升温的汉语热，给我们的汉语教学带来了极好的发展机遇，也带来了多方面的严峻挑战。汉语教学，特别是国际汉语教学，要开展面向不同层次需要的汉语教学。我们现在无论是师资、教材，也无论是教学模式、教学方法以及汉语教学评估与汉语水平测试手段，都不能满足日益发展的汉语教学的需要。这就要求我们必须以科研为引航，急需加强汉语教学的基础研究。我想，本论文集的出版，将会为广大汉语教师传递这样一种信息：在做好教学工作的同时，得积极投身到汉语教学研究中来，以自己的教学、研究成果，一起来推进汉语教学，在为世界各国建造通向中国的友谊之桥——汉语桥这一伟大工程中，作出自己的贡献。这是汉语教学形势发展的需要，也是作为一名汉语教师应尽的职责。是为序。

陆俭明
2008年1月30日
于泰国最北部的皇太后大学

目 录

- 对外汉语教材编写和使用中的趣味性问题………… 刘颂浩 1
- 对外汉语教材中文化偏误分析 ………………… 李 泉 27
- 语法教学的基本原则及其操作方法 …………… 卢福波 46
- 学习策略的使用与汉语口语教学 ……………… 吴勇毅 75
- 论《速成汉语综合教程》的特色 ……………… 杨惠元 100
- 长期进修初级阶段教学探新 …………………… 吴中伟 139
- 对外汉语课堂教学策略研究的回眸与思考 …… 张和生 166
- 论课堂正规语言教学和第二语言习得的关系 …… 熊 文 187
- 试论汉语本体研究与偏误分析的相互作用 …… 肖奚强 213
- 对外汉语语感教学法新探 ……………………… 周 健 239
- 面向世界知名企业的汉语教学模式 …………… 毛 悦 269
- 汉语"对句"的文化解析与对外汉语教学 …… 鲁宝元 289

对外汉语教材编写和使用中的趣味性问题

—— 刘颂浩

在《如何选择教材》一书的首页，坎宁斯写道（Cunningsworth, 1995：1）：

> 在电视节目和电脑游戏的影响下，学习者变得越来越挑剔，他们对产品质量和包装的期待很高，在跟视觉形象有关时，就更是如此。他们也希望课本能够让学习更容易，更有乐趣。他们对乏味无趣的材料很快就会失去兴趣，不管这些材料的教学法基础多么牢固。

可以看出，坎宁斯对于教材的趣味性非常重视。对外汉语教学中，对于趣味性问题也一直非常关注（参看刘颂浩，2000以及李泉，2002的综述）。不过，在认为趣味性重要的同时，对于趣味性在教材编写中的地位，以及趣味性和其他原则的关系，研究者的意见并不一致。本文讨论教材编写和使用中的趣味性。之所以如此，是因为某些有争议的问题，必须综合考虑教材编写和教材使用才能解决。文章分六个部分：一、语言教材的性质；二、对趣味性的不同认识；三、趣味性的类别；四、语言趣味性；五、过程趣味性；六、结束语。需要说明的是,"教材"在本文中指传统的纸质教材。

一、语言教材的性质

趣味性是语言教材需要考虑的重要因素之一,而教材是语言教学的有机组成部分,因此,不能孤立地来看待教材,也不能孤立地来看待趣味性。语言教学是在一定的环境中进行的。麦克唐纳和肖(McDonough & Shaw, 2003:5) 把环境分成两种:学习者和教育背景,如图1。

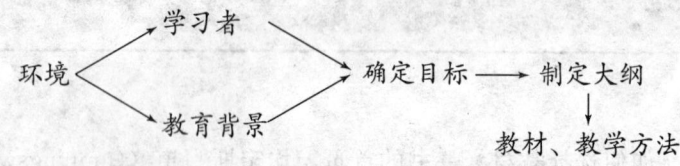

图1 麦克唐纳和肖的语言教学框架

关于学习者,需要考虑的因素有:年龄、兴趣、英语水平、学能(aptitude)、母语、受教育程度、学习态度、动机、学习英语的原因、偏爱的学习风格、个性等。教育背景指整个教学和学习环境,需要考虑的因素有:英语的社会地位、英语在学校和课程中的地位、教师、管理、现有资源、教辅人员、学生人数、时间、硬件环境、社会文化环境、测试方式、监督和评价机制等。教育背景决定了目标的实现方式和程度。只有在一定的教育背景下,才能判断(根据学习者的需要和特点确定的)目标是否具有现实性,是否可行。确定教学和学习目标有很多可能,可以从整个国家的角度出发,也可以从整个学校的角度出发,或者从某一年龄群体、某个班级甚至某一个体的角度出发。目标不可能毕其功于一役,需要在时间维度上展开,需要考虑先后次序。对学习内容的这种整体安排和组织原则,即为教学大纲。教学大纲直接影响教材的设计和选择,以及教学方法的使用。

麦克唐纳和肖指出，图1所展示的是一种理想的顺序。能够按照这种理想顺序来开发教材的教学机构，不能说绝对没有，但肯定不占多数。大部分情况下，教学机构或者教师本人需要从市场上已有的教材中进行选择。他们强调，在对教材进行整体评价时，要考虑可用性、普遍性、可调整性和灵活性。坎宁斯也指出，教材选择意味着教材和使用环境之间的匹配，为共同市场设计的教材不可能完全适用于某一特定群体的学习者。教材选择的目的是发现最适用的、并且具有可调整性的教材。我们想指出的是，即使是按照图1所示顺序来开发教材的机构，实际上也不能保证开发出来的教材完全适用。原因是：一、一般来说，对学习者的分析针对的是编写教材之前或当时的学生，而且分析结果总是要经过一定程度的概括（舍弃了一些个体差异），再加上教材编写需要一定的周期，因此，针对分析结果编写出来的教材，很难保证能够切合当前以及未来每一位学生的需要。二、教学目标和教学大纲只是教材编写的框架，具体的编写过程还会受到其他许多因素的制约，使得教材并不总能完美地体现教学目标和教学大纲。总之，在教材和学习者、教育背景之间，总有一定的距离。单靠教材，学习者的需要以及教学上的要求难以完全得到满足。使用时，一定程度的调整和补充是必须的。坎宁斯、麦克唐纳和肖都强调教材要具有"可调整性"，原因也在于此。

我们认为，认识到这一点对教材研究是非常有益的。在对外汉语教学中，对现有教材的不少批评，都和"不能满足学习者的需要"有关。仔细想来，类似的批评有可能把教师应该做的事情推给了编者。另一方面，编者在设立编写目标时，也要更加实际；即使是针对性再强，也不可能满足所有学习者的所有需求。下面对这两点稍做说明。

在对外汉语教学界关于教材的众多议论中，感觉最明显的，是不少人对教材有过高的期待。比如，李晓亮（1996）介绍说，她在为乔治亚大学理工学院设立中文课程时,选阅了很多美国和中国学者编写的教材。她当时想寻求的答案是,"怎样能有一套教材使课堂里的那些不同专业、不同背景、不同程度、不同学习目的的学生们爱上中文学习,并且学有所成"。我不知道有哪位编者敢自信地说"我编的教材能够满足你的需要"或者"我可以给你编出一套这样的教材"。李晓亮大约也比较失望,所以才会发表文章,从"题材"和"方式"两方面对现有教材进行批评,并且提出改进建议。在本人看来,李晓亮的要求似乎难以变成现实。为不同专业、不同背景的人编出让他们"爱上中文学习,并且学有所成"的教材就已经非常不易,再加上"不同程度、不同学习目的"的限制,真的是"难于上青天"了①。尽管我们很难确切地推断出李的"不同程度、不同学习目的"到底指什么。

在研究人员提出的教材评价标准中,我们也能发现同样的问题。比如,董明、桂弘(2005)指出:"一本好教材,必须充分考虑教学对象的种种特点,包括国别、年龄、学习期限、学习目的、教学环境等等。此外且须考虑学生已有的知识结构和知识水平。"类似的议论常常可以见到。既然是"种种特点",当然不应该只是列出的几点,学习者的其他特点,诸如学习风格、兴趣爱好、家庭背景、对目的语文化的认同等等,也应该包括在内。正如上面所说,这其实是一种理想。在实际的教材编写过程中,问题是:一、从哪里得到关于学习者的如此之多的信息?二、不同的学习者之间,有共同点,也有不同点,该如何处理?三、怎样把如此之多的有关学习者的信息落实到课本、练习等的编写中?本人对这三个问题都不怎么乐观。举例来说,在编写《乘风汉语》时,我们得到了许多反馈。其中之一来自美国教育部的项

---

① 这里按照通常情况来理解李晓亮所说的"一套教材"。如果把"一套教材"的含义无限扩大,我们的议论就不能成立。

目专家，是关于文化方面的意见："如果（《乘风汉语》的文化内容）能够和学生已有的关于中国的知识联系起来，项目对学生的吸引力就更大（It's more likely to hook US students into the program if there is a connection to their existing knowledge of China.）。"对这一批评，我当时的回应是："这是非常好的建议。但难处在于，《乘风汉语》脚本写作人员没有得到过足够多的这方面的信息，也很难把握哪一个具体的文化点是美国学生了解的，哪一个不是。此外，根据兴趣组（focus group）调查的结果，美国学生之间的差别也非常大。"（国家汉办，2004：30）如果想彻底贯彻美方专家的建议，就需要了解美国中学生对项目中涉及的所有文化内容的熟悉情况。根据卢伟（2005）的介绍，《乘风汉语》一共设立了157个文化点，加上相关信息中另立的11个，共168个。这还只是事后的统计，在写作时，文化点经常会随着课文的调整而改变。所以，编写人员在做决定时，脑子里想到的显然比168要多得多。即使是只有168个文化点，要想知道学生对它们的熟悉情况，难度也是相当大的（如果不是完全不可能）。在思考这个例子的时候，还必须认识到，文化只是一个方面，一个相对来说还算比较容易操作的方面。如果要把"教学对象的种种特点"都考虑进来，恐怕只有上帝才知道应该怎么操作。获得编写对象的有关信息，只是第一步。更加关键的是如何处理这些信息，如何在编写教材时利用这些信息。如果第一步的工作就已经不可能很完备，那么，我们实际上就根本不可能考虑"教学对象的种种特点"，更谈不上充分考虑。

因此，在"如何确定教材的使用者（即目标用户）"这个关键问题上，我们面临着选择：不做任何限制（像李晓亮那样）还是有所规定？必须考虑用户的所有特点（像董明那样）还是有所选择？本人的看法是，教材编写的第一步，是对目标用户及其特点做出一定的规定和选择；在后续的编写过程中，需要时刻关注这一特定用户群体的这些特点。确定目标用户及其特点,就是确定这一群体的共同点(刘颂浩,2007)。应该提取哪些内容作为共同点?学习环境(目的语环境还是外语环境)、年龄(成人还是儿童)、学习时间(每周3小时还是每周20小时,一共学习多长时间)、学习目标(到目的语国家读专业还是去短期旅行)、学习者的母语和文化、现有语言程度(初级、中级还是高级)等都是常见的选择项。提取的因素越多,教材编者的目标就越明确,针对性也就会越强。以美国大学中文系基础教材为例,适用对象的共同点是:学习环境相同(外语环境,在美国),年龄相同(都是成人),学习时间相同(每周上课时间大约5小时),基础相同(零起点或接近零起点),学习目的相同(一般性地提高汉语水平)。学生背景,很难看成是共同点,因为有传承学生(heritage student)和非传承学生的区别。提高汉语水平之外的其他目的,不同学生之间差别可能很大。必须指出,这样的规定是必需的。改变其中的任何一项条件,就会在很大程度上改变教材的面貌。比如,把"一般性地提高汉语水平"改成"为了职业目的(做外交官)而学习汉语",教材的编法就会有很大的改变;把学习时间改为每周10小时,教材的容量就要相应地增加。

因此,编写教材时,针对的只能是具有某些共同点的一群用户;这群用户的其他特点,是会被舍弃或者看轻的。类似的看法,其实很早就有人指出了。比如,鲁健骥、杨石泉(1986:426)认为,"教材不能满足所有教学对象的要求,只能针对某一类学生"。换言之,任何一本教材,都不可能是万灵的药方,能够医治所有疾病。在选择或评价教材时,对此一定要有明确的认识。作为教材的属性之一,对趣味性和讨论和研究也必须以此为基础。

二、对趣味性的不同认识

在这方面,问题的核心是,趣味性是不是一条独立的原则?如果是，它与其他原则的关系如何？认为趣味性没有独立地位，而是依附于实用性等其他原则的看法，可以称为"依附论"。在承认趣味性是一条独立原则的前提下，从理论上说，也有三种可能：趣味性与其他原则同样重要（可称为"平等论"），趣味性不及其他原则重要（可称为"辅助论"），趣味性比其他原则重要（基本上没有人持这种看法）。

2.1 依附论

对外汉语教学界很早就认识到，趣味性和实用性关系密切。赵贤州（1988）认为，"语言材料的实用价值是教材趣味性的重要因素"，刘珣（2000：316）的看法与此相同：

> 教材的趣味性与教材的实用性、交际性紧密相关。尤其是在初级阶段，要紧密结合学生的生活与交际，使教材的内容正是学习者所需要的。需要的东西自然愿意学，课上学的东西课后马上就能在交际中运用，就会觉得有兴趣。反之，学习者认为没有用、不需要的东西，就不可能产生兴趣。

这种看法进一步发展，就是孟国（2005）提出的"依附论"。他认为，趣味性具有依附性，依附于实用性、交际性、针对性、科学性等。他说（55—56页）：

> 第二语言习得是一种主动学习，是有选择的学习。第二语言学习者不能凭兴趣出发，他们不只考虑这本教材是否有意思，那门课是否有趣，而是首先考虑是否有用……今天学习汉语的留学生绝大部分都是把汉语作为工具来学习的，很少是为了研究汉语和中国文化，或当汉语教师的。鉴于此，笔者以为，提高趣味性必须要有一个坚实的基础，这个基础就是对外汉语教学和教材编写的其他原则，如实用性、针对性、交际性、科学性等，离开这个基础谈趣味性毫无意义。

> 这就是说，学习者的看法和行为是由动机决定的，而学习者目前

学习汉语的主要动机是为了获得一种工具,因此,实用性就是绝对第一的原则。不过,在这段话中,尚有一些疑问。第一,"第二语言是一种主动学习"并非在任何情况下都成立。我们知道,很多大学一般要求学生选修一门第二语言,至少有些学生是为了满足这方面的要求才选学的,另外一些学生是遵父母之命而学习的。这两种情况都不是"主动学习"。第二,主动学习为什么"不能凭兴趣出发"?道理似乎很难说通。第三,工具性目的一般和融入性目的相对而言,后者指对目的语社会及其成员有好感,希望能够成为其中的一员。研究汉语和中国文化的外国人,汉语既可以是他们融入中国社会的手段(融入性目的),也可能只是他们的研究工具(工具性目的),或者二者兼而有之。孟国这段话中对"工具性目的"的用法与一般的理解不同。第四,实用与否是由目的决定的。一本《德汉词典》,对于正在学习德语的人来说很有实用性,但对不懂也不想学习德语的人来说,很难说有什么实用性。即使接受孟国关于工具性目的的看法,也必须认识到,这只是一种目的,其他目的也会对实用性起决定作用。只不过同样是实用性,所指的内容并不相同而已。对准备在中国工作的学习者来说,日常生活中的交际语言可能更有实用性。对研究汉语和中国文化的学习者来说,汉语语言学以及古代汉语等知识可能更有实用性。因此,孟国运用"工具性目的"来支持"趣味性的依附性"是站不住的。

按照对实用性的一般理解,有用的内容能够提高学习者的积极性和学习动机,但是,这种动机是一种外在动机,和趣味性并没有必然的联系。趣味性引发的,是学习的内在动机,是从学习内容当中感到的乐趣和愉悦。为了实用目的而做的事情(比如坐公共汽车上班)和为了体验愉悦感而做的事情,可能有重合的地方,但并无本质联系。

孟国调查了学生对他编写的《原貌汉语》的看法。其中之一是对9篇课文的趣味性评价和其他评价(实用性、知识性、科学性、必要性、喜欢程度以及总体得分）的关系。孟国认为调查结果支持他的趣味性依附说，因为学生认为"实用性强、有必要学习的，相对来说都有较强的趣味性，可见趣味性原则的依附性"。此外，孟国认为，调查结果说明，对课文内容的趣味性评价和总体评价没有必然的关系。这其实是一个相关关系问题。根据孟国提供的材料，本人计算了趣味性和其它评价的相关系数，结果如下：趣味性和喜欢程度（0.94），趣味性和实用性（0.90），趣味性和知识性（0.87），趣味性和科学性（0.80），趣味性和必要性（0.80），趣味性和总体评价（0.83）。一般来说，相关系数超过0.80就属于高度相关。因此，孟国对趣味性和总体评价关系的解释是站不住的。这两者的相关系数是0.83，具有密切的关系，而不是"没有必然的联系"。另一方面，相关关系和因果关系也不是一回事，趣味性和实用性的相关系数很高，为0.90，但这只能说明两者关系密切。仅仅从相关关系中，无法推断出孰为因孰为果。因此，孟国的调查并不必然支持"趣味性依附于实用性"这一结论。

孟国（2005）是一篇全面讨论趣味性的文章，其中另一个看法也和本文有关。孟国认为，趣味性是一个动态过程（55页）：

> 趣味性主要体现在教师身上，或者说体现在教学过程中。所以我们很难说这本教材有趣味性或那个课型没有趣味性。这样看来，教材的趣味性原则并不像我们想象的那么重要，重要的是教师的主观能动性，即教师的知识水平、素质修养、教学方法、教学艺术、教学态度、敬业精神、性格禀性等，如果教师能把这些方面的良好状态成功地体现在教学过程中，必定会深深地吸引每一个学生，教学过程自然充满趣味性。

既然趣味性是一个动态过程，那么，非过程因素（比如教材、课型）就不能从趣味性方面进行比较，结论也只能是，"很难说这本教材有趣味性或那个课型没有趣味性"。更进一步，孟国认为，常用的提高趣味性的措施，比如体裁和风格多样、版面设计精美、配有相应插图、课程安排多样、变换上课形式、适当地走出课堂、练习形式灵活多变等等，虽然是"必须的、有益的"，但因为不是动态过程中出现的内容，也"和趣味性没有什么直接的关系"（孟国，2005：56）。

如果上述一段话旨在强调教师的作用，本人完全赞同；但如果因此得出"很难说这本教材有趣味性或那个课型没有趣味性"的结论，就走向了极端。课型的问题跟本文无关，暂不讨论。就教材而言，有没有趣味性，应该有客观的标准，正如一盘菜好不好吃有一定的标准一样。吃菜的时候，有人会巧妙地加上一些调料，让不怎么好吃的菜变得好吃起来。但是，也许没有人愿意相信，饭菜好吃与否，关键不在于厨师的技艺和饭菜本身，而在于吃的过程或者食客添加调料的手段。我们认为，"过程趣味性"和"产品趣味性"是密切相关但彼此独立的两种趣味性。过程趣味性的提出，是趣味性研究的重要进展；但以此为由否定产品趣味性，则有得不偿失之嫌。关于这两种趣味性，下文会有详细论述。需要说明的是，孟国在文章中并没有使用"过程趣味性"这一说法。此外，趣味性是一个过程这一看法，其他学者也曾论述过。

2.2 平等论

李泉明确主张这一看法，他说（2002：473）：

> 理论上说，教材编写的针对性、实用性、科学性、趣味性等诸原则，既然同为"原则"，其地位相同的属性也就明确了，按说不必也不应非给他们排个座次。它们不同的是，侧重点和管辖范围；相同的是，对教材编写来说，其重要程度是不分彼此的。要创造"精品"教材，忽视了哪一个"原则"都不行。这就是说，针对性、实用性、科学性、趣味性等，作为教材编写的原则和评价教材的依据，其重要地位是相同的。

在讨论教材的针对性时,李泉(2004:56)又重申了上述看法:

> 事实上,这几项原则是一种互相联系又各有侧重、相互制约又相互支持、一损俱损一荣俱荣的关系,而不是相互对立、一重几轻或几重几轻的关系。因此,倒可以说,增强教材的科学性、实用性和趣味性,都有助于增强教材的针对性,反之亦然。

李泉的论证是:因为都是原则,所以地位当然相同。这似乎没什么说服力。另一方面,"一损俱损一荣俱荣"却很难理解。如果真是如此,怎么会出现李泉(2002)所说的"保了实用性丢了趣味性"的现象呢?不过,虽然竭力主张平等论,李泉(2002)也马上指出,这些不同的原则与编教者、教师和学生的"亲疏关系"是不同的。他认为,对于这三种人来说,"优先考虑顺序"是不同的:

编教者:针对性>科学性>实用性>趣味性

教 师:科学性>针对性>趣味性>实用性

学 生:趣味性>实用性>科学性>针对性

这里有几个问题要问。第一,这三种顺序是如何得来的?第二,在这三种顺序当中,为什么编教者会把趣味性放在末位?为什么教师会那么不重视实用性?为什么学生认为针对性最无关紧要?第三,诚如李泉(2004)所说,"教材的设计和内容的安排,要适合学习者的特点和需求"。既然如此,为什么学生将趣味性放在首位,而编教者则相反,将它置于末位呢?第四,更为重要的是,既然这些原则对不同的人来说重要性不同(尽管李泉特意避开了重要性一词,而采用了"亲疏关系""优先考虑顺序"等说法),那么,理论上的平等又是如何得来的?在这些问题没有得到解决之前,"平等论"很难让人接受。事实上,李泉(2002)的很多论述都与他力主的"平等论"有冲突,比如(466页):

在教材编写实践中，要把内容"有趣"和"有用"完美地结合起来，真是谈何容易！所以往往不得已出现顾此失彼的情况。至于在二者难以兼顾的情况下，以哪一个为主哪一个为辅，就得考虑所编教材使用对象的特点、教材的适用阶段和类型等因素。不过，即使如此也还会见仁见智。

这是非常有见地的看法。如果把"有趣"理解成"趣味性"，"有用"理解成"实用性"，那么，这段话就是说，"趣味性"和"实用性"往往难以兼顾，具体处理时会有主辅之别，不同的人对主辅关系也有不同的认识。既然如此，那么，原则之间的平等关系也就不攻自破了。

平等论在理论上很难成立，实践上也困难重重。这可以从对李泉（2002）的不同解读看出来。如上所述，本文把李泉的看法视为平等论。孟国（2005）则从李泉的文章中找到了"趣味性是教材成败的第一因素""内容有趣比内容有用更重要"等语句，并认为李泉夸大了趣味性的作用。

2.3 辅助论

在认为趣味性不及其他原则重要这一点上，刘颂浩（2000）与孟国（2005）有相同之处。刘指出（20页）：

教材编写可以依据很多原则，但不是所有的原则都同样重要。如果将语言教材分为课文、注释、练习三部分，那么应该认识到，一般所说的教材编写原则是针对不同的部分而言的。趣味性针对的主要是课文，即选材问题。在选材上，最重要的原则我认为有两条，一是语言合适，二是内容合适并且多样。两者之中"语言合适"最重要……趣味性作为教材编写（选材）的原则，其重要性不及语言和内容两条。

孟国（2005）引述了这里的最后一句，并且评论说："此言极是。但趣味性和语言、内容不是并列的概念，因此并不具备可比性。"这似乎是误解。对于任何一段特定语料,我们都可以从语言和内容两方面来进行评价。语言方面主要是难度问题,原则是适合学习者的水平,刘颂浩(2005a)称之为"适度性"。内容方面的原则有趣味性、知识性、文化性等。这些都是语料的不同属性,是可以比较的。

需要指出的是,语言是内容和形式的统一体,文化性、知识性、趣味性也都包含内容和形式两方面的问题。不过,因为我们把形式(即上面所说的"语言")方面的适度性单独提取了出来,所以在讨论趣味性等其他原则时,就可以侧重在内容方面。刘颂浩(2008)结合听力教学语料编选,对这一问题进行了深入讨论。简单地说,适度性和多样性是所有原则当中最重要的两条,对于语料编选具有决定性的影响,是不可违反的"核心原则"。适度性处理的是语料本身的属性,多样性处理的是语料的组合和搭配。编选语料时,必须"瞻前顾后",不能"顾此失彼"。真实性、文化性、知识性和趣味性这四者,是教材编写中的"辅助原则"。在一定的条件下,辅助原则都是可以违反的。就趣味性而言,虽然我们着力强调它的重要性,但也不能不看到,很多不具备趣味性的文章(比如天气预报、新闻广播、产品使用说明等),在语言教学中还是不得不学的。

上面介绍了关于趣味性地位的三种不同看法。从理论上说,还有第四种可能,就是认为趣味性高于其他原则,趣味性最为重要。明确主张这一看法的学者,本人还没有见到。黎天睦(1987:155—156)关于"越可笑越好"的主张与此最接近:

> 教材内容应该有意思,而不要单调,这是很重要的。我前面为什么特别介绍了耶鲁大学的教材呢?不是因为它们的是最理想的,有一个原因就是它们的教材有很多故事、会话,比较有意思。他们编的故事当然是可笑的,可是学习外语越可笑越好,有的时候是这样。学生对课文感兴趣,因为他想知道这个

故事有什么结果，虽然有点儿困难，还继续念，已经晚上十二点了还不愿意睡，要把这课念完。趣味性是很重要的。"

不过，黎天睦又加了一句"有的时候是这样"，又似乎表明，有的时候不是越可笑越好。从他多次只说"趣味性是很重要的"这一点来看，他并不认为"趣味性最重要"。

总结起来，"依附论"否认趣味性在教材编写中的独立地位，是不可取的。"依附论"的核心是"动机决定行为"，但是却把内在动机和外在动机混为一谈了。"平等论"认为趣味性是一条独立的原则，和其他原则一样重要，但并没有给出理论上的说明，在操作上也难以贯彻，同样是站不住的。"辅助论"也认为趣味性是一条独立的原则，但是具有辅助性，不及核心原则重要。

三、趣味性的类别

趣味性有不同的类别，因此讨论趣味性时，必须明确是在什么意义上来进行的。刘颂浩（2005a：240）是这样说的：

> 本文只讨论跟教材编写有关的趣味性问题。即使如此，还必须加上一系列的限制：一、是教材本身含有的趣味性，而不是使用者在教学过程中创造出的趣味性；二、是初级而不是中高级教材的趣味性；三、是语言的趣味性而不是印刷（比如插图、装帧等）的趣味性；四、是课文的趣味性而不是练习、注释、文化点的安排等方面的趣味性。

初级教材语言方面的限制多，编选课文时能够使用的资源有限，所以趣味性问题更为突出，更值得研究。至于趣味性本身，也许不存在初级、中级、高级之别。因此，上面这段话中，包含了对趣味性的三种分类：产品趣味性和过程趣味性；语言趣味性和印刷趣味性；课文趣味性和非课文趣味性。这三种分类并不在一个层面上，它们之间

的关系如图 2:

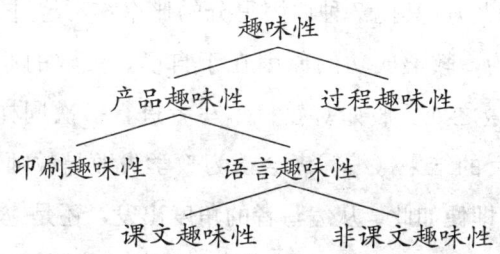

图 2 语言教学趣味性的类别（根据刘颂浩 2005a）

"产品趣味性"指教材作为产品，其本身含有的趣味性。"过程趣味性"指教师在运用教材的过程中，在和学生的互动过程中出现的趣味性。过程趣味性可以是对产品趣味性的实现，也可以是师生共同创造的趣味性。我们认为，教材编写和教材使用是两个问题，研究二者及其关系，是为了帮助教师更好地使用教材，是为了帮助编者编出更好的教材；而不是厚此薄彼，或者抑此扬彼。因此，区分这两类趣味性并且保持各自的独立性具有重要的意义。坎宁斯（1995）认为，在英语教学中，教材具有多种作用，其中之一是"为缺乏经验、对自己尚无信心的教师提供帮助"。周健（2001：29）也指出："教材是教学法思想的体现，是课堂教学的基础。教材与教师的关系正如剧本与导演的关系。虽然一位经验丰富的教师有时候即使使用一部质量不高的教材也能上得有声有色，但这种现象丝毫也动摇不了教材在教学法运用方面的主导作用。"在趣味性方面同样如此。一本妙趣横生的教材，不但能够提供趣味素材，而且能够让年轻教师认识到趣味性在教学中的作用，并为他们在教学过程中创造趣味性提供灵感。

张宁志（2006）对 40 名教师进行了一次归因调查。对于教学成功，教师们认为最主要的原因是"自己有当好汉语教师的能力"（67.5%），"自己对教汉语很感兴趣"（62.5%），"自己工作非常努力"

(57.5%)。而对于教学失败，教师们认为最主要的原因是"教材有很多问题"(53.5%)，其他7种原因得分的比率均不超过10%。也就是说，教师们认为，教学成功的原因在于自己，失败的原因在于教材。这当然不无偏激之处。假如对教材编写者进行一次同样性质的调查，可能会得到相反的结果（编写者会认为教学失败是教师对教材的使用不当造成的）。即便如此，从编写者的角度出发，还是应该先做好自己的工作。编者应该努力增加教材本身的趣味性（产品趣味性），为教师和学生提供更多的、充满趣味性的资源和活动，而不应该用"趣味性是教师教出来的""趣味性是学生学出来的""趣味性是师生互动的结果"等来推卸责任。平心而论，就目前的情况而言，教材方面需要改进的地方还有很多。

印刷趣味性包括用纸、装帧、版面、插图等，它受制于整体的出版水平。本人1989年开始从事对外汉语教学工作时，教材的印刷质量很差，用着用着就散架了。那几年每学期开始，我经常做的一件事就是"加固"教科书，做成自制的"线装书"。在这种情况下，印刷趣味性是无法保障的。值得高兴的是，对外汉语教材的印刷质量近几年有了很大的提高。尽管还不能跟国外语言教材相比，但比之以前，进步还是很大的。印刷趣味性主要是出版社以及编辑的责任，教材编者当然能够参与并且贡献自己的意见，但毕竟行业不同。本文关于印刷趣味性的讨论，也只能到此为止。对外汉语教材总体质量的提高，不是专业或学科本身就能解决的问题。

四、语言趣味性

语言趣味性是产品趣味性的一个重要方面，也是对外汉语教学趣味性研究的主要领域。根据上面图2，语言趣味性分为课文趣味性和非课文趣味性两类。

4.1 课文趣味性

如前所述，课文在趣味性方面是可以比较的，有些课文在内容上比另一些课文更有趣。这是对课文趣味性进行研究的前提。根据已有的研究，可以得出以下几点结论：

一、课文趣味性包含在课文的意义当中，必须以理解意义为前提。再有意思的课文，如果阅读时语言障碍多多，阅读过程步履艰难，也很难使人会心一笑。本人之所以主张"适度性"是教材编写的核心原则，原因也在于此。朱静雯在编写《轻轻松松学汉语》（笑话读物）时，增加了一个导读部分，对每篇课文当中与中国语言文化相关的内容作了简要的介绍，不但告诉学习者笑什么，而且告诉他们为什么笑（朱静雯，2002）。这不失为一个帮助理解的有效办法。

二、在课文趣味性方面存在着众口难调的现象。如果拿一本教材的文章进行调查，大致会出现这样的结果：有些文章大家一致认为有趣（或者无趣），有的文章大家意见分歧严重。学生方面如此，教师方面也一样。具体例子可以参看刘颂浩（2000）。可以认为，这是学习者以及教师个体差异的体现，是一种正常现象。即使在征求意见的基础上对课文反复修改，恐怕也难以避免这种现象。即使是专门编写的"趣味汉语"，某些课文也会有人觉得一点儿也不可笑。在这种情况下，就需要教师巧做安排，通过一些特定的活动，让那些学生觉得无趣或者意见分歧严重的课文变得生动起来。比如，可以让学生列举原因支持自己的看法，或者让他们改编课文以增加趣味性，或者让他们讲述同类题材但更有趣的内容，等等。应该认识到，众说纷纭，这是世界（语言教学课堂也不例外）之所以热闹的重要原因之一；而那些大家一致认为无趣的内容，也可以用来增加"同仇敌忾"的凝聚力。"我们都不喜欢这篇课文，说明我们有共同的爱好"之类的话语，也许会让大家会心一笑，班级意识可能由此得以加强。

三、对于初级教材来说，提高课文趣味性的重要环节是编者匠心独运，在不超出学习者语言水平的前提下，创造出适合学习者口味和需要的趣味性。也就是说，趣味性主要是一个创造问题，特别是课文中的趣味点（刘颂浩，2005a）。趣味性的创造主要是语言表达问题，具有一定的文学性（吴小燕，2002；杜玲玲、程伟民，2004），难度很高。总的来说，对外汉语教学在课文语言方面还需要进行更多探索。对于中高级教材来说，除创造之外，还可以从富有趣味性的众多材料中进行选择并加以处理，以适合学习者的需要。在选择趣味性素材时，必须区别素材（入选教材的素材就成为课文）和任务。这方面容易出现的问题是选择不当，比如把内容犯忌、语言难懂、构思不巧妙的素材编入教材；或者任务不当，比如要求学生认同中国人对故事的阐释、希望通过故事教育学生等（刘颂浩，2005a）。

四、教材趣味性的欠缺与情节设计意识的淡漠有一定的关系（刘颂浩，2005b：28—29）：

> 由于情节和主线意识的缺乏，对外汉语教材中的课文一般没有"故事性"，人物形象也非常模糊。有些教材注意到了人物要有特点，性格要鲜明；评论者甚至认为某些教材创造出了比较鲜活的人物形象。但有这种意识的教材并不多。从故事的角度来看，这些教材的各个情节之间仍然缺乏联系。单独看也许很精彩，但没有办法贯穿起来，形不成合力……注重教材的情节性和故事性，是初级汉语教材编写的一条可行之路，一条可能的创新之路。

容易理解，教材情节性和故事性的增加，对于提高课文趣味性有直接的助益。新近编写的《很好——初级汉语口语》① 在这方面进行

---

① 刘颂浩等编著，北京语言大学出版社，2007—2008年。

了积极的尝试。

　　五、在选择课文内容时，如果能够与学习者的经验或知识（即"背景知识"）联系起来，会增加课文内容和学习者之间的相关性，相应地，教材对学习者的吸引力也会增强。前面所引美方专家的意见，也是这个道理。这其实是一个背景知识的利用问题。但是，如上所述，编者对于学习者的背景知识常常缺乏了解。另一方面，语言教学（包括语言教材）还应该积极地为学习者积累新的知识（以后的背景知识）。朱静雯的"导读"可以视为这方面的一种努力。在利用已有知识和积累新的知识当中，后者更为重要。唯其如此，学习者才能在学完教材之后，在知识方面有新的收获。

　　六、教材课文中的信息可以分为"假想信息"和"真实信息"两种。两种信息可以巧妙地结合在一起，并且通过增加假想信息的幽默成分来提高课文的趣味性（刘颂浩，2005c、2008）。

4.2 非课文趣味性

　　教材中的非课文因素，包括词汇表、语法或文化注释、练习、翻译等。儿童语言教材在呈现词汇时，常常使用很多图片，以增加形象性和趣味性。成人语言教材这样做的很少，除非是一些比较特别的词（比如"饺子""花轿"等）。教材中的翻译一般也没有趣味性的问题。语法注释要想具有趣味性，前提是采用学生易懂的方式，不用或少用术语（专门为语言专业的学习者编写的专业汉语则相反）。语法注释的趣味性表现在两个方面，可以与学习者的母语联系起来，让他们有亲近感；或者在选择例句时尽量增强趣味性。与语言注释相比，文化注释的趣味性更容易体现出来。学生常常对目的语文化表现出浓厚的兴趣，呈现目的语文化时，又常常比较容易找到精美的图片。图片和文化内容相结合，使得文化注释往往成为语言教材中最吸引学生眼球的地方，无怪乎很多编者都把文化注释当做增强教材趣味性的突破口。

练习当中的趣味性体现在两个方面,一是设立与教学内容相关并且学生感兴趣的课堂活动或者游戏,比如周健、唐玲(2004:74)提供了这样的练习:

> 让单行的同学走到教室外边去阅读一个有趣的故事,留在教室里的双行的学生聆听另一个故事的录音。然后让外边的学生进来,让同桌两位同学通过问答来交流沟通彼此掌握的信息。

这是一个信息差(information gap)练习。利用两人掌握的信息不等值的特点,创造出具有真实交际意义的对话。另外,通过提问,也可以引发学习者从新的角度思考问题,从而引起学习者的兴趣。比如《新中级汉语听力》上册①第一单元课文二讲述了一个笑话:男的在出差期间,每天给女友写一封信,回来后却发现女友跟邮递员结婚了。要求学生回答的问题中,有这样一个:

> 你觉得这篇课文想告诉我们什么?
> A Email 比写信更好   B 不应该离开女朋友
> C 女人都不能相信   D 邮递员的工作很好

在讲解这类题目时,让持不同意见的同学发表各自的看法并说出原因,是很受欢迎的一项活动。

另一方面,练习趣味性也可以通过例句的选择体现出来。刘若云、徐韵如(2005)把"趣味性、形象性"看成例句选择的一个原则。不过,编写教材时,有趣的练习句很难设计。佟秉正等《汉语口语》②第十四课中关于"一……就……"的系列例句可视为这方面的典范:

> 两点钟一到,老师就进来了。
> 老师一进来,我们就都站起来了。

---

① 刘颂浩、马秀丽编著,北京大学出版社,2003年。
② T'ung, P. C. and Pollard, D. E. 1982. Colloquial Chinese (《汉语口语》). London: Routledge.

我们一站起来，老师就说："请坐，请坐！"

老师一说"请坐"，我们就都坐下了。

我们一坐下，老师就开始说中国话了。

老师一开始说中国话，我们就糊涂了。

我们一糊涂，老师就不高兴了。

老师一不高兴，就不想教了。

老师一不想教，我们就学不好了。

单独对练习趣味性进行研究的文章本人还没有见到。鉴于练习在语言教学中的重要地位，练习趣味性的研究需要引起更多的重视。

五、过程趣味性

如上所述，孟国（2005）力主"趣味性是一个过程"。李泉（2002）也认为趣味性是"教师上出来的"，是"学生学出来的"。但他们只是简单地提到了对过程趣味性有影响的两类因素（教师的综合水平和学生的学习动机），没有对这一过程进行更多的描述。

过程趣味性可以是产品趣味性的现实化（可称为"现实化趣味性"）。不言而喻，要将教材中含有的趣味性现实化，教师需要认可教材中的趣味点。教师的理解与编者一致的情况，应该是常见的。不过，前面曾经提到，在趣味性问题上存在着众口难调的现象。编者认为有趣的地方，教师可能并不认可。反过来，教师认为有趣的地方，也可能是编者始料未及的。这样，同一本教材，在不同教师手里，有可能表现出不同的趣味性。我们认为，教师只要能够借助教材提供的元素，上出生动活泼的课程，这就是成功。是不是与编者的意图一致，反而并不重要。

过程趣味性也可以是教师结合课堂上发生的事件，对教材进行创造性运用的结果（可称为"创造性趣味性"）。这有两种情况。第一，教师在备课时考虑到了学生的个体差异和具体情况，对课堂教学的细节（活动安排、所提问题等）进行了有针对性的设计，并且考虑到了趣味性问题。这种情况下出现的趣味性，可称为"预设趣味性"，类似于教材编写中的产品趣味性。只不过在课堂教学当中，教师对学习者的需求了解得更彻底，设计出的趣味性也更有针对性，效果更明显。设计这种趣味性所遵循的原则，是不是与设计产品趣味性需要遵循的原则一致，还需要进行研究。第二，教师根据课堂环境中出现的临时情况，灵机一动，对问题进行幽默处理，从而产生"即时趣味性"。比如，陈满华（1995）提到了"即兴幽默"和"借错幽默"：

  学生：我后年跟我妻子结婚了。

  老师：后年是两年之后，现在你不能有妻子，只能有女朋友。

他认为，学生对这种风趣的纠正言语失误的方法是能接受的，甚至还是欢迎的。

预设趣味性可以转化为即时趣味性，这是教学经验日渐丰富、对学生的情况日益熟悉的结果。举例来说，2003年本人教初级口语课，第一周上课时，有一课的课文跟打电话有关。一位德国学生说，他有一天忘了自己宿舍的电话号码，只好打电话给远在德国的妈妈，让妈妈告诉他。母亲对儿子的关爱之情，学生刚到目的语国家时的无助之感，都在这一件小事中体现了出来。我察觉到这是一个非常有"教学价值"的事件，就特意在教学活动中加以利用。后来，不但是我，连班上的同学也常常能在不经意当中拿这件事开玩笑。"妈妈知道"成了该班最重要的"典故"。在每个班级中"开发"若干个这样的典故，是增加过程趣味性的一条有效途径。

"过程趣味性"只考虑特定班级的情况，或者事发当时的情况，可能不具有普遍性。在教学过程中发生的趣味性，尽管在当时可能趣味盎然，但也常常"不足为外人道"。本人在编写教材时，常常回想自己的课堂上发生的有趣事件，但也常常发现它们很难编入教材。因此，如果对其他老师所举的过程趣味性的例子不以为然、不愿接受，也就不难理解了。仍以陈满华（1995）为例。有一次，一个日本女学生对他说："老师，你的嘴不漂亮。"因为刚吃完饭，他的嘴上有油。在日语里，"きれい"既有"干净"义，又有"漂亮"义。陈满华认为这个例子能够较好地反映出"干净"和"漂亮"的区别，因此，在以后的课堂上就给学生讲这个故事，并且进一步造句："我的嘴不漂亮，但是很干净。"紧接着指着一位抹口红的女同学，"你的嘴很漂亮，可是有点儿不干净！因为你的嘴上有别的东西。"当学生明白"别的东西"指口红时，都笑出声来。本人还清楚地记得，当年在北大汉语学院的资料室和办公室里，有好几位老师对这个例子表现出强烈的反感。

根据以上讨论，图2可以修订如下：

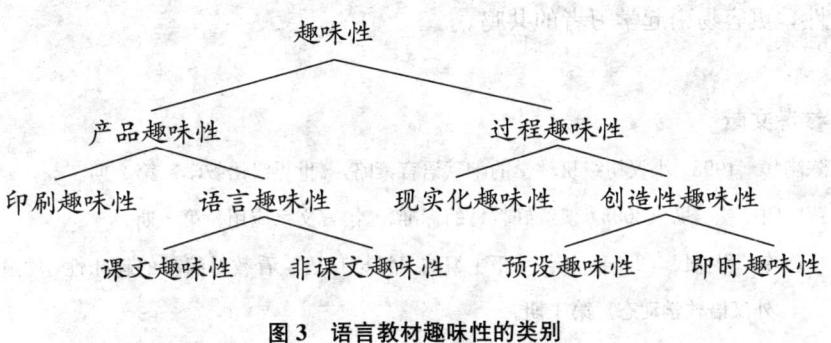

图3　语言教材趣味性的类别

六、结束语

语言教学是在特定的环境中针对某一特定的学习者群体进行的，教材是语言教学的一个重要部分。不管是自编的教材还是从市场上选购的教材，都需要进行一定程度的调整才能满足教学需求。研究教材趣味性，需要在这个大框架下进行。

趣味性是教材编写的原则之一。对于趣味性在教材编写中的地位，以及趣味性和其他原则的关系，目前还有不同的认识。本文讨论了"依附论""平等论"和"辅助论"三种主张。认为趣味性依附于其他原则（即"依附论"），或者诸原则地位平等（即"平等论"），都是站不住的。诸原则平等共处，在教材编写的每个环节都能把这些原则摆平，是一种最理想但却很少能够实现的状态。依附论取消了趣味性的独立地位，把外在动机和内在动机搞混了，更不可取。

本文把趣味性分为产品趣味性和过程趣味性两种，它们密切相关，但类型不同，互相独立。产品趣味性是教材自身所具有的趣味性，产品趣味性如果能够现实化，可以在一定程度上满足学习者的需求。但是，产品趣味性针对的只是教材适用对象的某些共同点。仅有产品趣味性是不够的，教师需要在教学过程中对教材和课堂上发生的事件进行创造性的运用。创造性趣味性发生在具体的环境中，具有较强的个性，更容易引起学习者的共鸣。

参考文献

陈满华（1995）小议初级班教学的幽默语言策略，《世界汉语教学》第2期。

董 明 桂 弘（2005）谈谈好教材的标准，《语言文字应用》第3期。

杜玲玲 程伟民（2004）从佟秉正主编的《汉语口语》看教材编写的趣味性，《国外汉语教学动态》第1期。

国家汉办（2004）《"乘风汉语"课件文件汇编（三）》，内部资料。

黎天睦（1987）《现代外语教学法：理论与实践》，北京：北京语言学院出版社。

李 泉（2002）论对外汉语教材的趣味性，载《中国对外汉语教学学会第七次学术讨论会论文选》，北京：人民教育出版社。

李 泉（2004）论对外汉语教材的针对性，《世界汉语教学》第2期。

李晓亮（1996）对外汉语教材的几个问题，《世界汉语教学》第4期。

刘 珣（2000）《对外汉语教育学引论》，北京：北京语言文化大学出版社。

刘若云　徐韵如（2005）对外汉语教学中例句的选择,《中山大学学报论丛》第 25 卷第 6 期。

刘颂浩（2000）论阅读教材的趣味性,《语言教学与研究》第 3 期。

刘颂浩（2005a）我们的汉语教材为什么缺乏趣味性,载《〈乘风汉语〉教学设计与研究》,北京：世界图书出版公司北京公司。

刘颂浩（2005b）"乘风汉语"课件的脚本写作,《世界汉语教学》第 2 期。

刘颂浩（2005c）中级听力教材编写理念的实践与创新,载《汉语教学学刊》（第一辑）,北京：北京大学出版社。

刘颂浩（2007）教材编写中的国别问题,载《对外汉语研究》第三期,北京：商务印书馆。

刘颂浩（2008）《汉语听力教学理论与方法》,北京：北京大学出版社。

卢　伟（2005）《乘风汉语》的中国文化教学研究,载《〈乘风汉语〉教学设计与研究》,北京：世界图书出版公司北京公司。

鲁健骥　杨石泉（1986）教材和教学实践,载《第一届国际汉语教学讨论会论文选》,北京：北京语言学院出版社。

孟　国（2005）趣味性原则在对外汉语教学中的作用和地位,《语言教学与研究》第 6 期。

吴小燕（2002）论大学初级汉语教材文学性、思想性、趣味性与语言要点的兼顾,载《对以英语为母语者的汉语教学研究》,北京：人民教育出版社。

张宁志（2006）对外汉语教师教学归因初探,《国际汉语教学动态与研究》第 1 辑。

赵贤州（执笔）（1988）建国以来对外汉语教材研究报告,载《第二届国际汉语教学讨论会论文选》,北京：北京语言学院出版社。

周　健（2001）关于汉语教学技巧的两点思考,载《对外汉语教学与教材研究论文集》,北京：华语教学出版社。

周　健　唐　玲（2004）对外汉语教材练习设计的考察与思考,《语言教学与研究》第 3 期。

朱静雯（2002）一本集趣味性、知识性、可读性、实用性为一体的新教材——《轻轻松松学汉语》序,载《对外汉语教学研究》,太原：山西人民出版社。

Cunningsworth, A. 1995. *Choosing Your Coursebook*. Macmillan Publishers Limited. 中文版由上海外语教育出版社 2002 年出版。

McDonough, J. & Shaw C. 2003. *Materials and Methods in ELT: A Teacher's Guide*. Blackwell Publishing Ltd. 中文版由北京大学出版社 2004 年出版。

作者简介

刘颂浩，北京大学对外汉语教育学院副教授，全国对外汉语教学优秀教师，2005—2006 年美国富布莱特研究学者。本科、硕士先后毕业于北京大学中文系和北京大学对外汉语教育学院，现就读于香港浸会大学英语系。著有《第二语言习得导论》《汉语听力教学理论与方法》《对外汉语教学研究》，主编《〈乘风汉语〉教学设计与研究》，主持编写《很好——初级汉语口语》《新中级汉语听力》《乘风汉语》《中级汉语阅读》《核心阅读》等多部教材。主持完成国家汉办重大、重点项目三项，发表论文近 50 篇。研究领域为对外汉语教学与习得、语言测试等。

对外汉语教材中文化偏误分析[①]

——李 泉

引 言

　　文化教学是外语教学不可分割的组成部分,汉语作为外语教学必须同时介绍和揭示相关的中国文化,已成为人们的共识。但是,介绍哪些中国文化,即文化介绍的取向问题;怎样介绍相关的文化内容,即文化的解说问题,目前的研究还不够充分,尚未形成共识。

　　本文试图探讨汉语教材中文化介绍存在的偏误现象,内容涉及教材的文化取向和文化解说。本文所讨论的"文化",既包括教材体例中的"文化点"[②],也包括教材的文化注释。此外,反映中国历史文化、当代国情和社会风貌的课文内容也在本文的考察之内。

[①] 本文曾在英国汉语教学研究会剑桥大学年会(2006年9月)上宣读过,此次发表对原文进行了修改。

[②] 作为教材体例中的一项,每课专门介绍一个文化问题,栏目名称叫"你知道吗""文化点""文化点击""中国文化介绍""学做中国通""文化注释"等。文化内容的解说,有只用外文的,有中外文对照的,有只用中文的。

一、文化介绍偏误定性

　　文化是一种传统,是一种习惯,其自身无所谓正确和偏误。然而对文化的介绍却可以有正确和偏误之分。前者是指教材中文化点的选择恰当,适合学习者的需要,并且观点客观平实,表述准确得体;后者是指教材中文化点的选择不够恰当或内容的解说不够准确。文化点的选择不够恰当,是指所选文化点不具有代表性、对学习者来说缺乏应用价值、不利于学习者准确地了解中国文化和中国国情、容易误导学习者,也表现为文化内容与教学的阶段性不相适应、与学习者的真正需求不相适应,以及文化点的选择存在"以古代今""一味弘扬"或"一味迎合"的现象,等等;文化点的解说不够准确,是指对文化内容的说明不够全面或与实际情况不相符、观点过于绝对化、有宣传说教的味道,也表现为立意或表述上缺乏古今联系、缺乏必要的中外对比、缺乏对学习者理解和应用方面的考量,等等。

　　对文化介绍正确和偏误的认定,是基于常规的汉语作为外语教学的需要,对教材文化内容的选择和介绍的恰当与否作出的主观评价。这与我们对学习者语言偏误的认定大不一样。对学习者语言偏误的认定,虽然也有个人语感上的偏差,但多数情况下人们的看法是一致的,例如,汉语母语者都知道"我见面他三点钟""我是9月1号从东京来了"是偏误句。可以说,对言语偏误的认定是客观性的,绝大多数情况下对就是对,错就是错。但是,对文化偏误的认定则是主观性的,绝大多数情况下,"对"和"错"可能是见仁见智的问题,很难区分出绝对的对和绝对的错,除非是"关公战秦琼"之类的问题,更多的可能是合适与否、准确与否及其程度的问题。

　　尽管如此,我们认为,开展文化偏误的理论研究和实例分析是非常必要的,不仅可以丰富外语教学中文化教学研究的内涵,而且使得偏误研究由语言偏误拓展到文化偏误，从而进一步深化外语教学的理论研究。应该说，文化偏误分析与语言偏误分析具有同等重要的地位。语言偏误研究有助于学习者的语言学习，有助于课堂教学和教材编写，有助于偏误规律的探索和理论假说的建立；同样，文化偏误分析可以为教师的教学和学习者的文化理解提供帮助，可以为教材编写及其文化诠释提供参考和借鉴，可以为探索文化介绍的原则和策略乃至建立文化介绍的模式提供依据。事实上，语言更多的是应用，因而错了可以有更多的机会得到纠正；文化更多的是理解，而理解出了偏差则不容易得到纠正。因此，教材编写更应该尽量做到文化点的选择有较强针对性和实用性，内容介绍准确适度，可接受性强。

　　基于上述考虑，本文考察了若干初中级汉语教材中的文化和国情介绍情况，初步分析了其中的文化偏误现象，并将文化偏误分为取向偏误和解说偏误。不过，这只是大致的分类，因为就目前收集到的材料看，多数是：内容的选取不恰当，同时解说也存在可商榷的地方；或者主要是文化解说方面的问题，同时所选的文化点是否合适也值得考虑。本文涉及的教材，有的是正式出版的，有的是初稿。下文引例隐去教材的真实名字，隐去编者和出版社的名字，以避免给有关教材带来不必要的影响（事实上这些教材都很有特色，整体或局部多有创新），因为我们自己对相关文化现象的了解和理解还相当表面，对如何选取和如何介绍文化点还缺乏成熟的考虑，其评判标准完全是个人的管见。因此，对教材文化偏误的认定是商榷性的、探讨性的，意在引起对有关问题的重视。

二、文化取向偏误分析

2.1 例一：摆脱无奈的方法

　　中国是一个含蓄而又有忍耐力的民族，一般对于自己不喜欢的人或事不会公开表示抗议或不满,实在不可忍受,也只是委婉地建议一下。比如,对方的谈话使他非常不感兴趣,但他不会公开说"请你不要说了"这样的话,甚至连不耐烦都不会表现出来。如果真的感到忍无可忍了,也就是转移话题,或找一个借口离开。(《SHW汉语》"文化点击",2004)

偏误分析:(1) 该文化点的设定可能没有仔细考虑这是不是一个问题。(2) 个别人或少数人的性格、特点或做法,不能轻易当成是"中国的""民族的"介绍给外国人。

偏误评价:该文化点的题目就颇令人费解,是一个比较典型的选题偏误的例子。这样的文化取向及其内容表述,不知想告诉汉语学习者什么样的知识?想教给外国人什么样的方法?如果学习者真的了解了这段话的意思,那么很可能被误导,"中国人""汉民族"或"中华民族"的性格特征很可能被曲解。该文化点偏误指数为最高级5级:★★★★★

2.2 例二:大学校园里的社交

大学校园是个小社会,在这个小社会里也需要社交。在外面的大社会,人们大多送一些有实用价值的东西作为礼物,而校园内大多是送精神礼物。

第一是送书,这是校园内最普遍也最有历史传统的交际方式。学生们认为送书既高雅又实用,还有纪念意义。第二是送鲜花,这是近年来在中国大中城市兴起的新的交际方式。校园里的年轻人乐于选择此种方式,显得既高雅又有情调。第三是电话问候,更直接更及时。一声亲切的问候,通过电话传送给对方,这是书信所不及的。第四是点歌点唱,大学生为朋友、为家人、为老师点播一首歌曲也是经常用的方式。(《JR汉语》"文化点",2003)

偏误分析：(1)"大学校园里的社交"作为文化点来介绍其价值不大，尤其就现有的内容和解说来看。(2)内容表述多有不够周全或不切实际之处。例如，说送书"是校园内最普遍也最有历史传统的交际方式"与实际颇有差距；"送花"的交际方式即使是男女朋友之间也不是很普遍的，而一般朋友之间也用不着这么"热情"。此外，"电话问候""点歌点唱"等也都不大切合实际，不具普遍意义。

偏误评价：这个文化点的选择和解说都不太恰当，对学习者了解中国的人际交往，了解大学校园生活不会有实质性的帮助。实际上，如果确需介绍中国大学校园生活，那么考托出国、考研考博、考公务员、考四六级、求职就业、文体社团等也许更值得介绍，至少比上例这样介绍校园社交要真实得多。该文化点偏误指数为5级：★★★★★。

2.3 例三：什么时候说"谢谢"？

中国人在真正接受别人的恩惠或帮助时才说感谢的话。一般的情谊只需要口头说声"谢谢"就可以了，但如果是一份很重的感情，那就要送上一份礼物以表谢意。但在很亲近的人之间或一家人之间反倒不把感谢说出来，只是心里牢记，以后会找到适当的机会偿还。当听到别人的赞扬时，传统的中国人是不说"谢谢"的。在中国，你到服务行业去接受服务，一般是消费者对服务员说"谢谢"，服务员不会因为你给他提供了赚钱的机会而对你说"谢谢"。(《SHW汉语》"文化点击"，2004)

偏误分析：(1)如果这样介绍"什么时候说'谢谢'"，那么是否有必要很值得怀疑，因为上面对"谢谢"使用的说明，不但没有介绍出值得介绍的内容，很可能让人不知所措，不知所以然。(2)这段话有些说明不很确切，外国人更不容易把握。比如：何种情况才算"真正接受别人的恩惠或帮助"？何谓"一般的情意""一份很重的感情"？谁是"传统的中国人"？（3）有些说法过于绝对，如"在很亲近的人之间或一家人之间反倒不把感谢说出来"但"只是心里牢记，以后会找到适当的机会偿还"。这样说明可能不大准确，因为亲人或亲近的人之间"不言谢"恰是中国人的习俗，说了反而显得见外。此外，"服务员不会因为你给他提供了赚钱的机会而对你说'谢谢'"之类的说法，过于绝对化①。事实上，当今的中国人说感谢话的机会、场合和频率比以往任何时候都多得多②。

偏误评价：该文化点的立项和解说都缺乏针对性，对学习者的汉语学习和运用，对他们了解当代中国的人际交往，不会有太大的帮助，反而可能引起误解。该文化点偏误指数为5级：★★★★★。

2.4 例四："不用"就是不需要帮助吗？

当你想给中国人提供某种帮助的时候，即使他真的需要帮助，他可能也先说"不用了"。但是，如果你认为他真的需要帮助，你就要继续表示你愿意帮忙，这时他可能会说"不好意思""麻烦你了"表示他接受了。如果他确实不需要帮助的话，他会继续拒绝。（《SHW汉语》"文化点击"，2004）

偏误分析：（1）该文化点设定的必要性不充分。事实上，学习者完

---

① 比如，服务行业人员说"谢谢""欢迎再来""感谢光临"等越来越多。有些服务行业不是因为服务态度好、礼貌待人就会多赚钱，因为服务员的工资是固定的。此外，顾客对服务员说"谢谢"，是基于感谢服务员提供了帮助和便利。服务员不说"谢谢"，正说明不是以顾客给了自己赚钱的机会为致谢的因由。

② 对这一观点以及"感谢"是否需要注释和如何注释，剑桥大学阚茜老师指出，即使当今中国人说感谢话的场合和频率比以前增加了，也还不如英国人说"谢谢"和"对不起"的场合多和频率高，许多情况下中国人认为不需要说"谢谢"和"对不起"的时候英国人也说。我们认为阚茜老师的意见是值得重视的。因此，如果教材是针对英国汉语学习者的，还是有必要说明这一现象的，以利于消除因致谢和致歉使用的场合和频率的不同而可能给英国汉语学习者带来的"文化障碍"。

全能够知道"不用"的意义和用法，也完全能够根据实际情况和交际语境来确定要不要帮助别人。（2）中国人之间，特别是交往不深的人之间，确有这种"先婉拒后接受"的情况，但即使如此，也还要看需要帮助的事是否重要。对于那些迫切需要帮助的事，是不会先说"不用了"。（3）事实上，持不同语言和文化背景的人们之间，在语言交际和人际交往的过程中大都会注意到双方文化背景不同这一情况，因而常常有意识地调整自己的言语和行为方式，这应该是跨文化交际的一个特点。上面这个文化点的选择和说明，可能没有考虑到跨文化交际的这一特点。

偏误评价：该选题作为文化点值得商榷。如果一定要对"不用"作个注释，那么，是否在使用范围、事情轻重、交际者之间亲疏关系及其程度等方面作出说明，同时说明婉拒别人帮助的心理因素，否则外国人可能不会理解中国人"为什么要这样"。此外，还要说明这是中国人之间的习惯，中国人在跟外国人交往时未必一定如此。该文化点可能无意间把中国人描绘成了缺乏透明度而"难以捉摸的怪异人群"，把外国人当成了"需要百般呵护的幼稚人群"。该文化点偏误指数为5级：★★★★★。

2.5 例五：用手指敲桌子是什么意思？

中国人在跟别人交往的时候有一些独特的交际方式，跟西方人不太一样。比如在各种宴会场合或在一般宴请宾客的时候，你总会看见客人不时轻轻敲打桌面，这是怎么回事呢？

这是因为主人热情好客，希望自己能用十分周到的接待方式使客人满意。在宴请过程中，主人不停地给客人斟酒和夹菜，对主人这种热情好客的举动，客人就伸出手掌，弯曲五指，以轻轻敲打桌面的方式表示感谢。这种方式早先只在广东等南方地区盛行，如今在全国各地已很普遍了。（《JR汉语》"文化

点",2003)

偏误分析:该文化点反映了近年来饮食文化中的一种新现象,但是否普遍,是否值得介绍可能还需要考虑。此外,与此相关的"上网(过电)"(餐宴上用杯子轻敲餐桌上的转盘,表示"干杯"或"致谢")是否也需要介绍?对此我们还没有成熟的意见。如果要给这个文化点找点儿毛病的话,它应该说明人们对这种感谢方式的态度,因为有人不喜欢这种方式。

偏误评价:说这一选题文化取向有误,实在说是因为我们自己不喜欢这种"以轻轻敲打桌面的方式表示感谢"。敲打桌面既不雅观,也颇不礼貌,让人觉得很傲慢。但是,除了我们感情上不喜欢这种行为以及上面所提到的感觉不雅之类理由以外,找不出更多的不同意把它当做文化点来介绍的理由,故将该文化点的偏误指数定为3级:★★★。

2.6 例六:实在没办法(课文题目)

课文讲的是一对刚结婚不到一年,感情很好的老年夫妻"被逼"离婚的事。原来老先生有一些钱,在市中心还有一套房子,每月可以得到一笔租金。儿女们早就想怎么分他的遗产了。老人再婚让他们很失望,他们不想让老太太分走父亲的遗产。所以就天天和父亲吵架。实在没办法,两位老人只好离婚。离婚以后,老先生把财产都分好了,儿女们才同意他们复婚。(《JJ汉语教程》第三册,2004)

偏误分析:这个故事可能是真实的,真实生活中还有比这更寡情、更让人心惊、心寒的事,同时这样的课文也会很有讨论性。但是,这样的事例究竟有没有代表性,在多大程度上反映了当代中国社会生活的实际,是应该考虑的。上例是有真实生活依据的,但是这种真实在当今中国社会中应该是不多见的,那么把这种个案及其反映出的伦理道德介绍给汉语学习者,从更为宏观的层面上看就显得"不够真实",因为它不能全面客观地体现当代中国家庭伦理关系的现状。从这个意义上讲,该例的国情文化取向是有偏差的。

偏误评价:我们不主张在汉语教学中一味弘扬中华文化,同样也不主张专讲"黑色"或"灰色"现象。在学生汉语水平不高,对中国社会了解还不够多的情况下,把某种极端性的事例选入课文并不利于学习者准确把握当代中国的家庭伦理道德观念。当然,教学内容的取向既是一个理论性问题,也是一个实践性问题,需要研究和探索。这里,我们姑且认为,例六所说的情况普遍性较差,同时内容取向不符合教学的阶段性要求。但是,这种偏误认定毕竟主观色彩太强,因此我们把该例的偏误指数定为3级:★★★。

2.7 例七:代买

当你自己没有时间或不方便的时候,朋友或同事可以代你购买东西。在中国,一般的单位里有食堂或餐厅,它们供应食品都有固定的时间,如果错过开饭时间,就不能在那里就餐了。所以当你工作忙时常常没时间去吃饭,同事或朋友就可以帮忙代买一份盒饭带回来,解决你的饥饿问题。中国人对于请别人代买物品习以为常,不会觉得有什么不适,而且当委托人要付给代买人钱时,代买人常常会说"不用着急"之类的话,当涉及到的钱很少时,甚至会说"算了吧"之类的话,这是一种客气的表示。(《SHW汉语》"文化点击",2004)

偏误分析:(1)把请同事带回一份盒饭或请朋友顺便捎回一份快餐,也当做一个文化点让外国人来"点击一下",有点儿小题大做。现有的说明可能不但没有起到文化疏通的作用,反而使学习者感到糊涂,比如"当委托人要付给代买人钱时,代买人常常会说'不用着急'之类的话,当涉及到的钱很少时,甚至会说'算了吧'之类的话,这是一种客气的表示。"不知学习者能否明白"不用着急""客气的表示"是什么意思，到底想不想要那钱，还是无所谓？(2) 表述冗余，如"如果错过开饭时间，就不能在那里就餐了""解决你的饥饿问题"；个别说法过于武断，如"中国人对于请别人代买物品习以为常，不会觉得有什么不适"。

偏误评价：设立该文化点的必要性不充分。表述有多余和不恰当之处。对学习者不仅没有什么帮助，很可能误导学习者。该文化点偏误指数为5级：★★★★★。

三、文化解说偏误分析

3.1 例一：中国人的礼让

中国人在很多场合都要表示谦让，而且经常反复表示谦让，特别是对尊长更要礼让。当中国人对你表示谦让时，你最好不要直接接受，也要谦让一下。比如，在进门的时候，别人请你先走，你最好不要就先走，而应该请对方先走，否则给人感觉你很不客气。在同桌就餐时（不是分餐），中国人总是要等到尊长先动筷子。但是请你记住，在付账的时候，中国人是决不礼让的，他们都尽量争抢去付。(《SHW汉语》"文化点击"，2004)

偏误分析：(1) 建议外国人"当中国人对你表示谦让时，你最好不要直接接受，也要谦让一下"比较空泛，也并不一定实用，甚至可能是"乱支招"。比如中国人说："大卫，你先尝尝我做的这个菜味道怎么样？"大卫说："不，还是您先尝尝吧！"这岂不怪哉！(2) 对如何"进门"的建议实在没必要。其实，"如何进门"根本不用教，外国人"生活自理"的能力强着呢！(3) "付账的时候，中国人是决不礼让的，他们都尽量争抢去付"，不仅说法有些绝对，因为显然不都是这样，而且很可能使学习者感到莫名其妙,因为没有继续说明"争抢付钱"的原因,所以外国人就只好自己"犯糊涂",或者觉得中国人"有毛病"。事实上,现在人们生活好了,吃顿饭和谁付钱都不是个大问题了,"争抢付钱"的现象比以前少了。(4)"中国人在很多场合都要表示谦让,而且经常反复表示谦让,特别是对尊长更要礼让",这说法有点儿绝对和空洞,让外国人知道这类"广告词"式的话语,实际意义不大。

偏误评价:该例有些说法过于空洞或绝对,或让人无所适从,或点出问题不作解释。该文化点偏误指数为最高级5级:★★★★★。

3.2 例二:中国人的谦虚

中华民族是一个自谦的民族,不喜欢炫耀自己的优势,而对自己的成绩却常常低调处理。在得到褒奖时,一般总是谦虚地说自己还有很多不足、做得还很不够等等。所以当你听到中国人对你的夸奖表示"哪里,哪里"时,你千万不要以为他们不同意你的夸奖,其实他们心里非常高兴,只是表面上客气一下,以示谦虚。否则就会被当做自高自大的人。(《SHW汉语》"文化点击",2004)

偏误分析:(1)"中华民族是一个自谦的民族,不喜欢炫耀自己的优势,而对自己的成绩却常常低调处理",这句话已经不大谦虚、不大低调了。"谦虚"还是别人来说为好。我们虽然不能说谈中国人的谦虚是个禁区,但怎么个谈法还真得琢磨琢磨。显然,外族和异文化中肯定不是都不讲究谦虚的。(2)"所以当你听到中国人对你的夸奖表示'哪里,哪里'时,你千万……"这部分的表述也值得商量。例如,"其实他们心里非常高兴,只是表面上客气一下,以示谦虚",这样的表述会不会让外国人产生误解,觉得中国人虚伪、滑稽、好玩? 此外,在当今的中国青年人之间、"文化人"之间以及电视等媒体上,对待别人的夸奖大都以感谢的方式来回应,很少说"哪里,哪里",对来自外国人

的夸奖更是喜欢用"谢谢"来回应,而且好像我们也并不认为这样回答就是"自高自大"。可以说,今天的中国人在自谦问题上已经相当"洋化",甚至可以预测,以感谢的方式来回答赞扬,将会在更大的范围和更多的场合替代传统的用自谦的方式来回答别人的赞扬。如果是这样,那么上例应该适当联系一下现实,而不能只讲传统的方式。

偏误评价:谈中国人的谦虚最好有所对比和针对,谈出在哪些方面和什么场合都是怎么表示谦虚的,才更有指导意义和实用价值,该例在这方面做得还不够到位。此外,对"谦虚"的解说有"下定义""贴标签"的倾向,这不利于学习者的理解和把握。该例主要介绍了"哪里,哪里"的实际意义和用法及其文化心理,这种通过实例来说明问题的方式是可取的,但是解说的内容和文字还应该打磨。此外,没有联系实际亦是一个缺憾。该文化点偏误指数为 5 级:★★★★★。

3.3 例三:中国人待客的礼俗

如果你到中国人的家庭去,你会发现,他们是非常热情的。他们会请你抽烟、喝茶、吃糖、吃水果,有时还会请你吃一些小点心。这时你尽可无拘无束地享用,因为他们是真诚的。可能你已经觉得很丰盛了,但他们还会说"真对不起,没什么招待你。"或者说"做得不好,请多吃一点儿。"这时你千万不要认为是东西真的很少或不好,这只是他们谦虚。当你告别时,好客的主人会邀请你以后再来玩,你也不必认真地去确定时间,因为这是他们的礼貌。(《SHW 汉语》"文化点击",2004)

偏误分析:中国人待客的礼俗是可以介绍给学习者的,但是介绍哪些内容、如何介绍却是值得探讨的。上例表述中有些地方还需打磨。例如:(1)请客人"抽烟"和"吃糖"要不要介绍,怎样介绍都需要认真思考。以现今的人际交往来看,送礼时送烟酒的比以前少了,送保健品和健康食品的比以前多了;在公共场合和家庭中敬烟的比 30 年

前少了；劝人不吸烟或少吸烟的人多了；媒体上宣传吸烟有害和商场里买戒烟品的多了，而这些都是30年前所不能相比的。在这种背景下可能不会贸然给一个来家里做客的外国人敬烟。（2）现在，还有没有人说或者还有多少人说"真对不起，没什么招待你""做得不好，请多吃一点儿""我做得不好，大家凑合吃吧"这样的话①，是很值得怀疑的，那么把这类话语套子教给外国人，又不作个"历史交代"，对学习者的语言学习和交往没有多大益处。（3）有几个外国人听到"主人邀请你以后再来玩"时会"认真地去确定时间"？千万不要一不留神就把外国人都当成了智障者，或者一不小心就把我们自己摆在了"幼儿园阿姨"的角色上。

偏误评价：该文化点联系当今中国社会实际不够，似乎还在重复30年前的礼俗习惯和言语习惯。低估了外国人的认知能力和跨文化交往能力。忽视了近30年来中国社会所发生的巨大变化及其对人们生活、习俗和心理等各个方面的深刻影响，包括外来文化对国人的影响。该文化点偏误指数为5级：★★★★★。

3.4 例四：文化知识：谦辞

面对称赞，中国人往往表现出谦虚，相应地，汉语里有一些表示谦虚的说法，叫"谦辞"，"哪里"就是一个谦辞。当别人称赞、夸奖我们时，我们不像说英语的人那样说"谢谢"，而是说"哪里哪里"。如：（1）你的汉语很不错。——哪里哪里。（2）你的衣服真漂亮。——哪里哪里。"哪里"是"您说到哪里去了"的缩略形式，意思是你对我的评价过高了。我本来在"这里"（这个水平、程度等），而你称赞说我到了"那里"（比

---

① 后一例引自《CHJ汉语课本》第二版，1—2合订本。外国女留学生：（对中国朋友的母亲）您做的菜真好吃。中国母亲：我做得不好，大家凑合吃吧。

我的实际水平高),于是我说,你说得不符合实际,即"你说到哪里去了",其简略形式是"哪里"。当然,这不说明中国人不愿意接受赞美,也不是说我真的认为你的称赞言过其实,而只是我们面对称赞的一种谦虚的表示。习俗文化随着时代在不断变化,现在年轻人也有用"谢谢"来回答别人夸奖的,但多数人仍习惯于用"哪里"。(《XSHY汉语课本》第一册,教师手册,2002)

偏误分析:这个文化注释应该说相当不错,没有采取贴标签的办法为文化做广告,而是有说明有例证、追源溯史地对一个具体问题做比较全面的说明,同时进行了必要的中外对比,联系了中国社会现实。如果要找点儿不足的话,是不是有这几个问题:(1)谈"哪里"的来源和含义有点儿过多,解释到"'哪里'是'您说到哪里去了'的缩略形式,意思是你对我的评价过高了"就可以了。"我本来在'这里'(这个水平、程度等),而你称赞说我到了'那里'(比我的实际水平高),于是我说,你说得不符合实际,即'你说到哪里去了',其简略形式是'哪里'"这段文字有绕脖子和俗解的味道,当删。(2)例子不够多,作为教师手册更应该多举些例子。另外,第二个例子有点儿生硬和突兀。(3)用"谢谢"来回答别人夸奖的年轻人不是"也有",而是越来越多,并且不限于年轻人。另外,是否"多数人仍习惯于用'哪里'",还真得对各类人士调查调查再说。

偏误评价:该例的注释方式和注释角度是非常可取的,也是值得借鉴的。但具体的文字说明还不够精练和完美,个别表述也还有商量的余地。该文化点的偏误指数为2级:★★。

3.5 例五:中国人的道歉

中国人一定要在真正伤害、影响了别人时才能说"对不起"来表达道歉。比如不小心弄坏了别人的东西、无意中碰掉了别人的物品、没注意踩了别人的脚、做了什么事使别人花了很多钱等等，都需要赶紧说"对不起"。但是对于生活中的一些司空见惯的事，比如在公共场合抽烟、问路等情况却不用说"对不起"。因为中国人认为后者没有给对方带来什么损失和影响，所以用不着道歉。(《SHW汉语》"文化点击"，2004)

偏误评价：如果真能把"中国人道歉"介绍出新意或特别值得汉语学习者注意的方面，那当然很好①。然而，该例主要介绍了"对不起"使用的场合，其实这是不用介绍的，因为连孩子都知道"弄坏了别人的东西"应该说"对不起"。此外，该文化点的表述和观点有可商之处：(1)"做了什么事使别人花了很多钱"，这话令人费解。(2)说在公共场合抽烟和问路等不用说"对不起"，这话有点儿绝对。且不说许多公共场合本身就不能吸烟（如医院、商店等），就是在公共场合（广场、有些车站等）吸烟的那些人，也不是所有的人都心安理得，更不是所有的人都认为在公共场合吸烟"没有给对方带来什么损失和影响"。实际上，在公共场合吸烟而不说"对不起"的人，多数可能是延续千百年来的习惯而无意识而已。

偏误评价：该文化点选题的意义值得再考虑。解说方面有的说明意义不大，有的似乎又言过其实。其相关的社会心理分析有不够恰当之处。在说明文化现象和社会习俗时，不能轻易使用"中国人"这样的周遍性指称，因为中国人那么多，什么样的人都有，不能用一种观点、

---

① 对这一观点以及"感谢"是否需要注释和如何注释，剑桥大学阚茜老师指出，即使当今中国人说感谢话的场合和频率比以前增加了，也还不如英国人说"谢谢"和"对不起"的场合多和频率高，许多情况下中国人认为不需要说"谢谢"和"对不起"的时候英国人也说。我们认为阚茜老师的意见是值得重视的。因此，如果教材是针对英国汉语学习者的，还是有必要说明这一现象的，以利于消除因致谢和致歉使用的场合和频率的不同而可能给英国汉语学习者带来的"文化障碍"。

一种做法、一种现象来说明整个中国人,否则就可能造成以偏概全,不利于客观地介绍和了解中国人、中国现象和中国文化。该文化点偏误指数为5级:★★★★★。

3.6 例六:中国人的理财观念

传统的中国人一般在花钱时都要精打细算、量入为出,讲究有多少钱,办多大事。大多数人都要努力存点儿钱,这样心里才踏实,而不喜欢把手中的钱全部花光。所以他们在消费上都要以首先有了钱为前提,即使是手中持有信用卡的人,也不喜欢透支。(《SHW汉语》"文化点击",2004)

偏误分析:中国人的理财和消费观念值得介绍。但上面的解说值得讨论,其中最大问题在于没有联系现实,说说中国人近些年来在理财和消费观念上的重要变化。现今中国人的消费观念正在发生前所未有的变化,从较早少数人贷款开公司、办企业,到现在越来越多的"百姓人家"贷款买房子,不仅如此,年轻人中"超前消费,提前享受"的观念也是让中老年人颇感吃惊(这种观念是否正确和值得提倡暂且不论,这里只说有这样的现象)。这其中贷款买房的观念已逐步深入人心,涉及千家万户。买商品房也好,买经济适用房也好,都表明中国的分房制度已经成为历史。而社会的变化,必然带来人们观念上的变化,中国人理财和消费观念的变化正是中国社会变化的一个体现。例六讲到了多数中国人传统的理财和消费观念,遗憾的是没有联系现实生活中人们观念的某些变化。此外,个别字句尚需斟酌,如"传统的中国人"说成"中国人的传统观念"可能更好。

偏误评价:该例选题不错,可惜没有结合当今中国社会的变化及其给人们理财和消费观念带来的变化。该文化点偏误指数为3级:★★★。

四、结 语

本文考察的教材和分析的语料有限,但还是可以从中发现造成文化介绍偏误的某些原因。(1)文化点选择不当。表现为所选文化点不具有代表性、对学习者来说价值不大乃至于使人觉得是为了介绍而介绍,或文化点过于偏狭、过于专业、过于猎奇①。(2)解说上有贴标签、下定义的做法,立意上时有自我炫耀的意图。(3)观点和表述不当。表现为解说不够准确、缺乏针对性、过于强调差异、过于绝对和夸张、观点推敲不够、表述较多使用全称和泛指等。(4)缺乏应有的古今对比和中外对比。对近20年来中国社会所发生的巨大变化及其带来的传统观念、社会习俗等的变化关注不够,联系不够;对学习者的文化背景关照不够,对比不够。(5)缺乏对语言学习者言语和行为的恰当建议,等等。

我们建议,与教材中文化偏误相关的研究应着重在以下几个方面,(1)加强教材中文化介绍和注释的理论研究、原则策略研究、解说模式研究,以期在理论指导下使文化的介绍更加科学、实用。(2)加强文化介绍取向的偏误研究,探索教材文化取向标准的研究,分析现有教材取向偏误的成因。目前这方面的研究成果不多,赵金铭《论对外汉语教材文化取向》(2005)是其中重要的一篇,该文不仅从理论上阐述了文化介绍的价值取向(例如,应先认同不同文化之间共同的成分,后找差异,因为前者是大量的,后者是少量的;教学中应取双向文化

---

① 如见于《JR汉语》(2003)的文化点:中国的四大发明、李时珍和他的《本草纲目》、中国麻醉术的发明者——华佗、中国的工艺美术、中国的陶瓷、久负盛名的中国刺绣、中国的绘画艺术、中国的书法艺术、中国气功、傣族丢花包的习俗、泸沽湖边上的摩梭人、大连女骑警,其中有许多内容很难介绍,也很难理解;有的虽然不难介绍和理解,但内容对于学习者(特别是初学者)来说意义不大。

的态度,介绍自己亦应旁及他人;内容切忌幼稚,力避说教,等等),而且广泛涉及了文化介绍偏误现象及其成因,颇有启发性和导向性。(3)加强文化介绍正误标准的研究和探讨,以期使正误标准的确立由主观性到主观化,再到标准化和客观化。(4)开展教材中文化介绍的评优性研究和偏误研究。前者包括对文化点选取恰当、介绍准确、实用价值高、对学习者言语行为建议恰当等优秀项目的评介和推荐;后者包括对文化点选取不当、观点和表述不当的文化偏误项目的分析,并总结文化偏误的成因及其规律。(5)研究和调查学习者的目的语文化习得心态、习得需求、习得方式和过程,以增强文化点选取和解说的针对性和实用性,目前这方面的研究还相当薄弱。王建勤《跨文化研究的新维度》(1995)一文,讨论了学习者目的语文化属性的问题,并将其定性为学习者的中介文化行为系统,颇具理论魅力,对探讨上述问题很有启发和借鉴意义。

参考文献

陈　申(2001)《语言文化教学策略研究》,北京:北京语言文化大学出版社。

胡文仲(1985)不同文化之间的交际与外语教学,《外语教学与研究》第1期。

胡文仲　高一虹(1997)《外语教学与文化》,长沙:湖南教育出版社。

鲁健骥(1990)对外汉语教学基础阶段处理文化因素的原则和做法,《语言教学与研究》第1期。

王建勤(1995)跨文化研究的新维度——学习者的中介文化行为系统,《世界汉语教学》第3期。

徐家祯(2000)基础语言课中语言教学与文化教学结合的问题,《世界汉语教学》第3期。

张岱年　方克立主编(2004)《中国文化概论》(修订本),北京:北京师范大学出版社。

赵金铭主编(2004)《对外汉语教学概论》,北京:商务印书馆。

赵金铭（2005）论对外汉语教材文化取向，《汉语与对外汉语研究文录》，北京：外语教学与研究出版社。
周思源主编（1997）《对外汉语教学与文化》，北京：北京语言文化大学出版社。
周质平（2004）美国汉语教学的隐忧，《国外汉语教学动态》第1期。

作者简介

  李泉，1962年生于黑龙江省依兰县。1985年、1989年、2005年分别获得哈尔滨师范大学学士学位、中国人民大学硕士学位、北京语言大学博士学位。
  1996年以来先后赴美国、德国、法国、英国、匈牙利、西班牙、智利、阿根廷、新加坡等国以及中国台湾省和香港特别行政区任教、短期讲学或参加学术会议。
  获得全国优秀对外汉语教学奖（1994）、全国对外汉语教学优秀教师奖（2002）；中国人民大学第五届（1993）、第八届（2003）、第九届（2006）优秀科研成果奖、中国人民大学优秀教学成果一等奖（2004）；北京市第九届哲学社会科学优秀成果二等奖（2006）。
  出版专著《汉语语法考察与分析》（2001）、《对外汉语教学理论思考》（2005）；合作出版教材《新编汉语教程》（1996—1997）、《汉语文化双向教程》（1999）；主编文集《对外汉语教学学科理论研究》（2006）、《对外汉语教学理论研究》（2006）、《对外汉语教材研究》（2006）、《对外汉语课程、大纲与教学模式研究》（2006）；发表汉语语法和对外汉语教学方面的学术论文近60篇。
  现任中国人民大学对外语言文化学院教授、博士研究生导师，中国对外汉语教学学会常务理事、世界汉语教学学会理事、《世界汉语教学》编委，全国汉语国际教育硕士专业学位教育指导委员会委员。

语法教学的基本原则及其操作方法

——卢福波

对外汉语语法教学与母语语法教学的本质差异归根结底取决于教学对象，对外汉语语法教学的对象简言之即以汉语为非母语的汉语学习者。

汉语为非母语的汉语学习者，存在着以下先前条件：

①学习者头脑中已经至少建构了一套语言结构——母语。心理语言学家通过实验发现，儿童至五岁左右就能掌握相当复杂的句子结构，并能较自由地运用语言进行交际。作为第二语言的汉语学习是在掌握了第一语言之后的第二或第三语言的学习，即是在掌握了一种以上语言的学习，这一点决定了学习者在汉语学习过程中必然受到原有语言系统和结构的影响——出现中介语问题、正负迁移问题、偏误问题等等，为此第二语言教学一定要有针对性。

②从高中、大学的对外汉语教学来说，学习者大多是成年人或接近于成年人，这意味着学习者已具有一定的知识和能力背景——母语的语言知识系统、人类对客观世界、客观事物的共性认知基础、逻辑思维能力、较为系统的知识结构、分析问题、解决问题的能力、语言

中人文蕴涵的理解能力等等,这些是他们汉语语法学习过程中认知学习、类比学习、衍推学习以及正负迁移的渊源所在,为此第二语言教学一定要体现认知性、类比性、衍推性教学。

③学习者第一语言与第二语言学习目的异同的影响。第一语言是人类生存的必然需要,第二语言的需要性显然没有第一语言那么强烈和必需,通常是为了特别的目的而学习——学习、工作、研究、非母语国域的生存、兴趣、好奇、时尚等等。由此该学习往往成为一种专门性、任务性的学习,这需要学习者学习意志、学习兴趣的支持,因此第二语言的教学尤其需要设法激发学习者对目的语的学习兴趣。但是,从另一角度说,就绝大多数学习者而言,第二语言学习的目的跟第一语言一样,还是把它作为一种交际工具来掌握,不管是为了哪一种目的,都是为使用而学习,所以第二语言教学一定要以实用性为第一位,不必刻意顾及目的语的体系、系统、术语概念等等方面,应该针对实际情况和需要择要而教。

为此,对外汉语语法教学要根据特殊的学习对象及其学习需要,根据与其母语相比较而显现的汉语独特的区分世界的范畴和语言特点,根据第二语言习得应该遵循的一般规律,确定语法体系、教学内容和方法策略。本文认为,要突出对外汉语语法教学的特点与需要,至少应该遵循以下八项最基本的原则。下面详细阐述八项原则的基本内容、确定理据及操作方法。

一、实用原则

实用原则最直接的体现于语法教学项目的选择与处理上。

对于第二语言学习者来说,最大的实用性在于选择和处理最有教学价值的语法内容。那么什么是最有价值的语法内容呢?本文认为以下三个方面应该是首先要考虑的:

①最基本、最常用的部分；
②最容易发生偏误的部分；
③语法项用法上的适用条件和限制条件。

对外汉语语法教学的体系不是大而全才好，语法体系的整齐完备、语法知识的面面俱到、语法概念的严密精确反倒不适合对外汉语语法教学。最基本、最常用的语法项目一般应该体现在数量上、范围上、时间上和规范性、典型性等几个方面上。

数量上指语法项目或语法项目中的局部在实际使用中所占比例偏高或占有相当比例。使用数量偏低或偶发性的则可不必作为基本内容处理。常用性要以常用比率为依据。如在"把"字句教学中，以下"把"字句使用比率极低，在概括"把"字句基本的典型的句型时，就可以不受这些句型的影响：

①主＋把＋宾＋动（加以类）＋宾（双音动词）

句例：有的文章在结尾时把全文加以总结。

②主＋状＋把＋宾＋双音动词（动宾结构）

句例：（为了打击黑帮的嚣张气焰，）警方先把黑帮头目就地正法。

③主＋把＋宾＋动＋着＋宾

句例：她把那面镜子对着自己。

范围上指语法项目的使用带有普遍性，即各种文体、各种人群、各个地方都在使用的语法项目。仅偏向书面语体或口语语体、某阶层人群或某行业人群、局部地区等，都不能一般性地反映语法项目的常用情况。

时间上指语法项目使用的当代性、现实性。在当代文献中偶见的古代汉语遗留的语法现象可以作为解释点处理，但一般不作为语法基本教学内容处理。

规范性指被认定为普遍的、规范的汉语普通话语法现象。一些方言性语法现象，虽然由于电视剧等媒体传播的原因，也有部分人在使用，但一般不应作为基本的教学内容处理，可以作为解释点处理；一些临时产生的或新产生的非普遍性的语言形式，在部分人群中或语用形式中（例如广告语）可能具有一定的使用频率，但是当这些形式还没有被认定为汉语基本规则时，也不易处理为教学的基本内容。例如："ad＋N"形式，即程度副词修饰名词形式，如"很美国""很老板""很阳光"；"N(形容性)＋N"形式，即将名词用做形容词修饰名词形式，如："阳光女孩"等等。

基本的语法项目应具有一定的概括性、抽象性和典型性，能够涵盖一定数量的具体语句用法，形成一个典型的、有代表性的结构形式种类，学习者掌握了这样一个种类，就能举一反三，衍推其他。比如，在句型概括时，一般的状语类型、定语类型都可不作细化处理。例如："S＋（状）＋V＋时态＋（定）＋O：我吃过那里的龙虾。"这个句型，其中的状语成分是个多种类性质成分的聚合，它涵盖了可以充当状语的副词、名词性成分、形容词性成分、介宾短语、数量短语等等，定语成分亦如此，涵盖了名词性成分、形容词性成分、动词性成分、介宾短语、数量短语等等，而且定、状成分我们用括号形式表示，意思是可以出现，也可以不出现，使之抽象度更高一层；句中的"时态"也是一个类的聚合，它可以是"了、着、过"，也可以是起始态的"起"等。之所以把这个句型抽象得这样高，是因为当句子由一般及物动词构成主谓宾结构形式时，我们以主谓宾结构式为其区别性特征，定状成分对该句型的使用没有本质性影响。但是"时态"不同，"时态"在该句型中是一个限定性条件，它与"S＋（状）＋V＋（定）＋O：老师一会儿讲一个故事。"在时态上形成对立，使用时具有本质性差别，故而列成两个对立的句型。

针对上述最基本、最常用的语法项目，教学处理时应针对学习者习得该语法项目的偏误点作具体处理——细化处理——指出其使用时的具体适用条件和限制条件，其学习点、解释点均为最能解决学习者实际问题的内容。实用性教学处理还应体现在操练模式上，其典型的操练模式应是体现语法项目适用条件和限制条件的情景用法和交际用法。

二、针对原则

针对原则主要体现在以下三个方面：针对国别语种、针对水平层次、针对语法要点。

2.1 针对国别语种

这种教学通常指以某一国家或某一语种的学习者为教学对象的情况。包含两方面内容：一是语言特征的差异；一是文化在语言中的渗透。

一种语言与另一种语言表现出来的差异，往往与该民族观察、认识世界的角度和特定的区分世界的范畴有关，这种差异也会自然而然地从语法中渗透出来，并反映到语言使用时的选择搭配方面。汉语具有独立于其他语言的自身特点，这种特点在语法教学时是需要不断地渗透性地加以体现和利用的。例如，汉字是汉语很有特点的一种书写形式，它对于语法教学有没有作用？回答应该是肯定的。我们进行"把"的量词教学时，要让学习者认知为什么"把"会在与一些个体事物、集合事物进行选择和组配时表现出规律性，利用"把"的字形导入是最有效的方法；动量词"趟"为什么多与表示移动性的动词连接，也可利用字形引导。汉语语法形式上普遍性的标记很少，多通过意合法表现，突出此特点，语法教学就要注意必要的合适的解释和点拨，要把形式细化，形式与意义结合，不能简单形式化或只利用形式而不考虑意义。

例如，观察事物角度的差异对语法小类的聚合和组合搭配关系的影响。日语中表现洒了、流了"一地水"用"一めん（面）の水"，是着眼于人与水相对的关系；汉语用"一地水"来表述，是着眼于承载水的处所和水漫于空间的表现，由于观察事物的角度有别，所以量名的选择组配也存在着较大不同。

语言是文化的载体，这不仅体现在词义的内涵上，也还体现在语法的组合、聚合关系上，因此文化因素的渗透在语法上也能得到印证。比如，日语中第二人称的使用率远远低于第一人称和第三人称，这是因为第二人称的使用受到种种语用限制。如：对老师、对领导、对尊长一般情况下，都不宜使用第二人称。而汉语中的情况却不太一样，通常即使已对尊长作了称谓，还会再用第二人称。例如：

(1) 老师，您能帮我看看这个句子吗？

日语的情况也许与日语语法中具有明显而完备的敬语系统有关，汉语没有完备的敬语系统，它的尊敬义是通过几个部分的相互配合（语法上的）意合而实现的。从例句(1)来看，是"称谓＋您＋动词重叠式＋问句形式"的相互配合，实现了尊敬义的得体表达。

可见，国家不同，语种不同，学习对象对目的语语法的理解、认知和产生偏误的类型也会有所不同，由此教师对语法项目的关注点、教学处理角度、突出要点都会有所不同。

2.2 针对水平层次

水平层次涉及到学习者对语法知识的理解程度和接受水平。一个语法项目用什么样的言词表述、用什么样的方法传授、讲解到什么程度，都要有明确的针对性。

初级阶段的语法教学，内容上更加适合采用化整为零、单一局部的教学处理模式，即以局部具体项为着眼点，而不以系统类别为着眼点,不作更多的知识性的综合;方法上,一般无需对语法知识作更多的解释,主要以点练形式为主——用浅显直白的话语点拨,同时以练的方式实现对语法点的理解掌握。例如结果补语的教学,除了告诉学习者结果补语是从动作的结果上对动作进行补充外,主要是通过练习让学习者明白"动作的结果"是怎么回事,为什么叫"补充";同时在教学手段和方法上更多的想方设法利用学习者可以看得见、摸得着的东西进行点练。例如,拿一张纸做撕的动作,问学习者:"我现在的动作是什么?"——答:"撕。"再问:"纸怎么了?"——答:"分开了。"点拨:"那么我们用动补形式来表达就是:'撕开了'。"用同样的方法再来说扫地,可以有意识弄一点儿纸屑放到地上,然后扫干净,通过点拨,让学习者说"扫干净了"。然后还可以再做一个感觉性的动作,让他们体会。如,简单地讲一个要求,问学习者:"老师讲的时候,你们在干什么?"——答:"听。"再问:"老师说的话大家懂了吗?"——答:"懂了。"让学习者用动补结构说:"老师说的话同学们听懂了。"一般引导二至三例后,就不需要再引导了,可以直接做动作,让学习者用动补结构表达,大多都能表达好。然后给动词,不给结果,让学习者想象可能出现的结果,做动补结构,基本就可以掌握了。

中级阶段的语法学习,可以对局部语法知识作一定整合,作小局域范围内整体的和联系性的学习,逐渐从局部系统的、知识完整的角度,集零为整地进行教学,把相关性的、联系性的学习放到比较重要的位置上。要有少量解释,让学习者了解其所以然。运用较多的比较或对比,以使知识深化。仍需以练习为主体,引导点拨掌握语法的知识和局部规律。例如动补结构,需要用大量实例告诉学习者补语常常由什么样的词语充当,为什么会用这些词语配合,它们是怎样配合起来的,用动补结构与用"了"在表意上有什么不同等等。

高级阶段,应以提高性、补充性及综合(整体)表达的语法教学为主，需要学习一些跟语境关系密切的句式、用法，跟预设、语境、篇章有关的副词的讲解与对比，跟表达相关的连接词语与连接手段的运用，跟表达目的相关的话题、指称、逻辑关系、搭配选择等等方面。总之，需把初、中级所学的单一、具体、感性的语法知识作全面整合，让学习者有更多理性、认知和体系性的掌握。方法上，解释的比例相应增加，以使学习者更好地理解、认知其内含、成因、规律以及复杂的意合关系和层次关系，但仍需通过练习模式进行掌握，此时的练习需要多角度和全方位的联系，把各阶段所学相关知识通过练习进行整合和再认识，实现掌握、驾驭整个类别、整体规律及举一反三、指导语言实践的目的。

赵金铭先生曾经对三个阶段的汉语语法教学有一个总结性描述：初级阶段，应以掌握语法形式为主，注重整个形式的意义，而不过多掺进内部语义分析，主要目的是让习得者明了句法上语词间结合得妥当不妥当。中级阶段，在掌握了大部分的语言形式的基础上，进一步掌握句式内部的语义构成，主要目的是使习得者明了在语义上词语间搭配得合理不合理。高级阶段，除了注重语用上词语安排得合适不合适外，更要使习得者了解在更大的语言环境中，如何正确地使用一个句式，包括句子之间和段落之间的形式接应，灵活的意合问题等等。总之，我们的教学就应该针对学习者不同阶段水平层次的可接受度调整教学内容，采用相适应的教学手段、方法和策略，使整个教学成为一个分布合理、难度适宜、有机配合的完整体系。

2.3 针对语法要点

语法要点的针对性可体现于两个方面：一、根据学习者水平层次，教学时要对语法项目进行阶段性处理，各阶段应体现不同的教学要点；二、针对本阶段教学要点，作出直接针对问题点的具体教学处理——问题要点、偏误类型、手段方法、操练模式等等。

要突出具体语法教学要点,备课时首先要作偏误预测。偏误预测至少可以帮助我们解决三方面问题:一、学习者学习该语法项目时可能会出现哪些问题;二、学习者为什么会出现这些问题,他们可能是如何习得——认知、衍推、理解的;三、我们采取怎样的教学、操练模式可以避免学习者发生类似问题,准确掌握并得体运用该语法知识。这样分析下来,我们就能够针对具体语法项目学习中的问题,对号入座、对症下药地解决问题。

之所以要突出针对语法要点的教学,是为了避免语法教学时的泛泛教学。赵金铭先生曾经说过:"语法的理只有一条,语法的用法却有多种。"对外汉语语法教学不应只站在宏观的语言学理上,而应针对具体的用法细化教学。一个语法项目可能因为角度不同,所教内容、练习角度都会有别。例如,学习者学习动作量的表示方式时,针对学习者出现的偏误类型"*我想问问一下老师问题",教学重点就在于解决动词重叠式所表示的时间状态与动量之间的限制条件问题,而不能练习到不同动量的辨析问题;如果出现"*休息一点儿吧"这样的偏误类型,教学重点就在于解决表示物量或程度的"一点儿"与时量(时段)的"一会儿"的差异问题,而不要把它与其他量词混淆使用的问题搅到一起。接下来,所要进行的操练环节,其内容和形式显然均需有明确练点的规定,而不是随便地拿来一些动词和量词放到一起或泛泛地进行量词的选择练习。

三、复式递升原则

吕文华先生曾经指出:"语法分布应与划分等级水平相适应,在同一层次循序渐进的同时,更要做到不同层次的循环递进、逐层深化。""复式递升"就是指语法难度循环性上升,重复性递增的层次教学处理问题。"复式"是指一个语法项目在不同教学阶段的重复;"递升"是指该语法项目的重复教学不是原地踏步，而是从难度上递增和上升，成为由低到高、循环梯阶性的教学。例如，学习趋向动词，我们可以把它分成几个教学小阶，每个小阶都是在前一阶基础上攀升一定难度、实现一定整合的教学。具体做法：

第一小阶，学习非"来、去"的其他单纯实义空间趋向动词——"上、下、进、出、回、过"等做单谓谓语动词的用法。这是因为从实用的角度看，这些词是一些最基本、最常用的词；从接受程度的来看，很多语言中都有类似的动词，跟学习者的母语相似程度较高；从意义上说，该类词表示的是人类最基本的与空间相关的动作，形象具体，理解难度相对低；从构成的句式上说，单谓谓语句结构相对简单，易于掌握。

第二小阶，学习"来、去"单谓谓语动词的用法。"来、去"虽然也是单纯趋向动词，但是它比其他单纯趋向动词表示的意义关系要复杂一些，它所表示的趋向与听、说者空间的远近关系产生联系，因此它的学习应晚于其他单纯趋向动词。

第三小阶，学习"来、去"等实义空间趋向补语用法。补语是汉语中较为特殊的一种用法，因此需要置于"来、去"做基本动词谓语用法之后进行；"来、去"实义空间趋向与做谓语的趋向意义很接近，只是加进了方向性与动作关系的理解，难度有所增加，但还易于理解和掌握。

第四小阶，学习"来北京旅游"之类表示目的关系连动句的用法。汉语中通常把连动句作为特殊句式处理，感觉似乎是较难的句法现象，但是从二语习得的情况看，该句不算难，这是因为日语、英语等语言中都有接近于该句类型的用法；该句型的构句语序非常接近典型的时间顺序关系类型，演示得当，引导得法，极易掌握，因此即使句中具有一定特殊意义关系，仍然属于难度偏低的类型。

第五小阶，学习实义空间的复合趋向动词做补语的用法。复合趋向动词与单纯"来、去"等趋向动词用法不同，它表示的是双重趋向。这一部分的学习，应突出两个重点：一是双重趋向的理解；一是具体动作与动作趋向的配合与关系。由于仅限于实义空间方向的意义，容易感知，通过实际演示，理解起来难度还不是很大，但在适宜选用上会有一定难度。

第六小阶，分散性地学习单纯和复合趋向动词的各种引申用法。之所以分散进行，是因为趋向动词个数较多，每个均有数种引申用法；由于有些词意义较接近，尚需大量对比教学，这样就不宜过于集中地进行。此外分散教学时，也需注意难度层次，引申浅的先进行，引申深的后进行，最终做出引申脉络，让学习者有整体的连贯性认知——知识的整合。

第七小节，趋向动词还有些特殊用法，比如"看来""看起来""看上去"等等，有其特定用法和语用含义，需要专项进行教学。

此外，复式递升的教学过程还需要注意相关度高的语法项目之间的教学距离问题。如果说，复式递升是一个横断面知识相联的描写性排列组群的话，距离原则则主要从它的纵向序位组群排列着眼。纵向排列的关联依据主要来自记忆规律、强化规律、联接规律等。一般来说，语法点的学习，不要孤立地学习，而应联系地学习。一个语法点与另一个语法点或者几个语法点所形成的组群与组群之间的衔接点要找好，点与点或组群与组群相间的距离一般要根据相关程度决定，相关程度越高，密度越大，距离越小；相关程度越低，密度越小，距离越大。根据横向、纵向关系可以构建一个语法项目或组群的矩阵系统。

总之，复式递升的教学原则是把看上去分散的、独立的一个一个单一的语法项目有机地整合起来，使学习既有层次，又有衔接，既有一步一步地稳扎稳打，又有层层递升地不断深化，既有单一语法项目的细化深入，又有整体语法知识的融会贯通，形成一个完整的、局域的语法教学系统。

四、细化原则

陆俭明先生曾指出："对外汉语教学的实际需要和学习者提出的或出现的种种问题迫使汉语本体研究要进一步细化。"细化是针对本体研究一般仅提出宏观、抽象、理性的规则、理论而言。对外汉语语法教学不作细化处理，学习者的类比和衍推往往就会出问题。例如，汉语的动宾关系比起一些语言要复杂得多，汉语本体研究者可以仅就宾语的类型、动词的类型、动宾之间的选择搭配关系来进行研究。李临定先生（1990）按语义关系把宾语分为十种：受事、对象、处所、结果、工具、目的、原因、方式、致使、角色；又按构造把宾语分为三种：名词宾、动词宾、小句宾（171页）。对外汉语语法教学仅处理到这一步就会产生很多问题。例如说动词可以连带处所宾语，可以说"吃食堂"，但学习者类推成"＊吃面馆""＊坐食堂""＊学教室"就都变成错的了。可以说"走大路/小树林/山路"，但类推成"＊走院子/＊走商店/＊走广场"却是错的。再如：说动词可以连带工具宾语，可以说"吃大盘子""写毛笔"，但类推成"＊吃锅""＊写笔""＊钉锤子"就又变成错的了。

卢福波曾经对上述非常规"动＋处所宾语"作过尝试性认知解释，认为这种现象可看成一种弱固化现象，即选择搭配成分受到严格的小类类属限制，选择搭配自由度很低。"走小胡同"中的"小胡同"不同于"在院子里走"的"院子里"，而是特指"路"的类型；"走"也未必是"两脚前移"这种方式动作，而是由"路上"通过的泛指形式，"走"的形式有可能是"跑""骑（车）""开（车）"等等。所以"走＋处所词语"衍推时受到限制，与路的形式有关的可组合："走＋人行道/

小树林/山洞/河边/山路/大路/小路/马路"；否则不能组合："*走颐和园/*走院子/*走商店/*走广场"。同样，用动词"走"可与表路类名词组合，而换成"跑""骑（车）""开（车）"等也不能组合。"吃食堂""住旅馆"也是同样道理，"吃食堂"的搭配能够代指一种生活方式，跟中国的"食堂"一般是本单位为解决本单位人员吃饭问题而开设的廉价而方便的吃饭场所有关。所以"吃食堂""吃饭店"可以衍推，而"吃餐厅""吃面馆"等就不能衍推。"吃麦当劳/肯德鸡/全聚德"可以搭配，是因为它们以饭店转指吃的食物类型或特色，实际上，这里的"麦当劳/肯德鸡/全聚德"本质上不是处所意义，而是食物类型、特色食品的意义。"住旅馆"类的衍推有时比较广泛，因为可住的地方多。这里一般也有两种情况：一种指"住"的地方，例如："住娘家/办公室/旅馆/北京"；一种指住的房屋类型，例如："住平房/楼房/草房/帐篷"。后一种跟"吃麦当劳"类似，实际上不是处所意义，而是用以转指所住处所的类型或风格等。以上的研究就是为适应对外汉语语法教学所作的细化研究，细化到更小的类，细化到小类具体的选择限制条件及意合关系。

总之，对外汉语语法教学，仅抽象宏观、理性的规则，解决不了具体小类选择搭配的教学问题。教学中相当一部分语法项目若不进行细化处理，学习者就会出现一系列类推、类比偏误，这从反面说明汉语本体的研究还很不够，至少不够深入、细致，有相当一部分语法现象认识得还不够清楚。这就向汉语本体研究者和对外汉语教师提出一个新的课题和新的挑战，需要更加深入地作稳扎稳打的研究，从对外汉语语法教学中去发现问题，并作种种细化处理，揭示其具体小类的语义关系、选择限制条件等，这是一个值得深入探索的领域。

五、简化原则

简化原则是指将繁复的、抽象的、理性的语法规则或内容作简洁的、浅明的、感性的、条理的、图示的等等教学处理。具体表现在：语言直白易懂；内容简单浅显；方法具体直观。可以采取以下做法实现该原则：

5.1 感性化

汉语是一种图画语言，临摹性很强（戴浩一），具有具象化、外显化的特点。教学时可以尽量让学习者具体地、形象地去感觉，然后再把感觉到的东西升华一下概括出来，使复杂的知识浅化、简化并牢记不忘。比如进行"把"的量词教学时，可以先让学习者通过字形感知。"扌"表示这个词的意义跟"手"有关，"把"的动作是用手抓住的意思，那么能用手抓住而使用的某个东西也可用"把"称量，如"一把伞、两把扇子"等。用"手抓"来称量的某些东西，也可用"把"作集合量词，如"一把土、一把花生"等。"一把年纪"也是由"一把胡子"隐喻而来等。这样学习者不是死记哪些名词能与"把"搭配，而是知其所以然。通过形象的联想，既容易掌握"把"的多种意义和用法，又不会轻易忘掉。

5.2 条理化、公式化、图示化

给学习者作语法解释或使用条件说明时，不能把专家的研究论证过程洋洋洒洒都说出来，无论其研究如何高深、科学、准确，对于汉语学习者来说，都是无益的。对外汉语语法教学需要教师反复咀嚼和内化语法要点，之后用浅显的话语把它一条一条、简明扼要地摆出来，可能的情况下，要用直观的高度概括的公式或图示表现出来。例如，学习副词"正""在""正在"的进行意义时，可以先在黑板上画一条表示时间进行过程的横线，把"正""在""正在"放在横线上，即：

$$\overset{正、在、正在}{\underset{开始}{\times}\longrightarrow\underset{结束}{\times}}$$

告诉学习者"正""在""正在"只表示动作进行过程当中，而不管开始和结束（用"×"表示不包括），所以：

①"正"在"正在"不能跟表示"起始"意义的"起来"结合。

＊他正看起书来。｜＊孩子们正在讨论起问题来。｜＊公鸡在叫起来。

②"正"在"正在"不能跟表示已经完成或变化的"了""过"或动作结果结合。

＊张山正起床了。｜＊小朋友们在做游戏了。｜＊他正在写过论文。

＊妈妈正做好饭。｜＊她在擦干净桌子。｜＊学习者正在听懂老师讲课。

③"正"在"正在"句的动词后不能接表示时间段和动作量的词语。

＊我正看一会儿电视。｜＊他在做一个月工。｜＊他正在听两遍录音。

④"正"在"正在"可以跟表示状态意义的"着"和表示这种语气的"呢"同现。

（照相机啊）我正修着呢。｜他在看书呢。｜他正在帮大娘擦着玻璃呢。

把上述四个具体使用限制条件用直观的公式可概括为：

可以——　　正／在／正在＋动词(持续)＋着／呢

不可以——＊正／在／正在＋动词＋起来／了／过／结果／时段

看起来这部分内容很复杂，知识含量很高，但概括之后，却显得很简单，在具体讲解后，学习者很容易理解公式，也很容易记住它，使用时就不会照猫画虎、生搬硬套了。

总之，语法教学时尽量少用术语概念、少讲理论定义，多通过具体实例，把语法的认知理念、规则要领融汇进去，点拨性地、浅显性地讲解、操练出来。

六、类比原则

类比是指将相关语法项目——词类、结构、句型、功能、关系等进行对比和比较。由于语言对客观经验的编码方式不同,语言的使用者也倾向于按他们母语所提供的不同范畴去区别和辨认经验,说第二语言的人往往会忽略说第一语言的人经常注意的那些差异,因此代表不同认识经验、不同行为习惯、不同思维方式的语言习得问题是教学中尤为需要关注的部分。教学中的类比原则一般主要体现在以下三个方面:汉语与汉语相近现象的对比、汉语与母语对应形式的对比、汉语正确形式与错误形式的比较等。

6.1 汉语与汉语相近现象的对比

汉语中有很多外国学习者认为相近的现象,包括词语、格式、句子及其使用条件等,这跟以汉语为母语的中国人的感觉有很大差别。比如"把"字句,中国人一般不会把它跟一般叙述句相混淆,可是外国学习者却常常混淆。为此教师在讲解"把"字句时,就不仅要讲清它跟一般叙述句意义上、结构上的差异,还必须要讲清它跟一般叙述句使用语境、使用条件上的差异。再比如,上文讲到"正""在""正在"的共性意义和使用条件,只讲到这里,学习者还会出现混用三个词的情况,所以其后的教学小阶里,还需通过对比讲清三个词之间的区别,再在其后的阶段中还需与"着"进行对比,这样才能复式递升地构建一个表示进行、持续、状态等时态的局域系统。目的语相近现象的衍推也是偏误形成的主要来源,教学时不断地注意将相近语法点、局域系统内词语、结构的意义、关系搞清楚,才会最大可能地杜绝衍推的失误。

6.2 汉语与母语对应形式的对比

汉外对比在国籍混合班级的教学中应尽量少用,在可理解的前提下,可以渗透性、点拨性运用。例如,持英语或日语的学习者,在学习汉语判断句结构时,常常会把"be""～です"与"是"划等号,在学习汉语形容词时,就会衍推构成"是+形"结构。对此教师只要稍加对比点拨,说明汉语形容词的构句特点以提醒注意即可。再如,日本学习者受日语动词借助方式、时态可内含结果义的影响,也往往如此理解汉语动词,在表示动作结果时,常常只用动词而不用动补方式,表示"打开窗户了""宿舍盖好了""刮倒了一棵小树"会说成"开窗户了""宿舍盖了""倒了一棵小树"。教学时应尽可能对比地摆出几对句子,以说明汉语动词本身往往不内含动作结果,若表示某种结果,需另外选择适当的词语放在动词后。这样的对比点拨,学习者不但容易记住,而且会有举一反三之功效。

当然在语种单一的教学环境中,尤其是零起点或低水平的初级层次中,适当地、规则地、准确地使用一些汉外对比,会起到简单易懂、画龙点睛、少走弯路的教学效果。

但是,在汉语教学中,汉外对比的应用还是要控制质与量的问题。任何两种语言相对应的语法项目除了明显差异外,往往还会有一些细微差异,不太容易完全顾及到;有时假如还有能力全面顾及到,教学上往往也不允许,把注意力过多地放到一种现象的对比上,就会忽略汉语教学的主体任务,所以只能根据偏误预测,点拨性地完成。此外,汉外对比教学不等于用母语教学,这在汉语教学中常常成为一个误区。汉语教学中原则上排斥母语教学,这是语言获得需要强化的规律所致。要使学习者尽早摆脱对母语的依赖,尽快提高汉语的利用率,就要给他们营造一个强化汉语——强迫接受汉语、利用汉语思维、习惯使用汉语的环境,这样就要求教师想方设法多说浅显易懂的汉语,最大可能地重复和利用已学过的汉语词汇或句型格式等进行教学。

6.3 汉语正确形式与错误形式的比较分析

对外汉语语法教学只给学习者讲"应该这样"还不够,同时还要讲"不应该那样"或"哪些说法不合适",这是学习者最需要的,而对于教师来说这却是比较难的部分——需要整理、总结。学习者在语法习得过程中出现偏误是正常的,偏误往往是学习者语法习得中认知、类比、衍推过程的反映,是已建立的中介语系统的反映,研究偏误的形成有助于确定语法教学的切入点和着眼点。所以教学中针对偏误类型讲解语法规则要领,使正向、反向思维印证共同发生作用,更好地起到加深印象、画龙点睛、防患于未然的作用。因此该类教学在语法教学过程中是不可或缺的一个组成部分。

正误对比可以有几种方式:一是教师直接讲解"应该怎样"和"不应该怎样"的种种规则和条件。这种讲法系统完整,顺理成章,一气呵成,容易操作,但是由于灌输得多,嚼不烂,学习者掌握起来会比较吃力,效果未必好。二是在讲规则前让学习者用有关的词语或句式造句或结合一种情景加以运用,然后针对学习者句中跟规则有关的问题讲解规则。这样讲解针对性强,学习者的注意力容易被吸引,兴趣容易被激发,但是系统性、完整性往往不够。必要的情况下,教师还需要根据实际情况作适当的补充和整理。三是将两种方法结合起来,先让学习者造句,然后讲规则,每讲一个规则,都让学习者自检所造的句子,学习者一时造的句子有时没有那么典型,教师要不断地给学习者提供一些典型句子,让学习者运用规则检测正误,分析偏误所在及形成原因。例如:讲"正""在""正在"只表示动作在时间过程的进行当中,而不管开始和结束,然后有意造出以下句子让学习者辨正:

学生正在听懂老师讲课。

我正看一会儿电视。

你说吧,我在听着呢。

如果学习者说出哪个是对的,哪个是错的,接着要问为什么,引导学习者讲出理由和根据。老师在不断地修正学习者的理解时,把规则也就整理出来了。这样学习者学得会比较轻松,也更加明白为什么要这样而不能那样,实际运用起来出现偏误的可能性会大大减少。

七、解释原则

解释原则是指对所学语法项目作出合理的、恰当的理据性分析和认知性解释。解释原则的核心理念是认知理念。语法教学之所以要突出认知理念,是因为人类获得第二语言与人的本能是一样的——具有能动性,人类认识一种新的语言与人类认识世界的认知原理是一样的。以认知理论为基础的第二语言教学理论认为,人不是机器,不能只是由刺激—反应去简单地进行目的语的重复和模仿,人总是要根据实际语境的需要,适宜地、合理地、灵活地表达想要表达的东西,由此言语的运用总是带有创造性的能动因素。从语言自身来看,语言是一种受规则支配、具有诸多可变因子的复杂体系,不是单一、简单、固定不变的习惯体系。语言学习是一种有意义的控制性学习过程,是一种有意识的、创造性的运用过程。它要求对所学语言进行高层次的决策和处理,能够使用特定的方式去调用认知能力,这样就要求人在语言学习过程中,不能单一、孤立地掌握句型、句法表达式,而要对它有认知性的理解和把握,有符合认知理据的能动的创造性运用。因此,以认知理论为基础的第二语言教学理论将学习过程与认知过程统一起来,在以下方面给予突出的重视和反映:

①对事物类属的认识——认识事物各种层次的相同与差异。

②对事物相关的认识——认识事物间错综复杂的联系。

③对事物综合的处理——输入与提取——适合情境的综合理解与综合应用。

提出解释原则,是要杜绝仅仅通过单一、机械的训练或不予解释的模式取代教学过程的教学。然而提倡认知解释也不等于完全用语法讲解取代教学全过程。这两种极端都是不可取的。我们选用"渗透认知理念"的提法,以表明对认知教学度的把握。"渗透认知理念"的提法实际上是一种教学思想、教学方法的体现。该教学模式在教学过程中至少要突出以下方面:

①整个教学过程中,语法项认知原理讲解所占比例不要过大,坚决杜绝专门地大讲特讲认知原理,要采取渗入的、点拨的方式,将语法点的认知与形式尽量统一起来,贯穿于整个教学过程当中,即教者是以一种潜在的认知理念驾驭着整个语法形式的教学过程。

②仍可以句法结构等形式特征为主要表现形式,但却要以渗入认知要点作为内在灵魂,作为知识的切入点。既要点出、导出(讲解)认知原理,又要强化结构形式的操练。

③强化性操练的角度要转向认知,不能为操练而操练,练习思路和练习形式要与认知点紧密配合,要充分体现认知思路,培养学习者架构该语法点的实际应用能力。

为此,在教学过程中应突出以下做法:

①充分调动学习者已有的知识结构和思维能力,类比性地认识汉语语言结构及词语构成致因,在该过程中让学习者体会、理解汉语为母语者语言使用的基本思维模式。

②在汉语学习中,尽可能地培养学习者找出语言(汉语或汉外)元素间的相同或相反;找出内在的、深层的相互联系;找出汉语元素排列的规律与成因。即在教给他们掌握汉语字词句意义用法的同时,培养他们理解和运用汉语的综合能力,激发他们学习中的自主意识、探求意识。

③在渗透认知理念的前提下,加大练习量,尤其是针对认知点不

同角度的练习量,该练习要突出渗入认知理念、突出语境条件和合理应用,以此强化理解、强化记忆、形成惯性。

突出认知理念的教学与机械操练模式最大的区别在于,**首先解决所以然,其次解决习惯性,在习惯性中渗入所以然,用所以然控制习惯性**。

例如,在实施"连 X(NP$_1$/VP$_1$)带 Y(NP$_2$/VP$_2$)"句式教学时,根据预测,首先把语法认知切入要点定位在这样两个环节上:

① "连"与"带"连接的 X、Y 不是任意的,而是具有同一属性——或为同类事物,或为同类动作等;字节韵律的同类——或均为单字节,或均为双字节或多字节等。

② "连 X 带 Y"表层的意义关系是"加合",而深层关系是为说明一种情况,表明一种看法或态度。

教学中,为让学习者认识其表层结构形式和深层意义关系,可引导学习者举例使用。通过举例使用等方法,整理成以下形式:

①单双(多)音节——连皮带核 连吃带拿 连周末带假期 连坐火车带打的

②连接同类事物——连皮带核(指水果);
　　　　　　　　　连周末带假期(指业余时间) } 名词类

　　　　　　　——连吃带拿(指东西);
　　　　　　　　　连坐火车带打的(指乘坐交通工具) } 动词类

③ "连 X 带 Y"是相加总和,所以常构成:"连 X 带 Y+都/全/一共……"等形式。如:

连皮带核**都**吞下去了。/ 连周末带假期**全**搭上了。/ 连大人带孩子**一共**来了十来口。

以上是表层结构的认知,而学习该结构最重要的目的是让学习者明白在什么情况下、为什么而使用该结构,这就需要认知使用目的。

最好的方式是通过实例解释引导。例如：

（2）**连**皮**带**核**都**吞下去了。——比如吃苹果，讲究的人可能要削一下皮，把核剔出去再吃，而该人却不是这样。说话人可能以此表明他很饿，什么都顾不上了；也可能指该人吃东西不讲究，不体面等等。

（3）**连**周末**带**假期**全**搭上了。——业余时间本应是休息或自由消遣的时间，而这里却都用于做某事上了，用以表明说话人某种态度、想法等——如很不划算；很不容易；很费功夫等。

（4）**连**大人**带**孩子**一共**来了十来口。——说明来的人多。根据语境说话人表明的态度可以是不同的，如：来那么多人不像话；来那么多人很热闹、很给面子等等。

（5）**连**坐火车**带**打**一共**花了两三千块钱。——可能想表明花的钱不少等意思。

这样边问边答地通过三至四个例句引导认知，学习者就会比较好地理解和掌握该结构的用法了。最后还可以通过一些实际练习加强理解和掌握。如：桌子上书、本很多——让学习者说出"连书带本堆了一桌子"，然后问学习者说话人可能想表达什么，让学习者说出：表明学习用的东西很多，或东西放得很乱等意思。

可见，整个教学体现的都是认知性引导、点拨性解释，没有作理论的、概念的讲解，但学习者却可以了解掌握该结构构成形式、意义关系、表达目的等各要点，从而大大避免了仅作加合的形式训练带来的"我去商店买了连面包带水果"等等类型的偏误。

八、操练原则

操练原则是指在语法教学过程中实施大量的句法形式、意义关系、实际应用等操作训练。该原则可以看做是对语法教学的性质和理念的最直观、最实际的检验。是理论语法还是教学语法？是知识型课还是实用型课？看一看讲练处理的比例、程度、选择项目和讲解角度就可以一目了然。对于第二语言的语法教学来说，教师的作用是引导性的，其作用在于帮助学习者认知、理解汉语的一些语法现象、使用规律，从使用的角度建立起汉语语法的认知系统。为此，讲与练是需要紧密配合的。教师的讲应是提纲挈领地讲，抓关键要点地讲，讲那些最实惠、最有用、最富有启发性、最能帮助学习者迎刃而解的东西。操练要紧密配合讲点，从不同侧面、不同角度、不同层次、不同情景语境进行各种各样的实际练习。

实施操练最要害的一点是要有明确的针对性，选择好恰当的针对点，教学就能成功一半。针对要突出以下方面：

$$
针对\begin{cases} 学习对象和学习目的 \\ 存在的偏误和认知偏差 \\ 语法项目教学中的各个角度 \\ 结构与使用的关系 \begin{cases} 既要注意横向关系，又要注意纵向关系 \\ 既要静态熟练掌握，又要动态综合运用 \end{cases} \end{cases}
$$

根据不同类型的语法项目、教学要点和教学目的，操练的基本模式可有如下类型：

$$
操练的基本模式\begin{cases} ①针对讲解要点——要点分解的操练 \\ ②针对句型或语法项——局部整合的操练 \\ ③针对句型或语法项应用——结合情景和实际生活的操练 \end{cases}
$$

以上三种模式从属性上可分归两种：一种为静态训练，即①②项，侧重格式、分布、搭配、语序等形式为主的理解训练，主要教学目的在于解决强化记忆、形成习惯、建构规则等等；一种为动态训练，即③项，侧重语法形式、语法规则、选择限制条件在实际情景中的应用，主要教学目的在于解决能动地根据实际情景、交际目的合理得体地选择、转换表达方式,强化实用性理解。操练中最需要突出的是应用性练习——利用图画、图示、场景、情景等——认识语境,把握交际用意,实现适合情境的交际表达。

下面以"随着"为例,说一说语法要点的分解操练与应用操练。

- **要点分解练习:**

角度之一:针对条件句不用动态性词语的偏误——将条件句动态性中心语部分空出——练习说出动态性词语。

例如:(6)随着第一场大雪的到来,真正的冬天也已经开始了。

(7)随着对中国了解的加深,她也越来越喜欢中国了。

角度之二:针对不把动态性词语作中心语或条件部分语序混乱的偏误进行设计:

例如:(8)随着秋天到来,天气也越来越冷了。——改正错误

(9)消失 随着 新鲜感,她也由兴奋变成了沮丧。——由学习者组织句子

(10)随着他对小王了解的增多,他的态度也开始转变了。——完成句子

角度之三:针对主句没有配合条件句采用动态形式的偏误——将主句该使用动态性词语部分空出——练习说出动态性词语。

例如:(11)随着对同屋了解的增多,她越来越喜欢她的同屋了。

(12)随着经济的发展,老百姓的生活水平也提高了。

- **构建结构与成句练习：**

角度之四：针对不能按照"随着"结构的制约条件组织句子的情况进行设计，例如：给出情况，用"随着"组织完成句子：

给出情况：快要考试了，她心里很紧张。

组织完成：随着考试日期的临近，她心里也越来越紧张了。

- **综合应用练习：**

①列出某种表格——让学习者根据列表用"随着"表述。

玛丽的汉语水平	3级	4级	5级
	2月份	7月份	12月份

该练习不给学习者提供词语，由学习者自己选择词语，组织句子，进行应用表达。

②提供图画或影像——让学习者根据图画或影像用"随着"表述。

例如：多云——阴——阴云密布

傍晚，天刚有些暗，街上行人、聊天的人很多；又暗一些，行人减少一些；明月当空，午夜时分，街上只有个别行人了。

③利用谈话，引导学习者根据实际情况运用"随着"：

例如：你觉得汉语难学吗？——开始觉得汉语很容易学，随着汉语知识的增多，反倒觉得越来越难学了。

④根据你自己的情况或你所看到的情况，用"随着"来说一说它们的变化。

引导：你来中国多长时间了？刚来的时候有认识的人吗？现在呢？

刚来的时候看到售货员找钱时把钱扔给你，你感觉怎么样？现在呢？等等。

可见，操练是重复性、循环性的重要环节。语法点的获得一般不可能一次完成，需要多次反复认知实践。老师把意义解释得再好，使用的限制条件讲得再清楚，学习者不去用一用，也是无济于事的。多种手段、多种方式的操练可以帮助学习者从不同角度、不同层次再次深入地认知语法要点。通过老师的讲解，学习者进行了第一次理解认识；大量的练习、实践，学习者进行了第二次不同角度的理解认识；针对学习者练习中的偏误老师及时指出并再分析、再讲解，学习者又一次换角度第三次再来理解认识。这样，通过反复、加工、提升、整合、深入、重新编码等等过程，学习者才能真正掌握语法知识、获得语言应用能力。

认知心理语言学把人的典型记忆信息建立了一个三级模型：

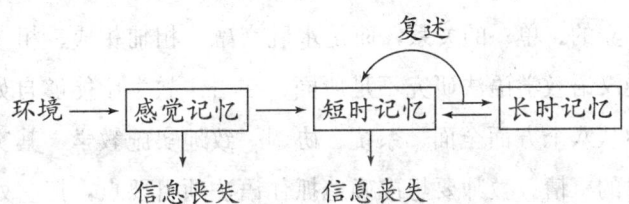

认为，信息从短时记忆转为长时记忆是通过复述而实现的。该复述可分为两种：简单复述和精细复述。简单复述指机械地复诵识记；精细复述是将复述材料加以组织、联系和深层次加工——整合。短时记忆转为长时记忆只有通过精细复述才能得以实现（王甦、汪安圣《认知心理学》127—128页）以此检验我们的教学模式，可见是符合认知原理的。

操练还是重要的信息反馈环节。学习者往往有这样的体会，听得很明白，自认为完全懂了，可是实际一操练，就会发现不少问题：理解的偏误、错误的泛化、顾此失彼的问题等等。练习中，老师及时对正确的予以肯定，使之得到强化，形成长时记忆；错误的、不适当的及时纠正、否定或针对性地讲解分析，以避免、减少错误知识的形成，从反向再次加强知识要点理解。此外，教师可以通过学习者在操练环节中的问题发现自己教学中的不足，及时调整教学内容、方法、策略，及时补正问题，加强问题的研究，从而不断提高教学质量和水平。

总之，操练过程应该是熟练——记忆——激活（预期控制、引起目的行为、对环境施加影响）的过程，是语言学习中一个不断提高层次的认知整合过程。

以上谈及的实用原则、针对原则、复式递升原则、细化原则、简化原则、类比原则、解释原则与操练原则等八项原则，从针对第二语言汉语语法教学而言，是最基本的应该遵循的原则。第二语言教学还应有其他一些共性原则，如激发兴趣、以学习者为主体等项原则，这里就不一一赘述了。以上八项原则在语法教学过程中彼此之间不是割裂的、孤立的、单一的关系，而是水乳交融、相辅相成、相得益彰的关系。受汉语教学语法研究不足所囿，在语法教学中能够自如地、游刃有余地从八个方面全面、系统、协调一致地实施教学，其实并不是一件容易的事情。教师要想准确地抓住语法项目要点，把它处理得简要、浅显、明白、恰到好处，就要首先吃透、研究透该语法项目，而且不是理论上的研究和研究结果的搬用，而是实际应用上的再研究和再加工，这无疑是一个新的挑战，但这也是对外汉语语法教学的必由之路。因此，对外汉语语法教学应以汉语本体研究为动力推进教学，从点点滴滴的积累开始，逐步加以深化，成规模、成系统地加强汉语要素认知教学的研究和建设，以此从根本上不断提高汉语教学水平。

参考文献

戴浩一著　黄河译（1988）《时间顺序和汉语的语序》，《国外语言学》第 1 期。

桂诗春（1991）《实验语言学纲要》，长沙：湖南教育出版社。
桂诗春（2000）《新编心理语言学》，上海：上海外语教育出版社。
李临定（1990）《现代汉语动词》，北京：中国社会科学出版社。
刘　珣（2000）《对外汉语教育学引论》，北京：北京语言大学出版社。
卢福波（2000）《针对汉语特性，确立对外汉语教学策略》，《华文教学与研究》第 3 期。
卢福波（2000）《谈谈对外汉语表达语法的教学问题》，《语言教学与研究》第 2 期。
卢福波（2003）《对外汉语教学语法的层级划分与项目排序问题》，《汉语学习》第 2 期。
卢福波（2005）《非常组合的"动＋处所宾语"》，《南开语言学刊》第 1 期。
卢福波（2005）《对外汉语教学基本句型的确立依据与排序研究》，《语言文字应用》第 4 期。
鲁健骥（1999）《对外汉语教学思考集》，北京：北京语言文化大学出版社。
陆俭明（2005）《对外汉语教学与汉语本体研究的关系》，《语言文字应用》第 1 期。
邵瑞珍（1997）《教育心理学》，上海：上海教育出版社。
王　甦　汪安圣（1992）《认知心理学》，北京：北京大学出版社。
张　敏（1998）《认知语言学与汉语名词短语》，北京：中国社会科学出版社。
赵金铭（1994）《教外国人汉语语法的一些原则问题》，《语言教学与研究》第 2 期。
赵金铭（1996）《对外汉语语法教学的三个阶段及其教学主旨》，《世界汉语教学》第 3 期。
赵金铭（1997）《汉语研究与对外汉语教学》，北京：语文出版社。

作者简介

　　卢福波，1954 年 12 月出生于大连。文学博士。现任南开大学汉语言文化学院教授、对外汉语系主任、博士研究生导师。2002 年曾获国家汉办颁发的"全国对外汉语教学优秀教师奖"；曾赴美国、韩国、日本、葡萄牙、西班牙、德国和中国台湾省讲学和参加国际学术会议。主要研究兴趣：对外汉语教学语法研究，对外汉语教学研究，现代汉语语法、语义、语用研究。

主要研究成果：撰有《对外汉语教学语法研究》《对外汉语教学实用语法》《对外汉语常用词语对比例释》《HSK精解活页题选》等多部著作，其中《对外汉语教学实用语法》《对外汉语常用词语对比例释》除汉语版外，还另有韩国语版、维吾尔语版等。在《语言文字应用》《语言教学与研究》《世界汉语教学》等学术刊物上发表过30余篇跟汉语和汉语教学研究有关的学术论文。主持了国家"十一五"教材项目和国家汉办等重点研究项目。《对外汉语教学实用语法》等研究成果曾获得多种奖项。

学习策略的使用与汉语口语教学

——吴勇毅

一、引言

我国英语教学界关于学习策略的研究，始于 1984 年。据文秋芳、王立非（2004a）统计，自 1994 年以来，在国内外各类期刊上发表的有关英语学习策略研究的论文有 500 多篇，而我们对外汉语教学界对外国留学生汉语学习策略的调查和研究始于 1998 年，迄今仅有十年。据笔者统计，至 2006 年底，国内全部相关的研究论文约有 56 篇，包括在各种刊物上发表的文章，以及未发表的硕士学位论文。这些研究成果大致可以分为三类：第一类是学习策略的理论研究及介评；第二类是汉语学习策略宏观的综合性的研究；第三类是汉语学习策略微观的专门性的研究。宏观的综合性的研究探讨外国学生使用各种学习策略的总体状况和趋势，微观的专门性的研究则涉及听力、口语、写作、阅读、词汇和汉字等不同方面。

汉语学习策略的研究成为近年来对外汉语教学界的一个热点和重点。从总体上看，对外汉语教学理论的研究重心由原来的"教"转到了"学"。"时钟"的摆动,是因为"人们越来越深切地意识到研究外语学习主体、外语习得具体过程、外语教学环境,对真正认识外语习得的本质从而更好地组织外语教学活动是多么重要"。(戴炜栋、束定芳,1994)"在'学'和'教'这对矛盾中,只有基本弄清了学生习得过程、习得顺序、习得规律、习得策略之后,才能真正谈得上有针对性地实施教学。否则,'怎么教'的研究就会发飘,欠缺依据,底气不足,依然摆脱不掉经验之谈的毛病。"(赵金铭,2001)这种"重心转移",这种认识上的变化,尽管比国外的第二语言教学理论研究晚了许多,但总的趋势和目标是一样的。道理其实很简单,如果我们对学习的主体、学习主体的习得过程以及影响习得过程的其他因素一无所知或所知甚少,又怎么能找到所谓的"最佳教学方法"呢?我们必须在只考虑教的"教学法"和基于学的"教学法"之间作出选择或平衡。

通常认为,学习策略的研究包括以下几个方面:成功的语言学习者所使用的学习策略调查,包括在习得听说读写各种技能时所使用的策略;成功的语言学习者与不成功的学习语言者在学习策略使用上的差异对比分析,有人认为学习策略有好坏之分,但也有人认为策略本身无所谓好坏,关键是使用的时机、阶段及任务对象是否得当;各种学习策略的确认和分/归类;学习策略的使用与学习效果之间的关系,即学习策略有效性的研究,是不是所有的学习策略都能使语言学习者获得良好的学习效果,学习策略使用的种类与频率与学习效果之间的相关性;影响策略使用的诸因素,尤其是学习者本身的心理认知因素;学习策略能否培训、培训的方式及培训对第二语言学习的有效性研究等。

二、目的语环境下外国学生汉语学习策略使用的总体特点

笔者最近对上海四所高校 535 名留学生进行的学习策略研究表明(详见吴勇毅,2007),**留学生在学习和习得汉语的过程中,最常用的**

策略是补偿策略，其次是社交策略、元认知策略和认知策略，再次是情感策略，最不常用的是记忆策略。我们把此项研究的结果与江新（2000）的研究结果进行了比较（参见下页表1和表2），并按各自的使用频率排序（见下页表3），得到许多有意思的发现。江新（2000）的研究所做的结论是：**留学生在学习汉语的过程中，最常用的策略是社交策略、元认知策略、补偿策略，其次是认知策略，最不常用的策略是记忆策略和情感策略。**

经过排序和对比，我们发现，尽管两项研究的受试在各类学习策略的使用频度上存在一些差异，但如果按使用策略的平均值排序，结果却非常相似。从表3可以看出，只有补偿策略从江新的第三位移到了此项研究的第一位。这是一个令人兴奋和鼓舞的结果，两项研究几乎完全得到了相互印证（运用相同的研究工具，不同地点采集的样本，得到了非常相似的结果）。**这或许揭示了在目的语环境下学习汉语的外国学生汉语学习策略使用的基本特点和总体趋势。**

江新（2000）在解释为什么社交策略是最经常使用的策略时认为："这个特点与留学生所处的学习环境及其本身特点有关。首先，留学生是在中国学习汉语，除了正式的课堂学习外，在自然交际环境中的非正式学习也是一个重要途径。他们在中国生活，随时要用汉语直接和中国人交际，为了达到交际目的，常常自觉不自觉地运用社交策略，比如，为了听懂而进行提问，对别人移情等。这不仅有助于实现交际的目的，而且有助于他们在运用语言的过程中学习汉语。语言学习环境对学习是非常重要的，它通过影响学习者对学习策略的选择，从而影响学习的结果。"笔者对这个解释是非常赞同的，环境差异对学习策略使用的影响是非常明显的（吴勇毅，2006），我们的研究也证明了社交策略是留学生很常用的策略之一，位居第二。但是，为什么在我们的研究中补偿策略是留学生最常用的策略呢？

表1 吴勇毅(2007)

学习策略	策略类型	平均数	标准差
直接策略	记忆策略	2.8132	0.54558
	认知策略	3.3380	0.50870
	补偿策略	3.5206	0.57417
间接策略	元认知策略	3.3593	0.57885
	情感策略	2.9986	0.68500
	社交策略	3.4274	0.63980

表2 江新(2000)

学习策略	策略类型	平均数	标准差
直接策略	记忆策略	2.7671	0.4434
	认知策略	3.3291	0.4757
	补偿策略	3.4658	0.5442
间接策略	元认知策略	3.4833	0.5843
	情感策略	2.8608	0.7023
	社交策略	3.5240	0.6729

表3

顺序	1	2	3	4	5	6
江新(107人)	社交策略	元认知策略	补偿策略	认知策略	情感策略	记忆策略
吴勇毅(535人)	补偿策略	社交策略	元认知策略	认知策略	情感策略	记忆策略

我们对此的解释有二：其一是补偿策略与社交策略关系极其密切，其二是补偿策略与认知策略乃至记忆策略的关系也很密切。社交策略是与交际密切相关的，这一点勿庸置疑，我们调查的具体的社交策略项目是（见表4）：

表4

72	如果我听不懂，我请说话的人放慢速度，再说一遍或者对说的东西进行解释。
73	我请别人证实我理解的或所说的是否正确。
74	我请别人纠正我的发音。
75	我和其他汉语学习者一起练习、复习、共享信息/知识。
76	我有一个固定的汉语学习伙伴。
77	当我和中国人说话时，如果我需要帮助，我努力让他/她知道。
78	在和别人用汉语谈话时，我会提问题，以便尽可能参与对话，并表示出自己（对谈话）有兴趣。
79	我努力去了解中国文化。
80	当我用汉语与别人交往时，我很注意他们在和我交谈时的想法和感受。

社交策略主要涉及"合作学习"和"移情"等，包括向别人询问以求证或检验，请别人纠正，与同伴合作学习，与新语言的流利使用者合作，发展文化意识，了解/意识到别人的思想和感情等。为了完成学习任务和交际任务，学生会频繁地使用社交策略。而补偿策略主要是学习者缺少目的语知识和技能时所采用的方式，包括利用一切线索猜测听到的或读到的新语言的意义；试着理解总的而非每一个单词的意思；尽管新语言的知识有限，但仍要寻找办法在说或写中获取信息，例如，

使用手势、短暂转而使用自己的语言、使用同义词或迂回描述、杜撰新词等等。我们所调查的具体的补偿策略项目是（见表5）：

表5

41	当我遇到听不懂或读不懂的词时，我利用一切线索（例如上下文或者情境）来猜测生词的大概意思。
42	我阅读时不是每个生词都查词典。
43	在对话时我根据前面谈话的内容预期别人将要说什么。
44	如果我正在说话，一时想不到正确的表达方式，我使用手势或者暂时使用母语。
45	在谈话时如果我想不出适当的词，我请别人告诉我。
46	当我想不出正确的表达方式来说或写时，我寻找另一种表达方式，例如使用同义词或者描述想表达的意思。
47	如果我不知道适当的词，我就造一个新词。
48	我将谈话引向我熟悉的话题。

很显然，补偿策略的使用与社交策略的使用有直接关系。例如，当学习者在进行交际或合作学习时，一旦其目的语知识或技能不足时，势必要使用补偿策略。因此，两者的使用直接关联，社交策略使用频率高，补偿策略亦然。而另一方面，补偿策略又能直接辅助目的语学习，跟认知策略相关，后者用于直接的学习过程和学习任务。在学习和交际的过程中，使用补偿策略得到的许多新信息，比如新词语、新用法，都需要再认知，有一个再认知的过程。由于在学习和习得汉语的过程中，以及在日常生活中运用汉语交际，都需要补偿策略的"辅助"，因此补偿策略会是学习者最常用的策略，使用频率会是最高的。

李炯英（2002）使用跟我们一样的测量工具（Oxford 的语言学习策略调查表）对中国学生英语学习策略的使用进行了研究，其结果是，中国学生最常用的学习策略是记忆策略、认知策略和元认知策略,其次是补偿策略,最不常用的是社交策略和情感策略。比较吴勇毅(2007)和江新(2000)的研究(见表6),我们发现一个非常有意思的现象,中国学生学习英语最常用的策略跟外国学生学习汉语最常用的策略正好调了一个个儿。中国学生最常用的是记忆策略,最不常用的是社交策略:

表6

顺序	1	2	3	4	5	6
江新(107人)	社交策略	元认知策略	补偿策略	认知策略	情感策略	记忆策略
吴勇毅(535人)	补偿策略	社交策略	元认知策略	认知策略	情感策略	记忆策略
李炯英(107人)	记忆策略	认知策略	元认知策略	补偿策略	情感策略	社交策略

李炯英对此的解释是:"中国学生常使用记忆策略显然与文化背景有关。在中国文化里,记忆策略历来是求学的一个传统,一直受到学习者的高度重视,被认为是学业成功的重要条件……应该说,中国的这种传统学习方法对提高英语水平是很有好处的。""我国学生不经常使用社交策略,这与国外二语学习策略研究的结果不一致。这个特点很可能与我国学生所处的语言学习环境有关。学生在一个英语作为外语的学习环境中,除了正式的课堂学习以外,很难有机会在自然的交际环境中学习英语。学生一旦失去自然的交际环境,就势必忽略社交策略的使用(如:为了听懂别人而进行提问、对别人移情等),因为社交策略本身并不对学习过程产生影响,而仅仅给学习者提供语言实践的环境和机会(束定芳、庄智象,1996)。"王文宇(1998)研究了中国学生的观念、策略与英语词汇记忆的关系,得出的结论是,西方学者

大力提倡自然习得理论（自然习得单词），而中国学生在学习单词时并不相信这种理论，也未按此行事。他们坚持"单词要背"的观点。这是由中国的语言学习传统和外语学习环境造成的。

我们国内的对外汉语教学是把汉语作为第二语言（CSL）来进行教学，留学生所处的学习环境正好跟我国学生把英语作为外语来学习的环境相反，环境的差异使得学习策略的使用也产生了巨大的差异。我国英语教学界的研究恰恰反证了我们的研究结果，由于学习环境的差异，留学生在目的语国学习汉语，为了学习、生活和交际，更多地使用社交策略和补偿策略是非常自然的，合乎逻辑的。文秋芳、王立非（2004b）认为，"如果把中国英语学习者的学习条件和在英语国家的中国移民相比，我们的条件仍然相差甚远。例如他们整天听到的是英语，日常生活的交际都要用英语。而我们出了教室门，几乎没有用英语的真实交际需要。如果是自学，那条件就更差了。因此在这两种不同的条件下学习英语，策略自然会有差别。"我国英语教学界非常注重二语和外语学习环境的差异，而以往对外汉语教学界的研究却很少注意汉语作为第二语言（CSL）学习和汉语作为外语（CFL）学习的差异（吴勇毅，2006）。

Wenden（1986）在其研究中发现，学习者对学习策略的观念（元认知知识）可以归为两个大类，一类认为学习外语最好的方法就是使用这种语言，另一类认为学习外语能否成功主要取决于语法知识和语言规则的掌握。（又见武和平，2000）如果我们把上面谈的六类学习策略归为辅助策略（补偿策略、社交策略、情感策略）、管理策略（元认知策略）和直接学习策略（认知策略、记忆策略）三类，那么我们的调查结果反映这六类策略的排位情况是：辅助策略居第1、2、5位，管理策略位居第3位，直接学习策略居第4、6位。**这在某种程度上反映出在目的语环境下学习汉语，学生总的倾向是更加重视交际，或者**

说重视交际能力的培养。因为补偿策略、社交策略都是跟使用语言密切相关的。

三、补偿策略、社交策略的使用与汉语口语学习

从上面的讨论中,我们可以发现,补偿策略和社交策略是外国留学生在汉语口语学习的过程中和运用汉语进行交际时经常使用的。

学生在运用汉语进行交际时,由于语言知识和技能有限,会碰到理解和表达的困难。当理解与表达遇到困难时,他们是怎么做的呢?通过大量的访谈,我们得到了许多具体的例子。例如,留学生 ML 是这样描述他遇到理解和表达障碍时所采用的策略:

访谈者:那么你是怎么练习口语的呢?

ML:口语?跟中国朋友说话。但是我让他们给我帮助。如果有的点(地方)我不太清楚,我请他们解释一下。

访谈者:是你听不懂他们的话还是你不知道怎么说?

ML:如果不知道怎么说,有的时候我就用中文,哦,用英文。

访谈者:如果你不知道怎么说,你就用英文?

ML:对,然后问用中文怎么说呢。

访谈者:那你不会用别的话告诉他吗?

ML:可能,可能这样。

访谈者:但是如果还是不清楚你就说英文,然后让他们用汉语告诉你。

ML:最坏的办法是用英文的。

访谈者:那么他们说话你听不懂,你怎么办?

ML:我说,请你再说一遍,慢一点儿。

访谈者:还是不懂呢?

ML：再说一遍。每次我让他们用别的话解释相同的意思。

访谈者：如果中国人听不懂你的话，你会不会用手势啊什么的，跟他们说？用你的表演？

ML：对，我常常用。

另一位留学生 XY 在谈到这个问题时，跟访谈者是这样对话的：

访谈者：那么如果你跟中国人说话的时候，你会不会带着词典跟中国人一起说话？

XY：不会，我可以用手，但是我不看词典。

访谈者：那么如果说有一个词你不懂，你怎么办？或者你想说一个词你不知道，你怎么办？

XY：我说那个词是什么意思，可以解释我（给我解释一下吗）？

访谈者：如果你想说一个词你不知道，怎么办？

XY：那很难，因为我试一试用别的词说那个东西。

访谈者：试一试用别的词说那个东西。

XY：但是不太容易。

访谈者：可是他还是不懂，你怎么办？

XY：我说，完了。

访谈者：完了？那你会不会说英语？

XY：如果对方会说英语，我就用英语说那个词。

访谈者：如果别人说话的时候，你听不懂的话，你怎么办呢？你会不会猜他的意思？还是总是问他：啊，对不起，我听不懂，你能告诉我是什么意思吗？

XY：我全部听不懂的话，我就会问，你可以再说一遍吗？然后我还有，比如说有一个词我听不懂，我问（请他告诉我那个词的意思是什么。

当留学生 XC 被问及在跟中国人谈话的时候，如果听不懂怎么办时，他是这样描述的：

XC：我问（请）他，嗯，再说一遍。或者用更容易的话，用我可以听得懂的话。

访谈者：那听不懂的话，你会不会让他用英语说？

XC：如果他会英语的话。但是我的朋友们只有，只有一个会说英语。

访谈者：那你会不会猜他的意思？

XC：会，会，因为你知道你跟别的说话的时候，你知道他的意思，他知道你的意思（笔者的理解是：他们彼此知道谈的主题是什么）。但是这是我的问题。我说汉语的时候，要听别的人的话，我以前（预先）想他的意思，所以我等那种话，如果他说别的话，我有很多次听不懂。

访谈者：你等他的话，他说别的你就听不懂了？

XC：有的时候，现在听得懂。但是我刚才（刚）到这里（上海）的时候，有很多时间听不懂，因为我等他的话……

访谈者：那么如果你跟中国人说话的时候，你想说一件事情，你有一个意思要告诉他们，但你说不清楚，你怎么办？你给他看词典？

XC：有的时候。或者如果有别的朋友，你可以问他，问他这个意思怎么说。或者用手，你知道我们在意大利我们用手很多很多。

访谈者：如果他听不懂的话，你会不会换一个词跟他说？

XC：有的时候，但是有很多中国人，很多朋友们，他们听不懂的时候，他们不告诉我听不懂。嗯，他们继续继续（说），然后我问他一个事情，他说我没听得懂。所以，嗯，那个时候我用别的话可以说，有的时候没有办法，算了。

根据上面几例学生的描述，我们可以归纳出这样几点。当学生在交际中遇到理解困难时，会主动向对方求助，所采取的求助方式有多种：（1）会要求对方再说一遍，说慢一点儿，即重复所说的话。（2）用别的方式、别的话解释相同的意思，包括要求对方降低语言难度，"用更容易的话，用我可以听得懂的话"说明。（3）用目的语不行的话，则改用母语或另一种外语解释，如果双方都会这种外语的话。（4）如果对方的话全部听不懂，就请对方再说一遍；如果有个别词听不懂，则直接询问这个词的意思是什么。根据困难的大小和程度采用不同的策略。（5）除了向对方求助，学生还会根据当下双方谈话的话题和语境猜测对方的意思，或者为了达到学习和操练的目的，在跟中国人见面前，事先想好要说什么，以期在交际时对方能顺着自己预先"计划"好的路子进行，也"确保"自己能听懂对方的话，以保持交际的"畅通"。由于预先对自己想说什么有所"计划"，因此也会对别人可能说的话语产生某种"期待"。如果别人说的和自己想的对上"拍"了，就容易理解或猜测意思；如果对不上"拍"，跟自己的预想不"匹配"，就会出现理解障碍，这是采用这种策略的"危险"所在。（随着语言水平的进步和语言技能的提高，这种"预设策略"的使用会逐步减少。）

根据笔者多年的教学经验和观察，以及自己学习外语的体会，学习者在使用目的语跟操这种语言的本族人进行交际时，还往往会采用一种"装懂策略"，即假装听懂了对方的话语（其表现常常是时而点头，时而微笑，时而嘴里发出表示同意的"嗯，嗯"等声音），使得交际不因自己总是/有时听不懂而中断（并非全都不懂，有时可能是几个词语，有时可能是几句话），而对方还以为你明白他的意思，继续滔滔不绝。在我们的访谈中并未得到学生使用这种策略的报告，倒是中国人在听外国学生说汉语时有这种情况：

> 有很多中国人，很多朋友们，他们听不懂的时候，他们不告诉我听不懂。嗯，他们继续继续（说），然后我问他一个事情，他说我没听得懂。所以，嗯，那个时候我用别的话可以说，有的时候没有办法，算了。

XC在跟中国人的交际中注意到了这一点，他说的"中国话"中国人听不懂，可又不告诉他，直到他发问时，才明白对方不知其所云。

上面归纳了学生在遇到理解困难时的"作为"。当他们在交际和交流中遇到表达困难时，即由于缺乏所需词语，不知道该怎么说，或虽然说了，可对方却听不懂他们所说的话（比如发音不准确，结构混乱，用词不当等），他们会：(1) 用很简单的词，或用同义词替换，即"试一试用别的词说那个东西"；(2) 用别的话、用句子解释；(3) 求助第三者，即有别的朋友在旁边（据笔者猜测也是学汉语的同学，在课堂上这种情况比较多，即问同桌或本国同学），问他这个意思怎么说；(4) 给对方看词典；(5) 用非语言手段——手势辅助；(6) 用自己的母语或用另一种外语说，"如果对方会说英语，我就用英语说那个词"；(7) 放弃，"完了"，"算了"。

从学生的描述中我们可以看出，一旦遇到表达障碍，其首选的基本上都是采用"目的语策略"，也就是尽量使用汉语来排除障碍，如换一种表达方式，用同义词，简单的词或句子来描述想表达的事物或意思，尽管"那很难"；同时采用手势等非语言手段来辅助表达；只有在用目的语无法沟通的情况下才改用母语或另一种外语。尽量尝试用目的语交际，回避母语的使用，对口语听说能力的提高是很有益的。当然在实在没有办法的情况，"放弃"也是一种选择。

学生用汉语进行交际，除了有沟通的目的，本身也是在练习汉语，在运用中学习。这种学习的意识，在学生的行为中清楚地表现了出来。比如 ML，当他不知道怎么说时，有的时候会选择用英语告诉对方，但他接着还会问对方"用中文怎么说"，而不是说了英语对方明白就算了。因为在元认知层面，ML 清楚地意识到用英文是"最坏的办法"，不利于学习汉语。

另外，在访谈调查过程中，访谈者在学生的话语中还发现，学生不仅会用简单的词语和句子解释自己想说的意思，或采用"语码替换"（时不时蹦出几个英语词，夹杂在汉语中）说出自己不知道的词语，还会根据表达的需要"创造新词"（coin）。下面是一个非常有意思的例子：

> 访谈者：你自己最早开始学汉字的时候，你觉得汉字是一个什么样的东西？
>
> XY：比意大利的汉字？
>
> 访谈者：意大利字？
>
> XY：意大利字，真的不一样，因为每个意字没有意思。一个中国汉字有很多意思，意思不是一个，是很大的。

在上面的对话中，访谈者发问后，XY 或许是由于"惯性"的作用，随嘴造了一个短语"意大利汉字"，访谈者对这个"词语"有点儿迷惑，于是追问，你说的是不是"意大利字"（其实访谈者想问的是，你说的是不是意大利语的字母），XY 予以肯定（大约也察觉到"意大利汉字"这个词语本身有逻辑上的问题），而且又创造了一个"新词"——"意字"，加以进一步说明。其实她要告诉访谈者的是，在意大利语中，每个"字母"不具意义，而汉字则不同，"一个中国汉字"（这是为了跟"意大利字""意字"对比而用）有很多意思。显然，学生不会用汉语说"字母"这个词，于是自己"发明创造"或者说"杜撰"了新的目的语词语。

通过访谈，我们了解到学生会采用各种"**补偿策略**"以及"**社交策略**"来弥补由于当前汉语知识和技能的"缺失/缺少"所造成的交际和交流的困难，以保持交际和交流的顺畅。补偿策略和社交策略的使用可以使学习者在新的语言知识和技能有限的情况下运用新语言，并学习和习得到更多正确的表达方式，因此在汉语口语的学习过程中占有重要的地位。教师在口语教学中，应该鼓励学生克服怕说、怕错、怕别人听不懂的畏难心理，以及由此而产生的口语焦虑，提高学生的策略意识，引导学生采用各种补偿策略和社交策略积极主动地跟同学、老师以及其他中国人交际，在交际和交流中提高口语能力。

四、元认知策略的使用与汉语口语教学

所谓"元认知策略"，是指"主体在进行认知活动的全过程中，将自己正在进行的认知活动作为认知和意识的对象，不断地对其进行积极、自觉地监控和调节"。（武和平，2000）拿学习汉语来说，就是学习者在学习和习得汉语的全过程中，把自己正在进行的学习活动作为认知和意识的对象，不断地对这一过程加以积极、自觉、主动地监控和调节。元认知策略主要涉及如何计划、监控、评价自己的认知活动（比如第二语言/外语学习），即如何管理自己的认知活动的措施和方法，对第二语言或外语学习而言，是"有序安排组织和评价自己的学习"（Oxford，1990），包括概述和联系已知的材料，集中注意力，把注意力集中在特定的细节上，找出语言学习的规律，安排学习（作息表、环境、笔记本），设定目标，确定完成一项语言任务要达到的目的，制定完成语言任务的计划，寻找操练机会，注意错误并且从中学习，评价学习进程等等。元认知策略对第二语言/外语学习和习得是至

关重要的,它对学习(过程)具有管理、调控的功能和作用。元认知策略使用的频繁且多样说明学习者"会"学习。

自我监控是一种很重要的元认知策略。从口语学习来说,学习者的自我监控主要表现在说话时他/她能有意识地注意自己的话语,尤其是发现自己话语中的错误,并加以改正。在访谈调查中,我们注意到这样两种情况:一种是学生在表达时对自己话语的"形式"和"意义"的关注度会根据环境的不同而表现出差异,另一种是学生对自己话语中错误的监控和纠正。

第一种情况。比如当访谈者向留学生 XC 了解他说话时对形式和意义的关注度时:

访谈者:说话的时候,你最注意的是它的内容还是语法?

XC:跟别的人?

访谈者:跟别的人谈话的时候。

XC:它的内容。

访谈者:它的内容。跟老师说话的时候呢?

XC:嗯,上课的时候,它的语法、用法,还有它的读音。

访谈者:比如说,老师让你造句或者什么的,你会特别注意它的语法怎么样?

XC:对。

访谈者:所以上课的时候跟在外面不太一样。

XC:不太一样。

访谈者:在外面的时候你常常注意它的内容,上课的时候你常常怕说错了老师批评你是不是?

XC:对对。

访谈者:所以上课还是比较注意形式,形式,对 form 比较注意。

XC：对。因为你知道,如果你跟你的朋友谈话的时候,你不想我的语法怎么样,只要说它的意思。

　访谈者：意思明白就可以了。

　　XC：对。

很显然,XC把对形式和意义的关注分为两种情形,一种是在课堂上、教室里。面对老师,他在表达时会比较注意句子的语音、语法,包括用法的准确性(形式)。他知道说错了老师要"批评"(纠正),这是在学习的环境中。而当他去外面跟别人交际的时候,XC最注意的则是它的内容(意义),因为"跟你的朋友谈话的时候,你不想我的语法怎么样,只要说它意思"就行了,这是在交际的环境中。对XC来说,学习时对话语(形式)的自我监控意识更强。

　　第二种情况,学生对自己话语中错误的监控及纠正。在调查中我们发现,一方面学生在自陈中表示他们能够有意识地监控自己的语音,发现错误;另一方面在访谈的实际话语中我们发现了不少学生自我监控语法错误的实例。

(1)

　访谈者：那么你是怎么练习你的发音的呢?

　　XY：我听"文林"的发音(一个巴掌大语言学习机),然后我读课文,我 aloud。

　访谈者：大声地念?

　　XY：大声地念。

　访谈者：大声地念,在家里自己大声地念,别人也听不见,是不是?

　　XY：是。

　访谈者：那么,你知不知道自己念错?比如说你念错了一个字,你知不知道?

XY：我知道。

访谈者：你知道，你会自己改正吗？

XY：我可以自己改正。

(2)

XC：我知道，我的发音不好，嗯，上课的时候，我，我问老师。

访谈者：问老师，问老师。你现在，比如说，现在你说话的时候，如果说你的发音错了，自己会不会，你自己有没有感觉？你知道吗？

XC：我，对，知道，有的时候知道，有的时候不知道。嗯，但是，但是……

访谈者：如果是一个你学过的词，你学过的，但是你念错了，你知道吗？

XC：嗯，知道，知道。

学生这种对语音的自我监控意识和自我纠正能力对汉语学习是非常重要的。它不仅表明学生对语音（音素）有辨别能力，也是语感的一种表现。笔者在教学中对此深有体会。在教学中常常有这样一种情况，有的学生出现了词语的发音错误，教师发现后念了一遍正确的发音，学生马上就能感觉到自己的发音跟教师的发音之间的差异，并且能立即纠正自己的发音问题。而有的学生发音错了，老师明确指出他/她发得不对，但老师念了几遍正确的发音，他/她"改正"后的发音仍然跟开始的错误发音一个样，一片"混沌"。其实这并非完全是发音的问题，而是学生缺乏对语音（因素）的分辨能力，是听感问题。学生无法监控或监控不到自己的发音错误。这种学生语音能力的提高非常困难，从某种程度上说，他/她并不适合学习语言。而我们的访谈对象在这方面表现出来很强的监控能力，这跟他们日常的实际表现也是相符的。

(3)

  HL：在意大利的时候，我一边用汉语，一边用意大利（语）（记）；在华师大学习的时候，我一边用汉语，一边用英语。

 访谈者：你觉得记（笔记）对你的学习有帮助吗？

  HL：有帮助啊，<u>也对我的英语水平也有帮助</u>。

(4)

  XC：……对，很不一样。因为在意大利你不会说汉语，你可以说意大利语，<u>也中国老师也听得懂</u>，嗯，然后，嗯，觉得……

(5)

 访谈者：你是怎么样增加你的词汇的？

  XY：在中国，<u>我谈跟中国人</u>，我跟中国人谈的时候，我，我不知道的词，我就问那个词是什么意思，所以下次我可以用那个词。然后（比如?）我，来中国以前，我不知道怎么说一个很简单，很日常的东西，就是说，卫生纸，我每天用卫生纸，所以我问服务员这是，这叫什么名字，所以现在我知道。

(6)

  XY：我试过，我去过饭店练习我的汉语，但是因为他们在工作，他们不愿意跟我说话。

 访谈者：那么去商店呢？买东西呢？

  XY：<u>商店不去过</u>。

 访谈者：<u>没去过?</u>

XY：没去过。

访谈者：没去过，那么如果你跟你的中国朋友在一起说话，或者和中国人在一起说话……

(7)

访谈者：那么你如果和中国人谈话的时候，你问他问题多还是他问你问题多？

XY：他问我问题多。

访谈者：他问你问题多，中国人问你的问题多。你，所以你自己问问题不是很多？

XY：<u>不是比他们那么多</u>。

访谈者：<u>没有他们那么多？</u>

XY：没有他们那么多。

上面说过，在访谈中，学生自陈他们能对自己的语音进行自我监控，同时我们从访谈中也得到不少学生自我监控句子语法错误的实际例子，表明说话时学生对自己的语言形式有明显的监控。(3)(4)(5)三例是学生在话语中发现了自己的错误并且进行了自我纠正。比如例(4)中，学生显然注意到了自己把副词"也"放在了名词性短语(也是主语)"中国老师"前面，于是纠正了一下，在动词前面又补了一个"也"。例(5)中，当学生说出"我谈跟中国人"时，注意到自己把介词结构后置了，于是马上纠正说"我跟中国人谈的时候"。在谈话中，访谈者并未指出或者纠正学生的语法错误，这完全是学生对自己话语监控的结果。(6)(7)两例情况有些不同，访谈者虽然也没有直接指出学生的错误，但却用正确的（句子）形式进一步发问，以求学生确认自己的话语内容。学生显然注意到了访谈者的句子形式，并且意识到了自己的错误，于是就用正确的形式再答了一遍，既肯定了自己的意思，又改正了句子形式。这个例子对我们的汉语口语教学有一定的启示作用，即对那些自我监控意识很强，会采用监控策略的学生，教师在课堂上或在跟学生的日常交流中，不一定总是要直接指出他们的错误（打断话语，中断交际），而应尽量采用在自己的话语中把正确的话语/句子形式说出来的方式（以自然的或者加重音强调的方式），间接指出学生的错误（不打断话语，不中断交际），让学生自己感悟并且自我纠正，习得语言的效果也许会更好。

吴门吉（2004）尝试把元认知策略中的监控策略的训练融入到汉语口语教学中。她运用观察、访谈和测试的方法，考察了监控策略（只是对语言形式的监控）在初级班汉语口语课的具体实施情况，试图探讨初学者在学习过程中对监控策略的使用与汉语口语表达/生成的关系。她认为在言语生成过程中，自我监控表现为非自然的停顿（自我打断）、失言及自我改正。"监控策略聚焦于语言形式，强调表达的正确性。"她在口语课上，对12名零起点的初级学生实施监控策略训练（对声调和时间、地点状语位置的监控），在"课堂内做声调练习时，让学生在老师的启发下对自己及他人的声调进行监听和更正；最后，学生自觉地监控他们的声调"。她还对训练的效果进行了测试，结果表明学生进步很大，"强化学生的监控意识是行之有效的"。从访谈和课堂观察中，也证实学生都有意识地运用了监控策略。她充分肯定了初级阶段进行监控训练的重要意义，认为"监控策略的使用在汉语学习的初级阶段具有重要的意义"，"对学生进行自我监控策略的培养，在声调学习阶段是可以取得事半功倍的效果的"，"监控策略一旦掌握，使用方便，监控机制随时发生作用，使学生能较快习惯汉语的表达方式"。吴门吉在元认知策略培训方面做了有益的尝试，目的是通过对学生监控意识的培养，更充分地调动学生地学习主动性，从教学者的角度寻找一种以学生为中心的最佳口语教学模式（参见吴勇毅，2001）。

五、结语

外国留学生在学习汉语口语时,学习方法和策略使用不当时有发生。举例来说,笔者在课堂教学时给学生的语言材料(中级水平)中有这样几段话:

(1a) 男:哎,<u>你看</u>,这么薄的一本书竟标价13元!看书的人真的买不起书了。

女:是啊,我差不多有大半年没买一本书了。

(1b) 男:<u>你看你</u>,为小朋的婚事急得头发都白了不少,何苦呢?

女:站着说话不腰疼,我们换个个儿试试?

(2) 女:大学生活怎么样?一定是丰富多彩的吧?

男:<u>什么呀</u>,我们每天不外乎"宿舍——教室——食堂"三点一线。

(3) 丈夫:做一盘蛋炒饭吃吧。

妻子:(没好气地说)什么叫蛋炒饭?应该叫饭炒蛋!你说饭多还是蛋多?

丈夫:<u>好了,好了</u>,就算是饭炒蛋吧!半夜三更的,那么大的嗓门儿干什么?

(1a)里的"你看"学生理解时没有问题,但(1b)中的"你看你",学生虽然听说都没有问题,可就是不知道是什么意思。同样"什么呀""好了,好了"也是如此。班上大部分学生,尤其是日本学生和韩国学生,为了知道这三个"东西"的意思,都拼命地翻查词典,希望能从"看""什么""好"这三个词的义项中得到解释,可词典里就是没有。还有些学生在学习的时候,对这些词语干脆忽略不"记",他们并没有去注意这几个词语在上下文中的"功能"是什么,因此很难体会说话人的感觉和意图,并对话语作出正确的理解。显然学生采用了不适当的策略和方法。笔者告诉学生"你看你"表示"责怪、埋怨"(如:你看你,这么点儿小事都办不成,让我说什么好呢);"什么呀"表示"不同意或反对(对方的意见)"(如:A:她是我们学校最漂亮的。B:什么呀,比她漂亮的多的是);"好了,好了"表示"妥协(息事宁人)或劝说(大事化小,小事化了)"(如:好了,好了,你们俩别吵了)。这些"功能"是在语言的使用中表现出来的,词典里一般查不到,只能在交际中,在上下文中去猜测、理解、体会和把握,并有意识地在实践中运用。

汉语作为第二语言学习策略的研究非常重要,对我们的汉语教学将产生重要的影响。这一领域的研究对外汉语教学界才起步不久,还有许许多多"空白"需要填写,尤其是在口语学习策略的研究方面。把学习策略培训纳入第二语言/外语教学,使其成为第二语言/外语教学的一个有机的组成部分(既教语言同时也传授学习语言的策略),是第二语言/外语教学的一个新趋势。

参考文献

戴炜栋　束定芳(1994)试论影响外语习得的若干重要因素,《外国语》第4期。

江　新(2000)汉语作为第二语言学习策略初探,《语言教学与研究》第1期。

李炯英(2002)中国学生二语学习策略的观念与运用,《外语教学》第1期。

束定芳　庄智象(1996)《现代外语教学——理论、实践与方法》,上海:上海外语教育出版社。

王文宇(1998)观念、策略与英语词汇记忆,《外语教学与研究》第1期。

文秋芳　王立非(2004a)中国英语学习策略实证研究20年,《外国语言文学》第1期。

文秋芳　王立非(2004b)影响外语学习策略系统运行的各种因素评述,《外语与外语教学》第9期。

吴门吉（2004）监控策略及其在初级汉语口语教学中的应用，《暨南大学华文学院学报》第1期。

吴勇毅（2001）汉语"学习策略"的描述性研究与介入性研究，《世界汉语教学》第4期。

吴勇毅（2006）论汉语作为第二语言教学（TCSL）与汉语作为外语教学（TCFL），《汉语教学学刊》第二辑，北京：北京大学出版社。

吴勇毅（2007）不同环境下的外国人汉语学习策略研究，上海师范大学博士学位论文。

武和平（2000）元认知及其与外语学习的关系，《国外外语教学》第2期。

赵金铭（2001）对外汉语研究的基本框架，《世界汉语教学》第3期。

Ellis, R. (1994) *The study of second language acquisition*. Oxford: Oxford University Press.

O'Malley, J. and A. Chamot. (1990) *Learning strategies in second language acquisition*. Cambridge University Press.

Oxford, R. L. (1990) *Language learning strategy: What every teacher should know*. New York: Newbury House.

Wenden, A. (1986) What do L2 learners know about their language learning? A second look at retrospective account. *Applied Linguistics* 7: 186—201.

Wenden, A. (1987) Metacognition: an expanded view on the cognitive abilities of L2 learners. *Language Learning* 37: 573—97.

作者简介

吴勇毅，男，1958年12月出生。现任华东师范大学**对外汉语学院副院长**，华东师范大学应用语言学研究所副所长，教授，硕士生导师。浙江师范大学兼职教授。世界汉语教学学会常务理事，上海市语文学会理事，上海市人民政府侨务办公室华文教育研究中心特聘专家。

从事对外汉语教学研究工作二十多年。多次出国进修、讲学、访问。曾获上海市哲学社会科学学会联合会颁发的优秀学术成果奖（1986）、**国家汉办颁发的全国**

对外汉语教学优秀科研成果三等奖（1994）；2002年被评为"全国对外汉语教学优秀教师"，2004年被评为华东师范大学"1+1"优秀指导教师；上海市高校外国留学生教育研究会2004—2006年优秀论文三等奖。2008年被评为华东师范大学师德标兵。出版过专著、教材、词典等多种，发表论文80余篇，主持过多个科研项目。

目前主要研究领域：语言学及应用语言学、对外汉语教学、现代汉语等。

论《速成汉语综合教程》的特色

—— 杨惠元

北京语言大学郭志良教授主编的《速成汉语综合教程》(北京大学出版社)是《速成汉语初级教程综合课本》(北京语言大学出版社)的修订版。

《速成汉语初级教程综合课本》自 1995 年试用、1996 年出版发行,为北京语言大学汉语速成学院的发展做出了重要贡献。请看下表(见下页表 1):

过去的 10 年,从事对外汉语教学的单位逐年增加,争夺生源的"战争"十分激烈。在竞争如此激烈的 10 年期间,北京语言大学汉语速成学院的办学规模不断扩大,学生人数翻了三番,实属不易。教学单位的生存和发展根本在于提高教学质量。应该说,北京语言大学汉语速成学院的教学质量堪称一流。影响教学质量的因素是多方面的,能够以教学质量取胜,除了有一支过硬的师资队伍以外,使用一套"学生爱学、教师爱教"的教材是非常重要的原因之一。

修订版的《速成汉语综合教程》(以下简称《教程》)保持了原教材的优势和特色,更加突出了教材的趣味性和实用性。

表1

年份	接收留学生
1995年	2 068人次
1996年	2 669人次
1997年	2 862人次
1998年	2 864人次
1999年	3 405人次
2000年	3 669人次
2001年	4 328人次
2002年	5 425人次
2003年	3 373人次（受"非典"影响）
2004年	5 728人次
2005年	6 092人次
2006年	6 444人次

一、编写语言教材务必注重趣味性和实用性

1.1 为什么要注重教材的趣味性和实用性

李泉在谈"针对性、科学性、实用性、趣味性"四项原则跟学生的亲疏关系时说："学生的'优先考虑序列'是：趣味性＞实用性＞科学性＞针对性。"可见，"趣味性"是学生评价教材的首选标准，当然，他们也看重"实用性"。学生评价教材的角度和标准是编写教材最应该重视的信息。因为教材是为学生编的，教材的趣味性和实用性，不仅应该源于学生，为了学生，而且最终得以实现还有赖于学生的认可，

有赖于他们的参与和创造。教材能够吸引学生，调动他们的学习积极性，激发他们的学习劲头，是学生学习取得成功的内在驱动力。

李泉在论述趣味性与实用性的关系时说："从教材的趣味性来看，内容'有趣'比'有用'更为重要。内容首先要有趣，要能'抓住学生'，让学生感到'有意思'；否则就不会使学生对教材产生积极的选择性态度和情绪反应，再怎么有用的内容也难以达到最理想的教和学的效果。因此，就容易'抓住学生'这一点来说，内容'有趣'应是第一位的，内容'有用'应是第二位的……'有趣'是更为直接的兴趣，'有用'则是间接的兴趣。""从增强和保持教材的趣味性的角度来看，内容'有用'比内容'有趣'则显得更为重要，特别是供外国成年人使用的语言教材。这是因为，'有趣'固然重要，但是如果所谓的有趣仅仅是满足教材使用者兴趣方面的一些需要，而在他们感到'有意思''好玩儿'之后，在知识和能力等功利目的方面没有更多的、实际的收获，那样的兴趣是不会维持长久的……因此，要维持教材的趣味性，就要使学生更多内容学了有用，有用才可能使学生产生真正的持久的兴趣。"（李泉，2002）这里，李泉辩证地论述了教材趣味性与实用性的关系，我完全同意他的观点。

1.2 构成课文趣味性的要素有哪些

根据我对趣味性的理解，把它概括为以下九个方面：

（1）课文内容实用，话题典型，与学生的学习生活有关。

（2）语言生动活泼、通俗浅显、风趣幽默。

（3）有人物，有情节，有明确的语言环境，创造出了比较鲜活的人物形象。

（4）情节真实有趣，有连贯性。

（5）课文中适当穿插一些幽默故事、民间笑话等。

（6）内容要有一定的思想深度，要给学生想象的余地。

(7) 语体风格要多样化。

(8) 加大文化的含量,多方面介绍目的语文化。

(9) 关注世界级的话题和普遍性的文化。

二、《教程》词汇实用量大,课文篇幅较短

2.1 《教程》的词汇实用量大

《教程》全书共出词汇 3 600 多个,基本涵盖了《汉语水平词汇与汉字等级大纲》中的甲、乙两级词汇,另有一部分在目前社会交际中常用的丙、丁级词和具有时代特色的新词语也选进教材,如"网吧""上网""手机""短信""数码相机""MP3""发电子邮件"等等。这些词语学生几乎每天都接触到,学了就能使用。

每课平均出生词 45 个,量偏大,但学生能够接受。根据我们使用《教程》的经验,学习动机比较强、想学好汉语的学生还觉得"吃不饱",他们往往要通过课外辅导补充新的内容。就一般的学生而言,只要重视词语的练习,加强预习和复习,也没太大问题。

教材词汇量偏大的好处是:

(一) 学生接触的词汇量大,掌握的必然较多。"取法于上,仅得其中;取法于中,仅得其下。"标准定得稍微高一点儿,符合克拉申"i+1"的可懂输入的原则。

(二) 教材应该提供学生跟尽可能多的词语见面的机会。至于他们能否掌握,关键看这些词语是否有用。古语说:"师傅领进门,修行在个人。"如果学生觉得教材提供的词语有用,他们就会如饥似渴地学习,能够很快地掌握;如果教材不提供学生跟词语见面的机会,他们可能永远学不到、掌握不了这些词语。

(三) 教材要满足学生交际的需要。初级的学生交际愿望强烈,可是由于语言水平低,他们往往说不出完整的句子,如果能够说出一些

"词语",加上表情和动作就可以完成交际任务。如果词语也说不出来,就没办法交际。

(四)学生使用本《教程》接触的词汇量大,他们通过 HSK 考试的等级较高。其中典型的例子是,速成系 A4 班的 13 个零起点的学生,经过 20 周的学习,期末 HSK 考试全班的平均成绩达到 5 级,有两个学生达到了 7 级。教学计划规定 A 班学生 3 级为达标。这样的成绩得益于教材给学生输入大量有用的信息,同时得益于教师的教学方法。当学生们从老师手里接过汉语水平考试证书的时候,对老师的感激之情溢于言表。

当然,"量大"要控制在一定的范围内,以学生能否接受为标准。

2.2 课文篇幅较短

根据循序渐进的原则,《教程》的课文篇幅不断加长,五课为一个单元,每个单元的课文字数大体相当:

1—10 课平均每课 80 字左右;
11—20 课平均每课 200 字左右;
21—40 课平均每课 280 字左右;
41—60 课平均每课 410 字左右;
61—80 课平均每课 500 字左右。

课文的篇幅较短不仅便于课堂操作和技能训练,更有利于增强学生的成就感。有成就感就有兴趣,有兴趣就有动力,有动力就有学习的效益,从而使教学进入良性循环的状态。

2.3 教材的词汇量大跟课文篇幅较短是一对矛盾

一般来说,教材的词汇量大,课文的篇幅就长,或者生词集中增加学习的难度。《教程》是如何处理这一对矛盾的呢?

原来,编者把生词分散在课文和练习两个部分。即全课的生词有一部分出现在课文里,另一部分出现在练习里。这两部分的生词同等重要。

由于编者作了这样的处理,总的看词汇量大,具体到每篇课文生词并不多且篇幅不长,较好地解决了这个矛盾。

三、《教程》课文内容实用有趣,学生爱学易学

2007年春季开学以后,我们对在北京语言大学汉语速成学院学习的老学生(用过《教程》的)作了一次问卷调查。主要了解学生对《教程》的课文是否喜欢。学生认为最有意思的课文打6分,依次递减,最没有意思的课文打0分。发出调查表80份,回收64份。因为这些学生来自不同的班级,现在也分散在不同的班级,学习的起始课和结束课不一样。为了便于统计,我们抽样选取了其中从第1课完整地学到第40课的22个学生作为被试。统计结果如下:

表2　22个学生对40篇课文打分情况

学生	6分	5分	4分	3分	2分	1分	0分
1.	27课	10课	2课	1课			
2.	9课	9课	19课	3课			
3.	9课	31课					
4.	27课	7课	6课				
5.	38课	2课					
6.	34课	4课	2课				
7.	25课	9课	4课	2课			
8.	16课	12课	6课	3课	3课		
9.	10课	30课					
10.	4课	16课	17课	3课			
11.	1课	14课	19课	4课	2课		

续表

学生	6分	5分	4分	3分	2分	1分	0分
12.	26课	10课	4课				
13.	11课	8课	10课	3课	7课	1课	
14.	12课	19课	8课	1课			
15.	32课	6课	2课				
16.	33课	7课					
17.	20课	6课	7课	4课	3课		
18.	9课	10课	8课	7课	5课	1课	
19.		40课					
20.	17课	17课	6课				
21.	3课	22课	13课	2课			
22.	18课	6课	4课	7课	4课	1课	
总计	381课	295课	137课	40课	24课	3课	0

表3　每篇课文得分情况

课次	6分	5分	4分	3分	2分	1分	0分
第1课	10人	8人	1人	2人	1人		
第2课	10人	5人	2人	1人	4人		
第3课	11人	6人	2人	2人	1人		
第4课	10人	5人	5人	1人	1人		
第5课	12人	4人	2人	2人	2人		
第6课	13人	4人	3人	1人	1人		
第7课	11人	4人	5人	2人			

续表

课次	6分	5分	4分	3分	2分	1分	0分
第8课	9人	11人	1人		1人		
第9课	8人	9人	3人	2人			
第10课	7人	9人	4人	1人	1人		
第11课	10人	7人	4人		1人		
第12课	8人	8人	5人	1人			
第13课	9人	10人	2人		1人		
第14课	9人	6人	5人	1人	1人		
第15课	8人	9人	5人				
第16课	7人	9人	4人	2人			
第17课	10人	9人	2人	1人			
第18课	9人	6人	7人				
第19课	10人	9人	3人	11人			
第20课	8人	7人	4人	2人	1人		
第21课	7人	10人	3人		2人		
第22课	7人	9人	3人	3人			
第23课	10人	10人	2人				
第24课	10人	8人	3人		1人		
第25课	7人	6人	7人		2人		
第26课	10人	7人	2人	3人			
第27课	6人	10人	4人	1人		1人	
第28课	12人	5人	4人	1人			
第29课	9人	7人	4人	2人			

续表

课次	6分	5分	4分	3分	2分	1分	0分
第30课	9人	8人	4人			1人	
第31课	7人	8人	2人	2人	3人		
第32课	8人	4人	7人	2人		1人	
第33课	9人	8人	4人	1人			
第34课	12人	4人	4人	1人	1人		
第35课	13人	6人	3人				
第36课	10人	10人	2人				
第37课	12人	8人	2人		1人		
第38课	12人	7人	2人	1人			
第39课	12人	7人	2人	1人			
第40课	10人	8人	4人				
总计	381人	295人	137人	40人	24人	3人	0

从以上统计可以看出，学生对《教程》课文的满意度比较高。原因是《教程》筛选和安排了实用的、贴近学生生活、学了就能用的话题，这样的内容学生喜欢学、愿意学。其中大部分课文语言风趣幽默，甩出的包袱能够引起学生的深思和笑声。

3.1 课文内容实用，话题典型，与学生的学习生活有关

"吃、住、行"是生活最主要的内容。《教程》的第4课就安排了"吃"，第13课安排了"住"，第18课安排了"行"。

前10课为集中的语音教学，重点训练学生的语音和声调。为了方便学生的生活、完成交际活动，第4课安排了"在食堂吃饭"的内容，把"饭、菜、馒头、米饭、炖牛肉"等一些吃饭常用的词语和"一共、三块五"等钱币的表示方法都出来了。而且第5课出了"找厕所"的

话题。如：

山　本：艾米，附近有厕所吗？

艾　米：有。在这边。

山　本：谢谢。

艾　米：对不起，我说错了。这是女厕所，男厕所在那边。

课文中艾米先回答错了，然后纠正。因为她是"女的"，这样说既符合逻辑又符合生活的真实。"去厕所"是每个人每天必须的活动。外国人来到一个陌生的环境，"找厕所"几乎是首先遇到的"难题"。教材编者和教师应该想学生所想，急学生所急。就我们看到的，这么早就出"厕所"一词的教材并不多见。

第13课是《预订房间》，把房间的位置、特点、设备、价格，特别是如何"讨价还价"教给学生，其中还渗透文化的因素。如：

服务员：您要什么样的房间？

山　本：一个单间，最好五层以下。

服务员：518号房间怎么样？

山　本：太好了，我就喜欢"8"。

"8"的谐音是"发"，"518"是"我要发"，是个吉利的数字。像这样的还有第17课的"大内过生日"，同学们给她送花儿。

贝　拉：你数一下，一共几枝？

大　内：一共6枝。

金汉成：汉语里的"6"是个吉利的数字。

山　本：祝你事事顺利。

大　内：太感谢你们了。

外国人学习汉语，很希望了解中国人的观念、中国人的心理。教材为学生展示他们以前见所未见、闻所未闻的目的语文化，能够极大地引起他们的好奇心，进而转化为学习的兴趣。

第18课的内容跟"行"有关。

（方老师病了，同学们商量去老师家）

大　内：我们坐公共汽车去吗？

方云天：坐公共汽车不太方便，最好骑自行车。

大　内：我不会骑车。

山　本：没关系，我带着你。

大　内：骑车带人，行吗？

山　本：行。不过，你得带着钱。

大　内：为什么？

山　本：要是警察看见了，你得交罚款。

外国学生来到中国，要"入乡随俗"，遵守中国的法律法规和规章制度。这段课文采用幽默的方法把骑自行车出行要遵守的"交通规则"传达给他们。不是板起面孔宣读法律条文，其中没有任何说教的痕迹，学生很容易接受。

本《教程》的一个特点是词汇量较大，在初级阶段学生遇到记生词的困难很正常。在第10课出了教学生"学习方法"的内容。如：

大　内：白老师，您好！

白　华：你好！

大　内：我正想去找您呢。

白　华：有事吗？

大　内：我们每天学习那么多生词，我记不住，怎么办呢？

白　华：别着急，记生词得注意方法。

大　内：用什么方法好呢？

白　华：记生词的时候要一边念，一边想，一边写，一边造句。

大　内：我试试。

根据我们的了解，不少学生反映，用了教材教给他们的方法，的确解决了记生词难的问题，帮了他们很大的忙。

教材的实用性是趣味性的基础，不实用的话题一定谈不上趣味。《教程》所选的话题囊括了外国学生在中国学习、生活普遍遇到的，而且是他们急需学习的典型话题和最感兴趣的话题。正如作者所说："我们根据留学生的日常生活、学习、交际活动，初步确定了近百个话题，又从中慎重精选出70个左右，并以20周学习时间的发展顺序编排，从而设计出一幅外国留学生日常生活及社交活动图。""依据短期、速成教学对象的实际学习需要，我们将课文话题的实用程度分为三档：A：最常用（有关日常生活、学习、社交活动的话题），B：常用（有关民族传统、观念的话题），C：次常用（有关中国国情的话题）。按此种分类法，本教材80篇课文中，A类51篇，占课文总数的63.8％，B类20篇，占25％，C类9篇，占11.2％。""话题编排顺序的确定，既要依据其实用程度，又要考虑到学生交际活动的时间发展顺序及交际场合的不断扩大，同时要兼顾语法点的合理安排。但总的原则是，最常用、最急用的先出，故1—40课皆为A类课文；41—60课中，A类6篇，B类11篇，C类3篇；61—80课中，A类5篇，B类9篇，C类6篇。"（郭志良，1995）

3.2 语言生动活泼、通俗浅显、风趣幽默

有人把编写初级语言教材生动地比做"捆住手脚跳舞"，编者不是不想把课文编得有趣，而是做起来实在太难了。编写一篇课文往往受诸多因素的限制，首先要考虑外国学生的可接受性，让他们觉得有趣、话题实用，内容符合他们的需要；还要考虑难易得当，控制生词的量，生词不能太多也不能太少，要展示特定的语法点和功能项目；还要考虑课文的内容符合生活场景、人物身份和交际策略的语境。《教程》的不少课文能够较好地照顾这方方面面的因素，精心而巧妙地编排，语言生动活泼、通俗浅显、风趣幽默，营造出一个个真实生动的场景，

表达出清晰完整的意思，并且有自然而然、浑然一体的韵味。请看下面几段课文：

3.2.1 第11课（一）：

贝　拉：你哥哥常给你发邮件吗？

大　内：最近不常发。

贝　拉：他学习一定很忙。

大　内：是的。还有……他最近交了一个女朋友。

3.2.2 第11课（二）：

丁　兰：你家还有谁？

艾　米：还有海伦。

丁　兰：海伦是谁？

艾　米：你猜猜。

丁　兰：是你姐姐吗？

艾　米：不对。

丁　兰：是你妹妹吗？

艾　米：也不对？

丁　兰：是……

艾　米：一只小狗。

学生刚刚学完了第一册，大约掌握200多个生词。针对这样的教学对象就能编出以上通俗浅显、风趣幽默的课文，仅仅用了几笔就把一个活泼可爱、机智聪明的艾米的形象勾勒出来，确实难能可贵。

《教程》中的很多课文都采用了传统相声"抖包袱"的方法，让读者顺着编者的思路走，然而到一定的时候，突然峰回路转，产生一种冷不丁的幽默。第11课课文（一）前文已经交待，贝拉的哥哥是研究生。他最近不常给贝拉发邮件，隐含着以前常常发邮件。为什么会有变化呢？从常识出发一定跟学习"忙"有关。这是人们能够预料的。

贝拉的回答，除了因为"忙"，还有另外的一个原因，是人们想不到的："他最近交了一个女朋友。"学生读到这里，都能理解贝拉的哥哥最近不常给她发邮件是两个原因，后一个原因更直接。课文（二）丁兰问艾米："你家还有谁?"人们的思路是：这个"谁"一定是"人"。所以丁兰猜"姐姐""妹妹"，没想到都不对，原来是一只"小狗"。这种"抖包袱"的方法编者使用得比较纯熟，下面的很多例子都是采用的这种方法。

3.2.3 第12课：

（在大街上，山本正和大内上子遇见了方云天。）

方云天：你们去哪儿?

山　本：去书店。

大　内：他想买一张世界地图，我想买一本《汉日词典》。

方云天：我有两本《汉日词典》，送你一本吧。

大　内：我怎么谢你呀?

山　本：好办，请客。

大　内：可以。我请客，你付钱。

课文中方云天送给大内上子一本词典，大内问："我怎么感谢你呀?"这本来是问方云天，可是方云天并没有回答。因为他是山本正的朋友，跟大内不十分熟悉，不好回答，而是山本正说："好办，请客。"山本正和大内是老熟人，他们开玩笑很正常。这时大内上子对山本正说："可以，我请客，你付钱。"这完全符合细节的真实。如果是方云天跟大内开玩笑，让她请客，大内也回敬他一句，就不符合真实了。不真实当然谈不上有趣。

有趣的课文学生爱学，有趣的课文学生爱说，有趣的课文学生印象深刻，有趣的课文学生记得牢固。在以后的岁月里，学生经常互相开玩笑："我请客，你付钱。""你请客，我付钱。"有的学生甚至跟老师开玩笑:"我们请客,老师付钱。"可见,一段有趣味性的课文,对学生有震撼力,会产生深刻的影响。

3.2.4 第14课:

(谈到课外辅导)

方云天:每周几次?

大　内:两次。周二、周四下午两点到四点在我的宿舍,行吗?

方云天:去女生宿舍不太方便,去教室吧!

大　内:可以。每小时要付多少钱?

方云天:不要钱。我们两个交换,怎么样?

大　内:交换是什么意思?

方云天:两点到三点,我教你汉语。

大　内:三点到四点,我教你日语,是这个意思吗?

方云天:大内小姐真聪明!

大　内:出这个主意的人更聪明!

外国学生到中国来学习,很多人都要找"语伴"。这段课文生动地再现了这个话题的故事。方云天和大内上子约定辅导的时间、地点,比如每周几次、从几点到几点,在什么地方辅导以及如何辅导等等是每个想找语伴的人必说的话。从方云天的启发,引出大内对"交换"意思的理解,方云天适时的称赞,大内对方云天的回敬。真实——符合生活的真实;自然——在具体的对话语境中自然的启承转合;流畅——语句省略得当,对仗工整。特别是最后两句,他们互相称赞的分寸拿捏得恰到好处。到这一课,方云天跟大内上子才正式接触,符合人物身份和交际的原则——恰当得体。

学生按照大内的原话进行"类推",在以后的交际中我们听到了这样的说法:"提这个建议的人更聪明。""说我学习努力的人比我更努力。""说别人傻的人更傻。"说明学生接受了课文传达给他们的信息,也说明课文的幽默被学生接受了。

3.3 有人物,有情节,有明确的语言环境,创造出了比较鲜活的人物形象

《教程》出现的人物有名有姓的就有二十多个。主要围绕几个留学生在中国学习和生活的故事展示他们的喜怒哀乐、所思所想、所作所为,勾画出一些真实可信的人物形象。其中日本学生大内上子和山本正、韩国学生金汉成、美国学生艾米和彼得、意大利学生贝拉,以及中国老师王欢和中国学生方云天,一个个都是那么的活生生、光灿灿,性格独特,形象鲜明。请看下面的例子:

3.3.1 大内上子,女,20岁左右,日本留学生。她是一个性格开朗、风趣幽默的日本女学生。上面的课文我们对她已经有所了解。她在第21课、第36课中还有出色的表演。第21课:

(大内约方云天看足球比赛。7点40方云天在体育场北门找到了大内。)

方云天:大内,你在这儿呢!什么时候来的?

大　内:差5分7点。你呢?

方云天:7点10分。我在南门到处找你。

大　内:对不起,我没说清楚。哎呀,7点40了!咱们进
　　　　去吧。

(两个人在自己的座位上坐下。)

方云天:(问身边的一位观众)请问,现在几比几?

观　众:0比0。

大　内:好极了,咱们一点儿没耽误。

方云天和大内进场的时候,比赛已经开始了。观众说比赛的结果是"0比0",大内的幽默恰到好处。一句"好极了,咱们一点儿没耽误"打了个圆场,就把因为没说清楚而迟到造成的不快都冲淡了,同

时展示了大内开朗的性格和化消极为积极的本领。

3.3.2 金汉成,男,25岁左右,韩国留学生。他是个乐天派,他一出场就是喜剧人物,走到哪里都能给人带来欢乐。课文中关于金汉成的幽默故事比比皆是。比如第16课:

(谈到生日礼物)

金汉成:大内,你妈妈为什么送你这种小东西?

大　内:我妈妈说,我是兔年出生的,属兔。

金汉成:怪不得你跑得那么快呢。

大　内:金汉成,你是属什么的?

金汉成:属猴。

大　内:怪不得你那么聪明呢。

第22课:

(金汉成说他晚上没睡好觉,因为天气太热)

王　才:一年四季,我最不喜欢夏天,看来你也是。

金汉成:不,我特别喜欢夏天,要是一年四季都是夏天就好了。

王　才:这是为什么?

金汉成:我父亲是做空调生意的。

第27课:

(有人来班里听课)

白老师:同学们不要紧张,希望你们跟以前一样,积极举手回答问题。

贝　拉:要是您问我,我不会,多不好意思!

金汉成:那好办,会的举右手,不会的举左手。

第44课:

(中秋节的晚上)

　　　方老师给同学们讲了一个嫦娥奔月的传说。大家听了,都说很有意思,只有金汉成一直呆呆地望着天上。大内问他:"你在想什么呢?"

"听说嫦娥是个美丽的姑娘,她一个人住在那儿,一定很寂寞。"

"你想上去陪陪她,对吧?可你上得去吗?"

"坐飞船上去没问题,可就怕一时下不来了。"

"为什么?"

"我想请嫦娥小姐当我的老师,辅导我古代汉语。"

3.3.3 艾米,女,19岁,美国留学生。这是我们熟悉的一个学生。她的活泼可爱、机智聪明给学生们留下了深刻的印象。再举几个例子:

第25课:

艾　米:我还寄一封信。

营业员:请贴两块八毛的邮票。

艾　米:好。

营业员:小姐,你的信超重了,应该再贴9毛的邮票。

艾　米:再贴邮票,不是更重了吗?

第31课:

(约好一起去吃晚饭)

贝　拉:你们瞧,这雨下大了。咱们还能去吗?

艾　米:当然去。你知道这样一句诗吗?"冒雨去吃饭,生活多浪漫!"

贝　拉:不知道。这诗是哪位诗人写的?

艾　米:远在天边,近在眼前。

第42课:

(艾米在白老师家聊天儿)

白　华:班里同学都说你是个书迷。

艾　米：我还算不上，我爸爸才是书迷呢。他看见一本好书，
　　　　就跟看见美酒一样。他说，读一本好书又解渴又解饿，
　　　　一夜不睡都不困。

白　华：不吃不喝，光读书，那可就省钱了。

艾　米：一点儿不省钱，我们国家的书比面包、牛奶可贵多了。

3.3.4 彼得，男，25岁左右，美国留学生。他性格率真，心直口快，实话实说。在第15课中，大家谈学习汉语的目的。白华问："彼得，你呢？"彼得直截了当地说："我想了解中国。还有，我想在中国找一个女朋友。"这是典型的美国人的性格。第20课中有一段对话很有意思：

赵　林：来中国以后，你生活习惯吗？（中国人希望听外国人说"习惯"）

彼　得：还行。我很喜欢这个城市，不过还是有点儿不习惯。

赵　林：哪方面不习惯？对这儿的天气习惯吗？（估计他对天气不习惯）

彼　得：天气还可以，这儿人太多。到处都是人，公共汽车上很挤。

彼得故意不顺着对方的意思说，转移话题并且控制话题。这些话从他嘴里说出来，很符合他的性格特点。特别是后边，赵林说："有时间来我家玩儿。"这本是一句客气话，没想到彼得十分认真，马上说："太好了！我现在就有时间。"弄得赵林很不好意思，只得婉言回绝，并且在第32课冒雨来邀请他，这是后话。第27课白华老师征求同学们对教学的意见，彼得第一个发言："老师讲语法讲得比较快，请再慢一点儿。"也是直截了当，不拐弯抹角，跟下边别人的发言很不一样。这一课不但对彼得的处理很好，其他人的发言也各有特色。请看：

白　华：现在还有一点儿时间，同学们对我的课有什么要求和

建议请提一提。哪位先说?

彼　得:老师,我先说。

白　华:请。

彼　得:老师讲语法讲得比较快,请再慢一点儿。

大　内:我觉得老师讲得一点儿也不快。我希望老师讲得再少一点儿,给我们更多的机会练习说。

山　本:对,我也想多练习口语,在课上多听、多说。

白　华:这些意见很好。谁还说?

贝　拉:老师,我查词典查得很慢,能不能加强这方面的训练?

白　华:可以。

艾　米:我有个意见,就是……

白　华:有话就说,别不好意思。

艾　米:您教课很认真,只是,您经常说:"你们要注意身体!""天气太冷,你们要多穿衣服。"我们已经不是小孩子了。

大　内:这是老师对我们的关心。

山　本:老师有时候对我们太客气了。我们是您的学生,希望您严格要求我们。

金汉成:对!谁上课来晚了,就别让他进教室。

贝　拉:今天早上你就来晚了,怎么也进来了?

征求学生对教学的意见,本来是个很严肃的话题。可是这篇课文丝毫看不出严肃和紧张,也没有任何说教的痕迹。倒是每个人话语都恰当得体、符合人物的身份,每个人的性格特点都活灵活现地跃然在纸上,活跃在人们的眼前。特别是金汉成和贝拉的对话,使课堂气氛一下子活跃起来。

3.3.5 贝拉,女,25岁左右,意大利留学生。贝拉也是个快人快

语、性格豪爽的学生。上文她跟金汉成开的玩笑,说明她的脑子反应很快。再看两段课文:

第33课:

贝拉准备学习结束以后,到中国各地旅行。她想游遍中国的山山水水。有个意大利朋友开玩笑说:"贝拉小姐,你是想当意大利的第二个马可波罗吧?"贝拉笑着回答:"应该说,第二个马可波罗一定是贝拉小姐。"

第48课:贝拉的自行车丢了很着急,她去王欢老师的办公室。王欢讲了"塞翁失马"的故事安慰她。讲完以后王欢问贝拉:

王　欢:贝拉,你听懂了吗?

贝　拉:听懂了。要是我的自行车也能带回来几辆自行车,就好了。

这个"包袱"甩得恰到好处。一方面突出了贝拉的性格特点,一方面给课文安排了强有力的结尾,为课文增色不少。

3.3.6 王欢,男,30多岁,他是某对外汉语教学单位办公室老师。这也是个喜剧人物。第23课他给妻子买丝袜想讨好妻子,结果上当受骗,好心办坏事;第34课《戒烟》的故事表现他怕妻子,又耍小聪明;第41课《我想给你当一回红娘》表现他的心地善良、乐于助人;第66课《真得感谢这则广告》表现他上了当能够聊以自慰,还有点儿阿Q精神,这几篇课文都给读者留下深刻的印象。外国学生都喜爱这个傻乎乎、热心肠、助人为乐的好老师。在第23课:

(王欢回到家里)

王　欢:我回来了。

刘　丽:怎么才回来?

王　欢:我去自由市场了。

刘　丽:买什么了?

王　欢：给你买了双丝袜。小贩要12块，我侃到了7块5。

刘　丽：不贵。我妹妹昨天买了一双丝袜，花了10块。

王　欢：她哪儿会买东西？

刘　丽：拿来我看看。（打开包装）呀！这是尼龙袜子！7块5可以买三双。

王　欢：糟糕，我上当了。

王欢的一句"她哪儿会买东西？"活灵活现地刻画出他的自以为是、刚愎自用、耍小聪明的性格特点。在课上练习课文的时候，老师提问："王欢说：'她哪儿会买东西？'是什么意思？"学生们都能根据自己的体会准确理解王欢话语的深层次的含义。而且以后常拿这句话开玩笑："他哪儿会使筷子？""他哪儿会说法语？""他哪儿会洗衣服？"等等。

3.3.7 方云天，男，20岁左右，日语专业学生，方龙之子。前文方云天称赞大内"真聪明"，这个玩笑既得体又有分寸。第22课方云天和贝拉的谈话，也反映了方云天的机智幽默。请看：

贝　拉：我100米自由泳的最好成绩是1分15秒。

方云天：真快！我游得也不慢。

贝　拉：是吗？

方云天：我家前边有条河。我一分钟就能游到河对面。

贝　拉：河有多宽？

方云天：不到8米。

贝拉100米游了1分15秒，方云天说自己游得也不慢，1分钟游了8米。编者使用前后矛盾和对比的方法又甩出了一个包袱。谁说中国人严肃有余、缺乏幽默感？方云天的幽默对以上说法进行了有力的反驳。

3.4 情节真实有趣,有连贯性

《教程》中的不少课文都有内在的联系,有的就是故事连载或电视连续剧。比如第20课:

(彼得跟一个刚认识的中国朋友谈话)

彼　得:……赵先生,你家住哪儿?

赵　林:住在市区,有时间来我家玩儿吧。

彼　得:太好了!我现在就有时间。

赵　林:(看看表)对不起,我现在要去幼儿园接孩子。明天是星期六,你明天去可以吗?

彼　得:好的。

赵　林:明天下午三点,我在家等你。

彼　得:我会准时到的。

赵　林:明天见!

彼　得:明天见!(突然想起没问住址)我去哪儿找他呀?

课文的最后设了一个扣儿,约会只约定时间,而没有约定地点,彼得想去赵林家,可是去不成。这就为第32课赵林冒雨来邀请彼得作了很好的铺垫。其实这是一个故事系列,第15课在谈"学习汉语的目的"时,彼得曾经说过"我想了解中国。"后边有7篇课文都是围绕彼得深入中国社会和中国人的家庭展开。

第20课《我现在就有时间》赵林邀请彼得去他家,可是忘了告诉地点。

第32课《下星期六我一定去》赵林冒雨来彼得的宿舍再次邀请他,表现赵林是个很实在的人,了解了中国人的观念文化。

第37课《我们家是四世同堂》彼得来到赵林家受到热烈欢迎和他参观赵林的家,了解中国人的"四世同堂"的传统观念和很有特色的四合院居住文化。

第38课《我们俩完全平等》彼得跟赵林、赵林的妻子杨静聊天儿,谈中国人的家庭生活,了解中国的国情文化。

第46课《你的衣服扣子少了两个》写彼得和艾米亲身体验"挤公共汽车的滋味",了解中国人的现代生活,也属于国情文化。

第51课《风味小吃》彼得和王才在小吃店,了解中国的"食文化"。

第70课《参加中国人的婚礼》彼得再次到赵林家参加弟弟赵海的婚礼,还是国情文化。

至此,彼得深入中国社会,深入中国家庭,深入地了解中国的情况,圆满地画了一个句号。7篇课文课课相扣、课课相关、课课都围绕一个主题,可以看出编者安排的严谨和奇妙。像这样的故事系列还有好几个,比如第39课和第40课就很有特色。请看课文:

第39课:

不知道什么原因,山本正两天没来上课了。他平时学习努力,遵守纪律,要是有事不能上课,一定会向老师请假。因此,课间休息的时候,大内上子给山本住的宾馆打了个电话。宾馆的服务员告诉她,前天晚上山本正生病,住进了友谊医院。

下课以后,同学们商量了一下儿,决定派大内上子和金汉成代表全班去看望山本正。

(大内来到办公室找王欢)

王　欢:大内,你来找我,一定有事吧?

大　内:我想打听一下儿,去友谊医院怎么走?

王　欢:你生病了?

大　内:不是。山本正住院了,我和金汉成一块儿去看看他。

王　欢:你们坐车去还是骑车去?

大　内:坐车怎么走?

王　欢：去友谊医院……坐公共汽车的话，可以先坐332路到动物园，然后换……我看看地图，然后换15路到友谊医院下车。

大　内：骑车呢？

王　欢：要是骑自行车，就沿着二环路一直走，到和平门右拐，再顺着15路车的路线，骑10分钟左右就到了。

大　内：您说骑车好还是坐车好？

王　欢：这几天天气热得要命，公共汽车上又挤得要死。我看还是骑车好。

大　内：那好，听您的。王老师，把您的自行车借给我骑骑，可以吗？

王　欢：当然可以，可是今天上班没骑来。我把车放在宿舍门口了，我带你去取。

大　内：给您添麻烦了，不好意思。

王　欢：别客气。城里人多，车多，你刚学会骑车，过马路千万要小心。

大　内：王老师，您放心吧。我们一定会注意交通安全的。

王　欢：对了，这儿有山本一封信和一个包裹单，请你把这封信和包裹单一起交给他。代我向他问候，有时间我去看他。

这一课从山本正生病住院，到同学们商量派大内上子和金汉成去看望他，到大内向王欢打听去友谊医院怎么走、跟王欢借自行车，形成一个故事链。同时，把"问路""建议""请求帮助""托人办事"等多个语言功能进行了练习，还为第40课《看望病人》作了铺垫，把两篇课文自然地连接起来。

第40课：

下午四点，大内上子和金汉成来到了友谊医院。

这家医院很大，前面是门诊部和急诊室，后面是住院部。山本正住在内科病房312号。他们俩找到内科病房，护士告诉他们，山本正得的是急性肠胃炎，经过打针吃药，现在已经好多了，过两天就可以出院。大内和金汉成对大夫和护士表示感谢。

（护士小姐把他们带到山本正的病房）

大　内：山本，我们看你来了。

金汉成：怎么样，好点儿了吗？

山　本：好多了。快请坐。

金汉成：我们俩代表全班同学来看望你，这是同学们给你买的水果和鲜花。

大　内：我们把你的信和包裹单也带来了。王欢老师向你表示问候，他说有时间来看你。

山　本：谢谢老师，谢谢同学们。我过两天就出院了，告诉老师和同学们别来了。

大　内：听大夫说你得的是肠胃炎，肚子还疼吗？

山　本：不疼了，腹泻也止住了。

金汉成：大夫给开的什么药？

山　本：有西药也有中药。你们看，这是药片，每天三次，每次两片。

大　内：这是什么药？

山　本：丸药。

大　内：苦吧？

山　本：中药哪有不苦的？俗话说："良药苦口"嘛！

金汉成：你一个人住在这儿寂寞吗？

山　本：还行。大夫、护士对我挺关心。他们经常跟我聊天儿，还给我报纸和杂志看。

金汉成：看来，在中国生病住院也不错。

大　内：什么意思？

金汉成：大夫、护士都是老师，和他们在一起，又能练习听力，又能练习口语。

大　内：那你也得一次肠胃炎，来这儿住几天。

第39课和第40课都是混合体课文，前边叙述，后边会话。因为有了第39课的铺垫，第40课的第一个句子就是"下午四点，大内上子和金汉成来到了友谊医院"，不显得突兀，而且很自然地过渡到介绍医院的环境、大内和金汉成找到内科病房、护士向他们介绍山本正的病情、把他们带到山本正的病房。接着是大内、金汉成和山本的谈话。特别是金汉成说"我们俩代表全班同学来看望你，这是同学们给你买的水果和鲜花"和大内说"我们把你的信和包裹单也带来了。王欢老师向你表示问候，他说有时间来看你"，既复习了前边的课文，又赋予新的含义，即如何转告别人的话、代表别人问候和完成别人的委托。让教师"有的"可讲，让学生"有的"可练，这就好比一个内涵丰富的剧本，给导演和演员的发挥留有充分的空间。然后山本正适时地表示感谢，客气地请同学和老师别来了，表现他不想麻烦别人的心理，有一定的思想深度。接下来大内的一句"听大夫说你得的是肠胃炎，肚子还疼吗"转移了话题，同时学生又"有的"可练习，比如：

听大夫说你得的是肠胃炎，肚子还疼吗？

听大夫说你得的是气管炎，还咳嗽吗？

听大夫说你得的是感冒，还发烧吗？

听大夫说你得的是感冒，头还疼吗？

听大夫说你上火了，牙还疼吗？

下面金汉成说："不疼了，腹泻也止住了。"两个"了"，可以让学生体会和理解它们的含义和用法。特别是学生理解了"腹泻"一词的准确性和得体性可以提高他们的交际能力。山本说"良药苦口"这句俗语，他没有说完。教师可根据本班学生的水平，把"良药苦口利于病，忠言逆耳利于行"告诉他们。课文最后从山本正表扬大夫和护士，引出金汉成和大内的幽默对话，为课文画上圆满的句号。学生学习这样的课文，就好像教师带领他们去探宝，一层更比一层高，一件更比一件美，怎么能不心旷神怡、乐此不疲？

3.5 课文中适当穿插一些幽默故事、民间笑话等

刘颂浩经过调查发现：幽默故事很受学生的欢迎。他认为："幽默故事作为增强趣味性的题材之一，有其特殊的作用。"（刘颂浩，2000）这一点跟我们的想法一致。《教程》的编者很善于讲故事，所讲的故事内容寓意深刻，能够吸引人，而且讲故事的方式很独特也很巧妙。有的是通过课文中人物的口讲述故事。如第50课：

> 日本学生大内上子讲了一个真实的笑话：
> 一个来中国旅行的日本人，住在一家宾馆里。他想给日本的朋友写信，就去找服务员问哪里有信纸。他不会说汉语，没办法，只好拿出笔，在手上写了"手纸"两个字。服务员看了，点点头，马上进屋子拿来一卷卫生纸。这位日本人想，服务员一定误会了，于是又在手上写了个"便"字。服务员一看，急忙一手抓起那卷卫生纸，一手拉着那个日本人，飞快地把他领到厕所去了。

有的课文是作者直接叙述。如第61课以后的多数课文。

还有的课文是通过人物的对话来呈现，如第29课：

（大内买布料）

大　　内：我想做一条裙子。

售货员：我觉得这种颜色对你不太合适。

大　　内：麻烦你帮我挑一种。

售货员：我看还是这种好。这种颜色的裙子穿在你身上一定更漂亮。

大　　内：是吗？谢谢你，我买3米。

售货员：你做一条裙子两米七就够了，买多了浪费。

大　　内：你的服务态度真好！

　　这一课虽然是对话，但给人的感觉是身临其境，仿佛看到大内买布料和一个优秀服务员的出色表演。这样的课文便于学生练习用第一人称或第三人称叙述，进行成段表达；也便于学生讨论，有的人认为大内是个爱美的女孩，有的人觉得大内的生活能力比较差；有的学生说这个服务员能够替顾客着想，有的学生担心老板炒这个服务员的鱿鱼。总之，学生的思想非常活跃，各种看法见仁见智，这对提高他们的语言能力大有好处。

3.6　内容要有一定的思想深度，给学生想象的余地

　　《教程》中的很多课文都有思想的深度，能够给学生想象的余地。这是因为，学生的汉语水平虽然低，但是他们的分析能力、理解能力、知识面等，往往不亚于甚至超过教师。缺乏思想深度、淡如白水、味同嚼蜡的课文会使他们觉得乏味、无聊。因此要多编一些富于哲理、引人深思、有嚼头的课文（毛文，1987）。课文里有些话不必说尽说透，有些文化差异也可不加注释，为师生留下思考和讨论的余地（郭志良，1995）。比如第15课：

方云天：你为什么学习汉语？

大　　内：我想去公司当翻译。你呢？你准备做什么工作？

方云天：我还没想好。

大　　内：你不想经商吗？

方云天：我对经商没兴趣。
大　内：你对什么工作有兴趣？
方云天：我比较喜欢当教师。
大　内：能说说原因吗？
方云天：教师是最神圣的职业。你想，要是都不当老师，谁教你汉语？

到这里，大内一定能够想象："是啊，要是都不当老师，就没有人教我汉语了。"这话就不用说了。以后学生讨论学习汉语的目的时，凡是想当汉语教师的，都能够说出"教师是最神圣的职业"。可见，这句话给他们的印象之深。

再比如第17课：
方云天：这是我送你的礼物。
贝　拉：快看看，是什么礼物？
方云天：两本词典。一本是汉日的，一本是日汉的。
大　内：太好了！谢谢你。
方云天：不用谢。
山　本：真遗憾！
艾　米：你遗憾什么？
山　本：要是今天也是我的生日。该多好！
艾　米：为什么？
山　本：我正想买这两本词典呢。

这里山本的话有思想的跳跃，有言外之意。因为学生大多是成年人，凭着他们的人生经验和人类共通的情感把没有说出的话补出来，正好可以发挥他们的想象、启迪他们的思维、开发他们的语言潜能。

3.7　语体风格要多样化

加强听说训练，尽快提高学生的口头表达能力，是短期来华学生的共同要求,也是基础阶段汉语教学的主要任务。《教程》课文的语体以口语体为主,逐渐向书面语体过渡,努力做到语体风格多样化。

《教程》各种语体所占篇数如下表:

课次	语体		
	会话(口语)	混合	叙述(书面)
1—20	20		
21—40	9	10	1
41—60	6	11	3
61—80	0	2	18
合计	35	23	22
百分比	43.7%	28.8%	27.5%

从上表可以看出,会话体课文几乎占课文总量的二分之一。这种编排旨在使单句训练向复句训练到语段训练的平稳过渡得以顺利实现。(郭志良,1995)

以第40课前唯一的一篇叙述体课文为例,编者把汉语书面语体既严谨又简洁、既严肃又幽默的特点展示给学生。请看:

第30课 发给爸爸、妈妈的邮件

亲爱的爸爸、妈妈:

你们好!海伦也好吗?

爸爸、妈妈不会忘记吧?今天是你们的银婚纪念日。我祝爸爸、妈妈身体健康,生活幸福。愿你们两颗美好的心永远连在一起,共同走向25年后的金婚。

来中国已经一个多月了,我慢慢地习惯了这儿的生活。我每天7点起床,8点上课。下午去图书馆学习,4点以后去操场打太极拳。晚上有时候写作业,有时候看电视或电影。一天的生活很紧张,可是特别有意思。

我在这个学校的短期班学习。学习很忙,也很累,可是我的汉语水平提高很快,我现在能和中国人说很多话了。我交了几个新朋友。这儿的老师、同学对我都很关心,我也很喜欢他们。

从上星期开始,我参加了中国歌曲学习班,已经学会了三首中国歌儿。我最喜欢的一首是《世上只有妈妈好》(请爸爸别误会,您也很好)。

一阵微风吹进我的房间,好凉快呀!愿这夏天的晚风,带去我对爸爸妈妈的问候。

你们的女儿 艾米
×年×月×日

学生学习了这样的课文,从中学到句与句、段与段的连接方法,就可以直接模仿课文的内容给爸爸、妈妈(他们懂中文)写信或者发电子邮件,也可以给中国朋友写信或发邮件,介绍他们在中国的学习和生活情况。语体风格的多样性、语言文字的灵活性是形成趣味性的重要因素,《教程》编者在这两个方面下了很大的功夫。正如佟秉正所说:"课文、对话不但要显示语言的规则与功能,也要表现出语言文字的灵活性,并且随着进度发展风格,不可墨守最简单、最平淡的格调,一成不变。"(佟秉正,1991)

3.8 加大文化的含量,多方面介绍目的语文化

根据《外国人学习与使用汉语情况调查报告》的统计,以"了解中国""对中国文化感兴趣"为主要学习目的的外国留学生,占调查对象的 30.7%。有鉴于此,《教程》编者有意识地进行了文化项目的设计。课文以介绍中国当代文化为主,展示当代中国的国情文化、观念

文化及习俗文化。80篇课文专门介绍中国文化的有近40篇，占二分之一。不少课文中还涉及中国文化的内容。二者相加，数量相当可观。

从接受文化信息的心理角度看，课文内容应该是学生想学或想知道的。介绍中国文化的精髓和新奇的闻所未闻的未知信息就可以满足他们的这一想法。比如第19课：

（在方老师家）

方奶奶：你们好！请坐，请坐！哟，这姑娘真漂亮！今年多大啦？

方云天：奶奶，女孩子不喜欢别人问年龄。

大　内：没关系，老人可以问。奶奶，我今年19岁。

方奶奶：真年轻！家里没什么好吃的。来，吃点儿水果。

山　本：奶奶，您别忙啦，我们自己来。

大　内：方老师，我们一起照张相，好不好？

方　龙：好的。

山　本：请奶奶和方老师坐在中间。请坐好，笑一笑。

这一段传达给学生的信息起码有如下8条：

(1) 中国人喜欢问别人年龄；

(2) 女孩子不喜欢别人问自己年龄；

(3) 老人可以问女孩子的年龄；

(4) 中国人招待客人时常常说"家里没什么好吃的"表示客气；

(5) 中国人常用水果招待客人；

(6) 到老师家访问可以跟他们照相；

(7) 照相的时候请年纪大的人坐在中间；

(8) 照相的时候大家都要高兴一些。

第37课通过人的名字介绍中国的农历和节气"立春""立秋"：

（彼得在赵林家看"全家福"照片）

彼得说:"立春(赵林的儿子)呢?我怎么没找到立春?"

"叔叔,你找我?我在床上躺着看电视呢。"立春在旁边的卧室里回答。

第46课介绍中国的公共汽车上年轻人给老人让座和特有的幽默:

(在公共汽车上)

"老大娘,您这儿坐,挤我没关系,您可受不了。"一个年轻人在让座。

"我昨天感冒了,吃了五片药都没出汗,看来这挤车比吃药还灵。"车里有人笑了起来。

"哎,别挤了!再挤就成了相片儿了!"又是一片笑声。

公共汽车里充满了快活的气氛。

第47课只短短的三句话,就把老人喜欢看京剧,年轻人不喜欢看京剧,但是"顺者为孝""做人要多替别人着想"的深刻含义都表达出来了:

(方云天的奶奶过生日,想去看京剧)

方云天:奶奶,我也陪您去。

奶　奶:你也喜欢看京剧?

方云天:只要奶奶喜欢,我就喜欢。

第62课介绍的是:赵林是工厂的工程师,半年来,他跟同事们一起,天天搞设计做试验,从来没有休息过一个节假日,而且常常加班,半夜才回家。现在,新产品开发出来了,并且通过了专家鉴定。他回家后跟妻子的谈话。

赵林说:"明天是星期六,上午我陪你逛商场,下午带孩子去动物园。后天……"(表现赵林对妻子的愧疚和想补偿的心理)

赵林的话还没说完,电话铃响起来了。(出现突然的情况)

妻子杨静拿起话筒:"喂,您哪位?……哦,是王秘书哇。您找他什么事?……什么?外商要来洽谈业务?……听清楚了,明天上午8点,在接待室。"(虽然是断断续续,但读者完全能够理解出现的新情况)

杨静放下话筒,看了赵林一眼(意味深长):

"听见了吧?你又开了一张空头支票。看来,明天还是我一个人带孩子去动物园吧!"(表现妻子的大度和宽容)

后边赵林虽然没有再说话,可以想见,根据他的一贯表现,他一定会为了工作、为了大家牺牲"小家",而且以后他会再找机会补偿妻子和孩子。课文很真实地再现了"社会主义初级阶段"的中国人为了振兴经济、为社会积累财富而努力奋斗的情景。为了大目标,每个人、每个家庭都会做出牺牲,这就是中国特色、是中国特有的文化。这段课文妙趣横生,把中国人当代家庭的伦理观念彻底地图解,没有任何空洞说教的痕迹。这是编者精心设计的自然流露,是刻意的娓娓道来,又蕴涵着一种充沛的文化自信,读来令人神爽。

3.9 关注世界级的话题和普遍性的文化

助人为乐、尊老爱幼、男女平等、爱情婚姻、文体娱乐、平安幸福、环境保护、社会和谐等等是世界级的话题和普遍性的文化。《教程》对此当然有所反映。课文不仅介绍中国人的生活和观念,而且也介绍了外国人的生活和观念。如第26课:

怀特先生的最大爱好是读书。他读书很专心,经常忘记吃饭、睡觉。艾米的妈妈开玩笑说:"你那么喜欢书,应该跟书结婚。"怀特先生笑笑,说:"不,玛丽,你才是我亲爱的妻子,书只是我的情人。"

(怀特收到艾米寄来的书和杂志)

怀　特:《中国文化研究》。我太高兴了。

玛　丽：看见你高兴，我也高兴。

怀　特：谢谢你，玛丽，使我更高兴的是……

玛　丽：是什么？

怀　特：我们的女儿办事特别周到，跟她妈妈一样。

玛　丽：谢谢你的夸奖。我建议，今天晚上去中国餐厅吃晚饭，庆祝一下。

怀　特：庆祝什么？

玛　丽：你又有了新的情人。

第38课是关于中国家庭男女平等的话题：

（彼得在赵林家聊天，谈到男女平等）

杨　静：我们俩完全平等，有事互相商量。

赵　林：不过，家里大事还是由我做主，小事才由她做主。

彼　得：在家里哪些算是大事？

赵　林：我们结婚七年了，到现在还没遇到过什么大事。

第54课是关于助人为乐、不求回报的话题：

（中国学生王才的脚受伤了，英国学生吉姆给他送来了一盒英国产的止痛膏）

　　王才感动得不知说什么好，他只说了一声："谢谢你，吉姆！"

　　"其实，说谢谢的应该是我。"

　　"为什么？"

　　"因为你是第一个不问价钱就接受我帮助的人。如果你问我这药多少钱，那就说明你还没把我当成朋友。谢谢你把我当成朋友。"吉姆说完就高兴地走了。

第58课是旅游休闲的话题；

第60课是尊师爱师的话题；

第 63 课是关于求职技巧的话题；

第 64 课是婆媳关系、家庭和睦的话题；

第 65 课是关于注意工作方法、讲究人际和谐的话题；

第 67 课是教育子孙继承传统的话题；

第 69 课是关于保护环境、治理污染的话题；

第 74 课是关爱残疾人的话题；

第 76 课和第 77 课是老有所乐、老有所为的话题；

第 78 课是关于恋爱观、伦理道德的话题。

这些课文的内容反映了人类普遍性的文化，表现了全人类共同的理想和愿望，表现了真善美，是留学生共同感兴趣的话题。

四、结束语

综上所述，《教程》编者研究了构成趣味性的诸多要素，并且努力追求，才能在实用性和趣味性的兼顾方面有所突破。另外，采用归纳法，不受语法点的绝对控制，允许冒出新的语法点，使得编写的课文语言自然、活泼、实用、流畅。多年的教学经验告诉我们，学生对某个语言现象先有真切的感性认识，到一定阶段进行归纳总结，符合成年人学习语言的规律。这是编写初级汉语教材的一条成功经验。

当然，修订后的《教程》也还存在一些问题，比如有的课文缺乏趣味性，有的课文重视了趣味性忽视了实用性和科学性，个别课文内容老化的问题没有得到完全解决。修改教材，牵一发动全身。因为换掉一篇课文就要重新检查以后各课的生词，唯恐出现冒出的生词。这些问题有待教师在上课时"扬长补短"，进行弥补。

我们真诚地希望教师要热爱自己所使用的教材，并且挖掘教材的趣味点，用自己对教材的热爱感染学生，使教师、学生、教材形成良性循环的关系。

参考文献

陈满华（1995）小议初级班教学的幽默语言策略，《世界汉语教学》第2期。

邓恩明（1983）语言教材要有趣，《语言教学与研究》第2期。

董明桂弘（2005）谈谈好教材的标准，《语言文字应用》第3期。

杜玲玲 程伟民（2004）从佟秉正主编的《汉语口语》看教材编写的趣味性，《国外汉语教学动态》第1期。

高万丽（2004）试析 P. C. T'ung & D. E. Pollard《汉语口语》课本的几个特点，《第七届国际汉语教学讨论会论文选》，北京：北京大学出版社。

高彦德 李国强 郭旭（1993）《外国人学习和使用汉语情况调查研究报告》，北京：北京语言大学出版社。

郭志良 杨惠元 高彦德（1995）《速成汉语初级教程综合课本》的总体构想及编写原则，《世界汉语教学》第4期。

李泉（2002）论对外汉语教材的趣味性，《中国对外汉语教学学会第七次学术讨论会论文选》，北京：人民教育出版社。

李泉（2004）论对外汉语教材的针对性，《世界汉语教学》第2期。

李晓亮（1996）对外汉语教材的几个问题，《世界汉语教学》第4期。

刘德联（1996）注重教学的趣味性，戴桂芙、刘德联编《对外汉语教学法研究》，北京：北京大学出版社。

刘颂浩（2000）论阅读教材的趣味性，《语言教学与研究》第3期。

刘颂浩（2005a）我们的汉语教材为什么缺乏趣味性，《暨南大学华文学院学报》第2期。

毛文（1987）关于编写中高级汉语教材的原则，《对外汉语教学研究会第二次学术讨论会论文选》，北京：北京语言学院出版社。

孟国（2005）趣味性原则在对外汉语教学中的作用和地位，《语言教学与研究》第6期。

佟秉正（1991）初级汉语教材的编写问题，《世界汉语教学》第1期。

杨俊萱（1988）幽默在对外汉语教学中的应用，《语言教学与研究》第3期。

张宁志(2006)对外汉语教师教学归因初探,《国际汉语教学动态与研究》第一辑。
朱静雯(2002)一本集趣味性、知识性、可读性、实用性为一体的新教材——《轻轻松松学汉语》序,陈阿宝主编《对外汉语教学研究》,太原:山西人民出版社。

作者简介

  杨惠元,男,生于1945年。1967年毕业于首都师范大学中文系,1974年开始在北京语言大学从事对外汉语教学和研究工作。1996年晋升为教授。30多年来,始终在教学第一线边教学边研究,积累了丰富的教学经验,特别是听说教学方面有理论有实践,教学效果明显,并形成了自己独特的教学风格。共教授来自60多个国家和地区的外国留学生1 683人,中外研究生644人,在国内外培训汉语教师3 480人。出版专著《听力训练81法》《汉语听力说话教学法》《课堂教学理论与实践》,主编《速成汉语初级听力教程》,参与编写《现代汉语教程》《听力理解》《速成汉语初级教程综合课本》《实用英汉词典》等多部教材和词典,发表论文几十篇。1993年、1995年两次被评为"北京市优秀教师",2002年被评为"全国对外汉语教学优秀教师",2003年荣获"北京市高等学校教学名师"称号。

长期进修初级阶段教学探新[①]

—— 吴中伟

根据国家汉办《高等学校外国留学生汉语教学大纲（长期进修）》的界定，"对外汉语长期进修教学，是对母语为非汉语的外国人和海外华人华侨进行的，半年以上、三年以下的，以提高汉语语言能力和汉语交际能力为主要目标的非学历教育，属于第二语言教学。""对外汉语长期进修教学可分为初等、中等和高等三个阶段"。一般认为，初等阶段"分为语音阶段、句型、语法阶段和短文、词语阶段三个步骤"。（周小兵、李海鸥，2004）

[①] 本文大部分观点和内容已见于作者的下列论文：
(1) 零起点汉语教学中的汉字问题，《华语教学与研究》2000年第1期。
(2) 汉字、语音、日常会话三线并进，逐步汇合，《华东地区对外汉语教学论文集》，山西人民出版社2002年。
(3) 留学生入门阶段语音教学研究，《云南师范大学学报》（对外汉语教学与研究版）2005年第2期。与顾筝合作。
(4) 任务的性质和特点，见《汉语研究与应用》第三辑，中国人民大学对外语言文化学院编，中国社会科学出版社2005年。
(5) 语法教学的词汇化，见《多元文化背景下的对外汉语教学》，学林出版社2006年。

本文讨论的内容限于：针对来自非汉字文化圈的来华长期进修生的初级阶段的教学。本文将首先分析教学中的矛盾和问题，并讨论解决问题的一些设想。

一、初级阶段教学的矛盾和问题

让我们首先来分析一下初级阶段教学中存在的两对突出矛盾，以及初级阶段的一般教学模式和存在的问题。

1.1 初级阶段教学中的两对矛盾

第一，循序渐进与急用先学的矛盾。

一方面，语言教学应该遵循循序渐进的教学原则，即容易的先学，基础的先学，困难的后学，复杂的后学；另一方面，语言教学应该遵循以学生为中心的原则和交际性原则，即学习者的学习需求决定教学内容，学生最急于学会的东西应该最先教给学生，切实满足学习者的交际需求。

以上两个原则之间是有矛盾的。交际上最为迫切的内容不一定是，并且往往不是在形式上最容易、最基本的。循序渐进与急用先学之间的矛盾，实际上也就是系统性与实用性的矛盾，语言的形式结构规则与其交际功能的矛盾。毫无疑问，注重系统性是课堂语言教学与自然状态下习得语言的最大区别，它可以提高语言学习效率。在初学阶段，让学生遵循语言系统本身的规律，由易到难一步一步地学习，从而对目的语结构有一个系统的认识，打下扎实的基础，这对于以后的学习和发展是十分必要、十分重要的。但是，另一方面，从学生到达中国的第一天起，他就有一个用目的语进行交际的迫切需要。对于学习者来说，学以致用才是最重要的。我们且看一个典型的例子：

"你叫什么名字（Nǐ jiào shénme míngzi）？"这是师生第一次见面就要说的话，但是这句话里涉及的声母和韵母毫无系统性。如果让系统性服从于实用性,那么第一节课教的拼音内容只能是:声母:n j sh m z;韵母:i iao en e ing -i;声调:三声、四声、二声、轻声。在内容上显得杂乱无章。如果是实用性让位于系统性,那么这样的句子只能在语音教学的最后几天教,因为声母 zh, ch, sh 一般在声母教学的最后阶段进行,韵母 iao, ing,轻声等也是放在语音教学的较后阶段进行的。在不少学校,长期进修班的教学安排,语音教学的时间大概是两个星期左右,也就是说,如果执着于系统性,学生要等到大概两个星期之后才能学会问别人的名字。另外,从语法上看,这句话里还有一个"什么",因此是一个特殊疑问句,而从系统性上说,特殊疑问句被认为要在一般疑问句的基础上学习,那么这句话更应该靠后教学了。事实上,不少教材也确实是把"你叫什么名字"安排在比较靠后的课文里的。

再如,在日常生活中最基本的钱币、数量、时间、处所表达法,如果执着于系统性,就得等到教完了汉语的十几种词类,句子成分,基本句型之后再教。"了"由于其难学难教,一般总是在第一学期的后半阶段出现,但是,在我们的日常会话中,没有"了"是无法想象能够将会话进行下去的。难道学生非要等上几个星期的基础教学以后,才能实现真正交际意义上的开口说话吗?

当然,对于循序渐进与急用先学的矛盾,要具体分析。在这方面,同样可以看到汉语作为外语的教学和汉语作为第二语言的教学的差异(吴勇毅,2006)。如果学生在自己本国学习外语,就可以更注重系统性,因为他们处于母语环境中,用目的语交际的需求不是很迫切。另外,本科生和语言进修生相比,由于本科生要学习四年,可以学得更从容一些,在系统性上要求高一点,多花些时间打好基础。至于语言进修生,又分为短期生和长期生。短期生一共在中国只学习一两个月,急用先学和实用性原则就是压倒一切的原则。而长期进修生的教学,则需要我们在系统性和实用性之间,在循序渐进和急用先学两项原则之间掌握尺度,寻找一个相互妥协的办法。

第二,汉语教学和汉字教学之间的矛盾。

汉字教学已经成为限制提高汉语教学效率的瓶颈。如何处理汉语和汉字教学的矛盾,是一个棘手的问题。如果以语言教学为主导,并且语言教学又要考虑到交际急需,那么,"……在哪儿""谢谢""我是X国人"这样的句子必定是较早出现的,而"我"这样的字笔画复杂,部件结构也不典型,一个刚刚学会汉字基本笔画,甚至根本还没来得及学基本笔画的外国学生,要记住"我"的笔画,并按照正确的笔画、笔顺默写出来,其困难是可以想见的。还有"谢""哪"这些笔画复杂的字,一开始就给学生一个下马威。

反过来,如果以汉字本身的系统性循序渐进地教学,先教基本笔画、笔顺,教"一""二""三""人""大""木""口"等,又不能形成句子,有的字如"丁""乙",学了用不上,难以满足学生的交际需求,与急用先学原则、实用性发生矛盾。

1.2 初级阶段教学的几种模式及问题

我们可以把初级阶段的教学模式概括为以下几种:

第一,以语言结构的系统性为主线的模式。在初级阶段,先后以语音结构系统和语法结构系统为纲,但不考虑汉字的系统性。

在语音教学阶段,服从于拼音系统的循序渐进,在口语教学上就戴上了沉重的镣铐。根据拼音教学的安排,一般是从单韵母到二合韵母,再到三合韵母,声母是从 b, p, m, f……到 zh, ch, sh, r, z, c, s, er。这样,"你叫什么名字""你是哪国人""多少钱"之类的话就不可能先学,"十""二""四"这样简单的汉字也没法一开始就出来。相反,像"你好吗"这样的实际生活中并不常见的问话往往在第二课就教了,以至于学生见了面就问"你好吗",造成对汉语交际方式的误导。这种以系统性为主线的模式发展到极端,就是一开始干脆只教语音,语音教学时间持续两个星期左右,着重解决发音问题,完成后再按语法结构的系统性进行口语教学。

在汉字教学上,基本上是随文识字,即出现什么词就教什么字,汉字教学完全跟着词汇教学进行。随文识字的实质是,认为词的形式包括两方面:口头上的形式——发音,书面上的形式——文字。本来,文字是记录语言的书面形式,词和字各有其形式和意义。而"随文识字"的教学思想是要毕其功于一役。这自有其优点,那就是,从一开始就把字和词捆在一起,这就一揽子解决了字的读法、写法、用法问题。但也有缺点,就是忽视了汉字本身的系统性和相对独立性,忽略了汉字教学中的循序渐进规律,不能做到由易到难,由浅入深。另外,由于让汉字教学完全服从于词汇教学的需要,字本身的意义往往被忽视了,这也是汉语教学中的语素教学始终得不到重视的重要原因之一。

这种典型的以语言结构为纲的教学模式,造成的结果是:(1)学生想学的内容不及时教,等教的时候学生实际上已经会说了(在课外交际环境中学习的)。于是,学生对课堂教学就会感到失望,失去兴趣。(2)语言生硬,为展现句法结构模式而编造生硬的句子。交际内容不真实,语言教学枯燥乏味。(3)语音教学阶段长时间单调的正音训练使学生产生烦躁心理。(4)汉字记忆压力过大。

第二,兼顾语言结构系统性和汉字教学系统性的模式。

一种做法是,把汉字的书写教学从汉语教学中独立出来,在语言教学(包括识字教学)的同时,按照汉字结构的自身规律进行400个字左右的汉字书写教学,旨在遵循汉字系的自身规律迅速培养学生的汉字观(张朋朋,1997)。这是一种新的尝试。但是,我们觉得,一方面,识字教学和书写教学同步进行,而内容基本不同(前者遵循"随文识字"的原则,后者遵循汉字系统自身规律循序渐进,所教的汉字必然很不相同),学生的记忆负担是很大的;另一方面,这可能造成书写教学中孤立地教字的写法和意义,不与语言交际相联系,何况有400个字之多,难免枯燥无味,影响学习兴趣和效果。

这种双线并行的模式,试图解决语言教学和汉字教学的系统性之间的矛盾,但仍然没有解决语言教学的系统性与满足学生迫切的交际需求之间的矛盾。

另一种做法是,在启蒙阶段,句子的书面形式以汉字和拼音混合的形式出现,如果句子中的某个汉字太难,可以暂时不出现,以拼音形式代替。这种"插花形式"似乎也不是最佳选择,一是形式上不美观,二是也不利于汉语阅读习惯的培养,三是失去了通过大量反复阅读在大脑中建立字的形、音、义固定联系的极好机会。

第三,以交际活动的实用性为主线的教学模式。

在处理口语教学和语音教学的关系上,一种做法是,一开始就教课文,根据急用先学的原则安排课文内容,拼音跟着词语走,拼音教学匆匆而过。结果语音教学学得不扎实、不系统,学生也会因此而把注意力放在交际内容上,忽视发音的准确性。在处理结构和功能的关系上,以功能为纲,在不同程度上牺牲语法结构的系统性和循序渐进。

在处理语言教学与汉字教学的关系上,一种做法是,语文并进,语文同步;另一种做法是,先语后文,集中识字。前一种是普遍的做法,即随文识字,出现什么词就教什么字,上文已有分析。后一种做法是先教给学生一些实用的词语和句子,课本只出现拼音,到一定时候再教汉字。普遍认为,由于前期不教汉字,积累起来的词语到后一阶段集中教书写,给后期教学造成极大压力,学生在短时间内突击记忆,更增加了难度,效果不好。

针对以上问题,我们提出下面一系列设想。这些设想大部分已经体现在我们的课堂教学实践和我们主持编写的教材中,如《当代中文》

《拾级汉语》。《拾级汉语》是针对来华长期进修生的系列配套教材，与本文的讨论范围一致。《当代中文》主要供海外学习者使用，但因为其中体现了作者的一些教学思路，故也结合讨论。

二、入门阶段：会话、语音、汉字三线并进，逐步汇合

我们主张，在初级阶段的入门阶段，采取"会话、语音、汉字三线并进，逐步汇合"的路子，就是在教学起始阶段，会话、语音、汉字教学作为三条相对独立的平行线来展开，而以语音教学为主线。

入门阶段属于"初等阶段"的一部分。我们这里所说的入门阶段就是一般所说的"语音阶段"，一般在两周左右。在我们看来，这一阶段的教学目标不应仅仅局限于语音，因此，我们把它称为"入门阶段"，它实际上也是汉语教学的启蒙阶段。

2.1 三线并进的意义

语音是口头交际的基础，汉字是书面交际的基础。入门阶段要打好这两个基础。同时，适当进行会话教学，可以满足学习者从一开始就特别强烈的表达欲望、交际需求和学习兴趣，并增强入门阶段教学的趣味性和学习者的成就感。

在教学起始阶段，会话、语音、汉字这三条线并不是一定要紧密结合，也不可能紧密结合。在开始阶段，要做到各子系统之间、以及系统性和实用性之间的有机统一，只是一种理想。首先，汉字教学和语音教学本身都要遵循循序渐进的系统性原则，而二者不可避免地存在矛盾。如："二"作为汉字应该靠前教，而它的发音 er 则宜靠后教。其次，会话教学要遵循交际性原则，它与汉字和语音教学的系统性原则也不可避免地存在矛盾。如"您贵姓"，从交际性原则来看，宜早学；从系统性原则来看，无论在语法上，在语音上，在汉字上，都属于难度较高的，宜晚教。

我们不妨面对现实，承认矛盾，让各方面齐头并进，各自朝向自己的目标前进，在若干时间之后，再寻求几方面的有机结合。例如，第一课的教学内容，会话部分可以教"您贵姓"，语音部分教"a、o、e"，汉字部分教"一、二、三"。在注重汉语语音和文字本身的系统性的同时，充分考虑急用先学的原则，满足学习者迫切的交际需求；允许口语教学中的拼音超前现象，允许文与语的暂时脱节。把三者结合起来，每天三条线穿插进行，还可以避免单调感，使学生感觉收获丰富，趣味盎然。

2.2 三线并进的可能性

会话、语音、汉字这三条线在教学起始阶段相对独立地展开是完全可能的。如果语音教学采用"整体—细节—整体"的原则（见下文），学生在一开始就对汉语语音系统有了一个大致的了解，对于会话、汉字教学中涉及的超前音素，完全可以通过口头模仿而大致掌握。会话教学主要通过听后整句模仿进行。课本提供逐词翻译和整句意译，学生可运用各自的认知策略在运用中感知汉语特点。

学生的认知能力是大有潜力的。在语法教学之前给学生提供一些感性的材料是很有意义的。发现性学习相对于接受性学习，更能激发学习者的潜力和积极性。

另外，根据程朝晖（1997），"作为成人，学习者一般在两周左右就能大体上掌握汉字的笔画和基本部件"。这一时间和拼音系统声韵调教学的时间刚好一致。

2.3 三线并进的具体教学内容

1. 语音教学：声母系统、韵母系统、声调系统、声韵调组合规律。

2. 口语教学：选择的会话内容是最基本的交际功能和意念。包括结识、自我介绍、钱币、时间、处所的最基本的表达方式和最基本的礼貌用语。日常会话可以让学生听后模仿来学习，书面上以拼音形式

出现,下面标注英语(或其他语言)的逐字对译和意译。如:

  Nǐ jiào shénme míngzi? wǒ jiào……
  you call what name   I call…
  What's your name?   My name is…

  3. 汉字教学:从基本笔画、笔顺等入手进行汉字教学,认读、书写少量结构典型的汉字,培养学生初步的"字感"。具体包括:A. 学习汉字的基本笔画、笔顺;B. 了解汉字的一般造字方式;C. 接触汉字的常见偏旁。以上内容都应结合常见的简单汉字进行。如,结合"一、二、三、四、五、六、七、八、九、十、上、下、人、大、头、水"等练习笔画笔顺,结合"日、月、火、刀、本、休、明、妈、河"等介绍汉字的结构理据,结合"打、汉、吃、说"等字学习常见偏旁。要求学生能十分熟练、快速地书写这些字,培养他们的初步的"字感"。在这一阶段最后,教会学生书写自己的地址和姓名。同时,利用实物图片认识一些常见的汉字,如"邮局、银行、厕所、商店、饭店、出租、元、出口、入口、公用电话"等。

  该阶段的课型为:语音课、会话课、写字课。这三门课每天都要开,配以相应教材。

2.4 三线并进的汇合点

  三线并进的时间不必太长,可以是两个星期,40课时左右,即到声韵调教学结束为止。其汇合点为:在口头上,能准确、流利地作口头自我介绍,询问价钱、日期等,语音基本标准;在书面上,能书写自己的姓名、国籍等,笔画、笔顺正确。然后可进入以语法为重心的教学,再到以词汇为重心的教学。三线并行阶段是汉语学习的前期准备、汉语和汉文化的初步感受阶段。口头和书面交际方面的初步成功,将为学生带来兴趣和信心;汉语语音系统和汉字系统的启蒙教学,为今后口头交际和书面交际打下良好的基础。

实行这样一种教学模式，必须反对教学中的完美主义，反对输入等于输出的观点。要相信学生的口头模仿能力，相信其汉语是会逐渐完美的，不要对学生求全责备。

《当代中文》和《拾级汉语》两部教材的入门部分，都是这样安排的。

三、语音教学：音节切入，突出重点，长期不懈

关于初级阶段的语音教学，我们主张采取从音节切入进行教学的途径；通过"整体—细节—整体"的教学内容呈现方式，引导学生发现自己的薄弱环节，有针对性地加强训练；从字调到句调逐步深化，并在整个初级阶段长期不懈地进行正音教学。

3.1 "音节切入"的语音教学途径

关于语音教学的途径，历来有不同的观点，有的主张音素教学，有的主张语流教学，有的主张两者相结合。

音素教学法强调语音教学的系统性。从音素开始扎扎实实地打基础，其用意是很好的，但是，首先，音素教学法忽略了语音的功能性。教语音时如果不结合语音实际，脱离意义单纯地认一些只表音的字母，对初学者不但枯燥乏味，而且不易巩固。

其次，音素教学法轻视了拼音过程。学习音素，是为了更准确地发出音节，掌握音节才是目的。但学会了音素，并不意味着学习者就自然会拼音。朱川（1997）指出，留学生会有这样的观念，以为"拼音"就是把各个音拼起来就行了，而不了解声母韵母应有配合，主要是声母对韵母的配合。声母在发音前就已经为韵母的发音做相应的准备了。例如，根据研究，美国人和中国人发"住"时的共振峰不同，美国人是先发 zhi 再发 u。实际上，圆唇动作在发声母时就已经有了。留学生则多是"按部就班"地发完声母后再做韵母的发音动作，声母

和韵母的结合比较松,所以韵母部分会有声母带出来的元音与原来的单韵母元音的二合元音。当然,所谓"轻视拼音过程"的批评只是就声韵拼合而言。事实上,没有哪本汉语教材是严格遵循以音素为单位进行教学的,而是以声母、韵母为单位来教学,因此,同一个韵母内部的拼合问题,以及其中的音位变体的问题,在教学中并不突出。

语流教学法强调语音的表意功能,强调音素间的组合协调,这是一个进步。然而,语流教学法不可避免地带来一个致命的弱点,就是忽视语音的系统性。

至于"音素教学法和语流教学法相结合",这一说法本身是有矛盾的。音素教学法,实际上是说从音素教学切入,然后逐渐过渡到音节、语流;语流教学法,是说从语流切入,再分析出其中的音素,再回到语流。两者是无法"结合"的。

语流教学法批评音素教学法孤立地教音素,忽略了语音的功能性,这是有道理的,但是,语流教学法忽略了一个重要问题:从句子到音素,中间有一个极其重要的单位:音节。音节是语流里最自然的语音单位。从分析的过程来看,是"句子→音节→音素"。从生成的过程来看,是"音素→音节→句子"。直接从句子中分析出音素,忽略了语流的层次性。

我们认为,音节正是语音教学的最佳切入点。从音节切入,由音节再到音素,让学习者辨析每个音素的发音,把音节发得更准确;由音节再到语流,让学生体会语音在语流中的价值和变异,这符合汉语语音特点和语音学习特点。

首先,汉语一个音节往往是一个语素,汉语的词以单音节和双音节居多,因此,音节教学往往可以与特定的词语结合,学起来就不那么枯燥;同时,又可以照顾语音的系统性,不像句子那样,涉及到过于复杂的音素。

其次，由音节切入符合汉语语音的特点。"从语言心理上看，在英语里，基本的语音感知单位是音位，而在汉语中则是音节，每个音节内部结构紧密，形成一个语音块，这个语音块发音时是合读而不是像英语音位之间是拼读的。"（钱乃荣，1995）比较一下汉语的"岁"和英语的"sway"，汉语的"爱"和英语的"I"就能很清楚地感觉到这一点。

第三，由音节切入也符合语音学习的特点。音节是自然感知的基本语音单位。从学习手段上来看，入门阶段语音教学的基本手段是模仿，单独的声母韵母往往难以直接把握，只有把它们拼合成音节才是能够直接感知的基本单位，如 zhi、chi、shi 等。

声韵拼合的方法有两拼法、三拼连续法、声介合母、直呼音节等（徐世雄，1999）。对外汉语教学界一般都采用"直呼音节"法。音节教学恰好是与此一致的。

事实上，没有哪本汉语教材是严格遵循以音素为单位进行教学的，对于韵母，一向是作为整体来教。这就已经有了一点音节教学的影子了。语流教学法则更进一步强调"声、韵、调是一个整体"，看到了音节在语音教学中的重要性，可惜一下子跳到了话语，未免有点儿过头。

陶炼（2003）从理论上论证了音节在入门教学中的重要性，提出"应当明确确立音节在汉语语音入门教学中的核心地位和目标价值，这是十分重要而有益的一点"，并详细说明了具体操作步骤。

吴中伟主编《当代中文》在《教师手册》中明确提出："本教材在语音的安排上是从音节切入；由音节再到音素，让学习者辨析每个音素的发音；由音节再到语流，让学生体会语音在语流中的价值和变异。"

在实际的教学过程中，我们可以分两步走：

第一步，在组合关系和聚合关系的矩阵中让学习者领悟音素的价值。这时，教材展示的是一张声韵拼合表，如：

	ai	ei	ao	ou
g	gai	gei	gao	gou
k	kai	kei	kao	kou
h	hai	hei	hao	hou

我们的教学目标是所有阴影部分加上声调后构成的音节。

在教师示范了 ai 以及 gai、kai、hai 的读音之后，学习者必然会领悟其中的 g、k、h 的发音，然后，当教师示范 ei 的发音之后，一般来说，学生自己就能拼读 gei、kei、hei。拼读声韵结合体的时候，必然要赋予一定的声调，开始的时候一般是第一声，然后可以换成其他不同声调。

在朗读音节时，教师应该既注意矩阵的横向序列，也注意矩阵的纵向序列，以便凸显音位的区别性特征，帮助学习者"领悟"音节中各音素的发音。

第二步，对于其中的常用音节，给出一个相应的常用语素。并尽可能把这些语素组合起来，构成有意义的短语或句子，从而体现语音的功能性，也照顾到语音教学的趣味性。如：

hēi, black   gāo, high, tall   ǎi, short
gǒu, dog   kāi kǒu, open the mouth
Tā bǐ nǐ gāo, nǐ bǐ tā ǎi.   He is taller than you;
                              you are shorter than him.

应该说明的是，这里的语流练习是为语音教学服务的，因此选择的句子不一定都具有很高的交际价值，但是，至少它们是有意义的，而且是有趣的。如"肚子饱了，兔子跑了"（练送气音和不送气音），"我们一起吃了七只鸡"（练 zhi、chi 和 ji、qi) 等。

此外，应兼顾到这些音节中的声母/韵母与已学音节涉及的声母/韵母拼合构成的音节。如，假定上一课已经教学了涉及到声母 b、p、m、f 的音节，那么学生在学习本课之后，应该也能拼读 bai、pai、mai 等音，但这些音节在教材中不必逐一列出，只要在练习中作适当处理就行了。

3.2 "整体—细节—整体"三重循环，突出语音教学重点

不同母语背景的学习者在初步接触汉语语音的时候难点不完全相同，因此教学重点也应该相应不同。事实上，即使是同一母语背景的学习者，学习时的难点也不完全相同，对于特定的学生而言，难点往往集中在少数几个音上。所以，我们主张，在入门阶段的语音教学中，采取"整体—细节—整体"教学模式，即：首先让学习者对汉语语音系统的全貌有一个大致的了解，然后再一部分一部分地、有重点有针对性地、严格地训练，最后再把各部分综合起来作一个复习。《当代中文》《拾级汉语》都是这么处理的，例如，《当代中文》的"入门"篇、《拾级汉语》的"入门"分册都分七个单元：第一单元是语音概说，第七单元是复习总结，中间五个单元是把语音教学内容分为五组，进行细化操练。《拾级汉语》"入门"第一课设计了这样一个练习：

朗读下列音节，请你的老师听一听，你的哪些发音还有问题。

bà pà   bō pō   dù tù   gǔ kǔ
jī zī zhī   qí cí chí   xǐ sǐ shǐ
shǎo xiǎo kǎo   zhǒng jiǒng gǒng
wú yú   nǔ nǚ   lù lǜ

……

我们可以看出，这个练习集中了汉语语音学习的可能成为难点的内容，通过这一练习，可以帮助学生和教师明确学习的重点，在接下来的时间里进行更加有的放矢的教学。

"整体—细节—整体"循环模式与"三线并进,逐步汇合"模式是配套呼应的,正因为学生在第一课上对汉语语音系统已经有了一个大致的了解和感知,会话和汉字教学中涉及的"超前"音素其实就不那么"超前"了。

3.3 从字调到语调,逐步深化,坚持不懈,严格要求

我们必须看到一个现象,目前国内的语音教学的质量有下降的趋势。有不少国内的初级阶段学生的语音还不如同等水平的在其本国学习的学生来得标准。这其实反映了国内在教学理念上的潜移默化:人们逐渐更强调功能而轻视结构,强调流利性而忽视准确性。另外,还有一个关键因素,即由于学生在中国学习,交际的迫切性格外突出,自然地,语言的功能方面的重要性压过了结构方面。在这种情况下,作为教师,必须有意识地处理好流利性和准确性之间的关系:一方面,要鼓励学生积极运用汉语,另一方面,对学生要严格要求。正音是一个长期的任务。

在教材设计上,初级阶段各册练习都应该有语音练习。而且,这些练习应该是精心设计的,有针对性的。如《拾级汉语》在《入门》分册以后,在第一、二册每一课都针对某个语音教学目标编写了练习,从复习深化入门阶段的语音教学内容,到词重音、句重音、句调的教学,让学生体会字调和语调的关系。如:

第一册第五课:

听后填写声母。

1. (sh) énme   2. (z) ěnme   3. (zh) īdao
4. bú (c) uò   5. (sh) āngdiàn   6. fēi (ch) áng
7. yì (x) iē   8. bǐ (j) iào

第二册第十课:

朗读下列句子,注意句调。

这怎么可能？这不可能。

你很害怕？我很害怕。

第二册第十一课：

朗读下列词语，注意词重音。

小偷　钱包　相信　肯定　检查　结果

窗户　盘子　清楚　眼睛　暖和　地方

另外，在课程设置方面，在初级阶段开设"正音课"（选修）是加强语音教学的有效措施。长期进修生来源复杂，基础各异，第二个学期的学生不都是第一学期升上来的，而可能是中途"插进来"的。开设"正音课"作为选修课，有利于让那些语音基础薄弱的学生得到有针对性的辅导。

四、汉字教学：区分读写，"写""打"结合，多重复现

初级阶段的汉字教学问题，可以概括为：学得累，见效慢。大部分学生是希望学习汉字的，但结果是，花了很大的精力学习汉字，见效却不大，甚至反而还影响了听说水平的提高。

我们主张，在汉字教学进行以下几个方面的探索。

4.1 打好基础，重在实用；区分读写，减轻负担

打好基础，主要是指在入门阶段，让学生在基本笔画、笔顺方面打下一个良好的基础，具备关于汉字结构的基本知识，培养初步的"字感"，这一点上文已经作了分析。

区分读写，就是把课文中出现的生字分为"认读字"和"读写字"，在教学目标上作不同的要求。即，有些汉字是要学生既能认读又能书写的（"读写字"），有些汉字是暂时只要求认读，不要求书写的（"认读字"）。这既是减轻汉字学习负担的需要，也符合实用性的教学原则。

零起点学生之所以感觉汉字很难学,一方面是由于汉字教学没有按照循序渐进的学习规律进行,另一方面是由于每一课需要记忆的汉字数量太多。固然,汉字——严格地说,是语素——具有很强的构词能力,用同一个字,可以与其他字结合构成大量的新词,但是,对于初学者来说,这一特点并没有显现出来。相反,在最初的几课到十几课中,汉字在生词中的复现率较低,往往是生字的数量大于生词的数量。一课书有 20 个生词的话,生字倒可能有 30 个。从《汉语水平词汇与汉字等级大纲》来看,甲级词共 1 033 个,甲级汉字 800 个,大致是 10∶8。而在第一学期的前半个阶段,词跟字的比例会更低,甚至倒挂。根据我们对《标准汉语教程》(上海教育出版社 1998)的统计,其《入门》上册的总词汇是 245 个,而总字汇是 262 个,字汇多于词汇。在零起点学生的最初一两个月里,一方面,汉字对于这些学生来说是一个完全陌生的世界,需要一个适应过程,另一方面,大量的汉字又扑面而来,学习汉字必然就成为零起点学生第一个学期的学习重点。而对于进修生来说,有的学生可能只学半年,在这半年里如果在汉字学习上花费时间过多,而制约了在听说方面的提高速度,显然是不恰当的。而且,由于汉字一开始就给学生一个下马威,使一部分学生失去了汉语学习的兴趣和信心。

朱德熙(1988)指出:认汉字、写汉字、用汉字"三者之中,认最容易,写就比较难。因为汉字的特点很明显,只要抓住某一方面的特点就能认识它……不难认,可是写起来就难多了。因为写的时候要求掌握全部细节,差一点儿也不行,而且还有笔顺问题,写汉字要比认汉字难……用汉字要比认和写都难得多。所谓会用,就是要学会区别同音字,知道哪种场合用哪个。"对于学生的调查也证明了,写字确实比认字难,能认得的字不一定能写得出来。事实上,许多中国人对于繁体字,往往也是能认不能写的,这也证明了,认字不必建立在能写的基础上。从发展趋势来看，随着电脑的普及以及汉字软件的开发，书写对于一部分人来说，也将转化为仅仅是认字，转化为对同音字的选择。

另外，从实用性的角度看，也非常有必要区别"认读字"和"读写字"。我们有一种不自觉的做法，就是把汉字作为学习的工具。作为以汉语为母语的人，我们都有这样一种经验：由于声音是稍纵即逝的，我们常常要把学的东西用汉字记下来，以便仔细琢磨，回顾复习。但对于初学汉语的外国学生，这不但不是帮助学习，反而是增加了学习的负担。学习汉字，跟学习发音等等一样，首要的目的是交际，是为交际而学。在日常语言交际活动中，有的交际内容往往是以口头形式表现的，有的往往是以书面形式（汉字）表现的，如标志、招牌、通知，填表、写便条等。

从"实用性"来看汉字的读写问题，又应分为两个方面：读的实用性和写的实用性。"厕所""餐厅""请勿吸烟"之类，需要看得懂，不一定要写得出。"我""男""谢""病"等以及自己的名字虽然难写，但是得写得出。前者是"认读字"，后者是"读写字"。

实用性和系统性是有矛盾的。要兼顾汉字教学的系统性和实用性。系统性和实用性上都重要的字（如"人""十""大""水"），当然应该先教；实用性较强，而文字较难的字，有的可以只认不写，有的可以适当早一些教会书写；系统性上重要而不常用的字（如"丁""旦"），可在适当时候作为一个字的部件（"钉""但"）或专名（"丁小姐"）来学习，不宜孤立地超前学习。随着学生认得的字越来越多，必然会带动写字学习，会写的字也会越来越多。这也符合语言学习中输入大于输出的原则。

《当代中文》和《拾级汉语》的初级阶段教材均配有《汉字本》，而且，对于每课生字均明确区分"读写字"和"认读字"，严格控制

"读写字"的数量。

4.2 "写""打"结合，进行汉字电脑输入教学

随着电脑的普及，书面语的写作方式也明显发生了变化，人们越来越多地用电脑写作，而不是用笔写作。面对书面交际方式的变化，国外一些学者提出了"无笔化汉字教学"（Penless Approach）。还有学者提出要把"四会"（听说读写）扩大到"五会"（听说读写打）。

"无笔化教学"的实质是把读写转化为认读，把写字转化为选字。我们觉得，无笔化教学的主要内容是两个方面：（1）汉字电脑输入操练。学生通过拼音输入，在电脑上选择恰当的汉字，写词语、句子。（2）在教师指导下进行网上阅读和信息交流。

这样做的好处是：（1）把写字转化为"选字"，降低了学习难度；（2）学生在电脑上"书写"的过程中，以及在网上交流的过程中，不知不觉间提高了阅读量，汉字的复现率大大提高了；（3）网上信息交流作为一种有意义的活动，学生参与性强，学习汉字的积极性大大提高；（4）真正体现了"学以致用"的原则，培养了学生信息时代的汉语书面形式的交际能力。另外，对于初学者，如果要求他们一定要使用全拼输入法，则同时还有一个副产品，就是强化了拼音教学，因为只有输入准确的拼音，电脑才会给出相应的汉字。

当然，"写"与"打"应该结合起来。用"笔"写字毕竟还是必要的，在现实生活中也是常见的。电脑还没有，以后也不可能完全代替笔。另外，亲手用笔写一写，也有助于记忆，有助于强化对于一些近形字的辨析。

4.3 结合语素教学，丰富练习形式

汉字与语素是基本对应的（除了少数如"蜘""蛛""徘""徊"以外），因此重视汉字教学，应该与我们长期以来强调的重视语素教学结合起来。具体的做法如：（1）每课除了建立词汇表以外，还应该有字

汇表,以醒目的形式展示本课的生字及其构成部件,以及每个部件的笔顺;(2)通过翻译、组词举例等,引导学生理解语素义(字义);(3)通过"熟字生词"的方式扩大词汇量,增加字的复现率。

上述(2)和(3)其实是同一件事的两个侧面。当我们教学"鸡蛋"的时候,应该让学生明白"鸡"和"蛋"的意思,不至于发生学过"鸡蛋"却不知道"鸡"的意思,只能说"鸡蛋的母亲"这样的尴尬。反过来,学了"人""口",不妨让学生猜猜"人口"是什么意思。这样,没有增加生字,却扩大了词汇量。

另外,在教材的练习中,除了语音、语法、词汇内容以外,还应有汉字和语素内容,包括形近字、音近字的辨认,字的结构成分和变化,查词典和字典的方法,组字,组词等,特别是要有充分的补充阅读材料,这些材料既内容生动,又不超出已学的汉字范围。

五、语法教学:循环式、任务型、词汇化

在语法教学方面,我们主张在初级阶段适当淡化语法教学(陆俭明,2000;杨惠元,2003),处理好结构与功能,语言形式和表达内容之间的关系,从而在比较短的时间里,迅速有效地提高学生的交际能力。

5.1 多重循环,逐步深化

在初级阶段适当淡化语法教学,并不是轻视语法教学,而是适当改变传统的语法教学模式。传统的语法教学模式,往往是倾盆大雨式的,"打歼灭战"式的。要么不讲,要么大讲。在某个语法点还没有讲之前,课文竭力回避相应的语法现象,一旦本课要讲某个语法点,则竭力突显乃至"堆砌"相应的语法现象。这样的教学效果并不好,甚至影响到课文语言的真实自然。

"多重循环"包含两个方面的内容:(1)减少一个语法点在一课里

的教学内容。有的语法问题，根本不必讲。例如，讲"动作的进行和持续"，可以只介绍"在/正在＋V"的格式，不必把下面几种格式全面推出。

  他在看书。

  他正在看书。

  他看着书呢。

  他正看着书呢。

  他看书呢。

  他正看书呢。

  ……

  更不必介绍它的否定式。"外面在下雨"是常见的句子。"外面不在下雨""外面没在下雨"的说法则十分少见，甚至一些北京人认为是从来不说的。

  有的语法点可以暂时不讲。如，讲比较法的时候，下面两种格式就不必同时推出。

  他没有我高。

  他不比我高。

  "A 不比 B P"的格式在用法上涉及到预设，因此语用难度比"A 没有 B P"高得多，使用频率也低得多，完全可以放到中级阶段再讲。

  (2) 缩短语法教学周期。在适当减少各语法点的教学内容的情况下，语法点的教学周期就有了缩短的可能，从而也就增加了语法点教学循环的次数。在《拾级汉语》中，我们设计了语法教学在初级阶段的三重循环：(1)《入门》分册（最初两周）的会话部分，是第一循环，这时候，不讲解语法，但是实际上把汉语的最基本的语法现象都呈现了一遍，让学生先有一个感性认识；(2) 第一、二册（第一个学期），是第二循环，从汉语的基本句型到"被"字句，粗粗地过了一遍;(3)第三、四册,是第三循环,在第二循环的基础上,深化、扩展、提高。

在第一个学期,而不是第一学年,就把汉语语法的基本内容教给学生,是考虑到有些学生可能只学半年,那么,他至少了解了汉语语法的基本面貌,为他今后的学习提高打下一个比较完整的基础。另外,也有利于第三、四册的课文内容更方便地实现结构与功能的结合,有利于保证课文语言的自然真实。

5.2 任务型教学

任务型教学正在受到人们越来越多的关注。我们这里讨论的,主要是结合任务的教学(task-supported),而不是完全基于任务的教学(task-based)。

首先,我们认为,任务是实现结构、功能、文化的有机结合的最佳落脚点。"结构、功能、文化相结合"已经成为对外汉语教学界的共识,而一个真实世界的任务永远是结构、功能、文化有机结合的。教学任务是对目标任务的模拟,只有通过这种模拟,才有可能达到结构、功能、文化的有机结合。事实上,以功能意念为纲的教材,每篇课文不可能只体现一个功能(除非只是一本手册),不可能不通过结构形式来体现;以结构为纲的教材,不可能每篇课文只反映一种结构,不可能不反映某些功能;而作为结构与功能相结合的产物——话语,如果是一个真实的语篇,必然要求落实在一个具体的语境中,具有一定的内容,体现一定的文化内涵。所谓"结构—功能—文化相结合",实质是回答了教什么的问题,而不是怎么教的问题(陶炼,2000)。教学任务是"结构、功能、文化相结合"的最好的落脚点,这就回答了怎么教的问题。

只有把"结构、功能、文化相结合"落实到任务上,才能真正避免诸如下面这样的"伪语篇":

山　本：这是你的课本吗？
王　林：不是。这是李大中的课本。
山　本：这是你的本子吗？
王　林：不是，这也是李大中的。
山　本：这件衣服呢？
王　林：也是李大中的。这些都是李大中的东西。
山　本：那支笔是谁的？
王　林：是我的。
山　本：那台电脑是谁的？
王　林：也是我的。那些东西都是我的。
山　本：那两台录音机都是你的吗？
王　林：不，一台是我的，一台是李大中的。
山　本：我可以用一下你的录音机吗？
王　林：对不起。我的录音机坏了。你用李大中的录音机吧。
山　本：哪台录音机是李大中的？
王　林：那台。

很多初级阶段的课文正是这样，似乎说得很热闹，但其实只是编者编造出来让人学习其中的语法的，我们不明白对话中的角色是什么关系，为什么说这些话，这些话前言后语之间有什么连贯性。这样的语篇是虚假的，是伪语篇。

在教学中，除了机械性练习以外，我们应该努力设计一些针对特定语法项目的任务。比较下面三种练习：

A. 用汉语说出下列钱数：

1. 10.4 元　　2. 8.08 元　　3. 200.02 元
4. 0.05 元　　5. 0.50 元　　6. 66.66 元
7. 500 元　　8. 20.22 元　　9. 170.30 元

B. 听对话录音,记录价钱:

自行车____ 衣服____ 地图____

词典____ 书____ 笔____

(1. A. 这辆自行车多少钱? B. 350块。
 2. A. 这件衣服多少钱? B. 588块。
 3. A. 这张地图多少钱? B. 5块5毛。
 4. A. 这本词典多少钱? B. 75块9毛。
 5. A. 这本书多少钱? B. 21块。
 6. A. 这支笔多少钱? B. 两块一。)

C. 想一想,下面的东西(配画)大概多少钱,给它们标上价格。

大衣____元/件 西瓜____元/斤

可口可乐____元/瓶 手表____元/块

鞋子____元/双

互相询问对方给这些东西定的价格。这样的价钱你会买吗?

(《拾级汉语》第一级"综合课本"第5课)

上述三个练习,A是一个纯形式的操练,B则赋予价钱一定的内容,具有一定程度的任务性,C是一个典型的任务,给予学习者以更大的表达空间,让学生在有内容的活动中发展其中介语。

5.3 语法教学的词汇化

语法的词汇化教学,或者说,语法教学的词汇化,是一种语法教学策略。就是把语法现象、语法规则的教学转化为词汇教学的方式来进行,以词汇教学代替语法教学,以词汇教学带动语法教学(吴勇毅,2002)。语法教学的词汇化,其实质就是把一般性、概括性的规律具体化、个别化。

某一个词(实词)的用法规律,是一个词汇问题;某一类词的用法规律，是一个语法问题。语法规则本来就是从一个个词语的用法中概括出来的，教学上不妨再让规则回到一个个具体的词语上。正如《当代中文·教师手册》的"编写说明"（吴中伟，2003）中所说："作为语法现象还是作为词汇问题来教学，从实用的角度上来看，只是一个概括程度的问题。从系统的角度上来看，是一个归纳法教学还是演绎法教学的问题。"

针对形容词教学中常常出现的"她是漂亮"这类偏误，国外的一些汉语教材把"漂亮""高兴"等标为"状态动词"（stative verb），不叫形容词。按理说，这样一来，学生就不应该犯错误了，甚至在教材中连相应的语法说明都可以取消，因为既然是动词，前面当然不需要加"是"。这样，教学的效率似乎就更高了。但是，实践证明，这样做的效果并不明显，据国外一些使用这类教材的汉语教师说，学生还是在相当一段时间里说"她是漂亮"这样的句子。这证明，语言习惯是从一个个具体词语的用法培养起来的。在规则的概括说明上不断探索、改革、完善，当然是必要的，但是，要培养习惯还是得从具体的、个别的词语开始，在具体的使用中学习、掌握用法。

语言中一些结构比较固定，内部关系比较复杂的格式，可以暂时不作分析，作为词汇单位——即所谓"词汇短语"（lexical phrase）——来处理，这实际上也是"语法教学的词汇化"的一种做法。

根据 James R. Nattinger, Jeanette S. DeCarrico（1992），学习者往往经历这样一个习得过程，在这一过程中，他们在特定的语境中大量使用未经分析的板块——"预制"的板块。母语习得者在最初阶段习得的就是这样一些板块，然后，随着他们接触到更多的、类似而又有所变化的板块，他们逐渐开始意识到这些板块可以分析为更小的单位，直至单个的词，从而发现句法的一般规则。成人的习得规律与此相似。

一个典型的例子是,学习者在学习汉语的第一天就学会了说"你好",甚至在正式学习汉语之前就已经会说"你好"了,但这时候学习者大多是把它当做一个整体来理解的,它的功能就相当于"hello"。教师决不会因为还没有教学形容词谓语句而回避教学"你好",学生也决不会因为还没有学习形容词谓语句而学不会"你好"这句话。

再如,"把"字句是汉语中使用频率很高的格式,而"把"字句是语法教学中的难点。以交际功能为纲安排的语言教学,可能很难避免在开始阶段就使用"把"字句。根据语法教学的词汇化原则,"把"字句的教学可以先从一句话"把书打开"(整体教学)开始教,逐步地类型化:"把书打开"→"把 X 打开"→"把 X 打开/坏/破/倒/……"从语法教学的词汇化的角度来看,"把 X 打开"就是一个词汇短语单位,"把 X 打 Y"也是一个词汇短语单位。

参考文献

程朝晖(1997)汉字的学与教,《世界汉语教学》第 3 期。

国家汉办(2002)《高等学校外国留学生汉语教学大纲(长期进修)》,北京:北京语言大学出版社。

陆俭明(2000)对外汉语教学中的语法教学,《语言教学与研究》第 3 期。

钱乃荣(主编)(1995)《汉语语言学》,北京:北京语言学院出版社。

陶炼(2000)"结构—功能—文化"相结合教学法试说,《语言教学与研究》第 4 期。

陶炼(2003)汉语语音入门教学浅议,《华东地区青年教师对外汉语教学论文集》,上海:上海交通大学出版社。

吴勇毅(2002)汉语作为第二语言语法教学的"语法词汇化"问题,《暨南大学华文学院学报》第 4 期。

吴勇毅(2006)论汉语作为第二语言教学与汉语作为外语教学,《汉语教学学刊》(二),北京:北京大学出版社。

徐世雄（1999）《普通话语音常识》，北京：语文出版社。

杨惠元（2003）强化词语教学，淡化句法教学，《语言教学与研究》第1期。

张朋朋（1997）《汉字书写入门》"前言"，北京：北京大学出版社。

周小兵、李海鸥（2004）《对外汉语教学入门》，广州：中山大学出版社。

朱　川（1997）《外国学生语音学习对策》，北京：语文出版社。

朱德熙（1988）在"汉字问题学术讨论会"开幕式上的发言，见《汉字问题学术讨论会论文集》，中国社会科学院语言文字应用研究所编，北京：语文出版社。

James R. Nattinger & Jeanette S. DeCarrico（1992）*Lexical phrases and language teaching*（词汇短语与语言教学），Oxford University Press 1992，上海外语教育出版社 2000。

作者简介

吴中伟，男，博士，1964年生于浙江。复旦大学国际文化交流学院副院长，世界汉语教学学会理事，国家汉办《高等学校外国留学生汉语教学大纲》研制组成员。主要研究兴趣为对外汉语教学与教材编写、现代汉语语法。在《语言教学与研究》《世界汉语教学》《汉语学习》等专业刊物发表论文30余篇，出版专著《现代汉语句子的主题研究》《怎样教语法——语法教学理论与实践》，主编汉语系列教材《当代中文》《拾级汉语》。

对外汉语课堂教学策略研究的回眸与思考

—— 张和生

新中国的对外汉语教学经过了半个世纪的历程，至今已经发展到了相当的规模。伴随着教学规模的扩大，针对对外汉语教学的相关研究也取得了长足的进展，这就是在研究领域上的不断拓宽，在研究内容上的日趋深入。

在这众多的相关研究中，对外汉语课堂教学策略与技巧研究因其应用型、实践性特色而特别值得我们关注，因为所有的对外汉语教学研究，无论是学科理论研究、教学理论研究，还是语言本体研究，抑或是教材研究、测试研究，最终总是要落实到课堂教学上，落实到如何促使我们的教学用最少的时间和精力达到最佳的效果上。

相对于某些语种作为第二语言的课堂教学研究而言，我们的对外汉语课堂教学方法研究或许还稍显稚嫩，但学界以往在这一领域的探索，是我们开展进一步研究的基础。我们有必要对相关的研究成果进行回顾，对未来的研究方向给予前瞻，因为这无论是对我们提高对外汉语课堂教学效率，还是对我们的教师培训，都将起到积极的推动作用。

决定对外汉语课堂教学效率的因素很多,包括总体教学管理水平、教学理念、学生素质、教材质量、教学设施等等。但作为以语言技能训练为主的第二语言教学,要想在课堂教学中用最少的时间和精力达到最佳的教学效果,教师是否了解一定的教学策略、掌握一定的教学技巧,应该是其中一个突出的因素。我们这里所说的教学策略或技巧,既指课堂教学中应当遵循的基本原则与方法,更强调讲授某一具体内容时可以采用的手段。我们审视了近年来有关对外汉语教学策略与技巧方面的研究,除著作类成果外,论文类成果大抵有360余篇①。我们将此类研究的内容分成两大类,择其要者加以述评,一类是根据对外汉语课堂教学内容区分,如汉语语音、语法、词汇、文字、文化的教学策略与技巧;另一类是根据对外汉语课堂教学不同课型区分,如汉语精读课、口语课、听力课、报刊课的教学策略与技巧。以下分而论之。

一、按教学内容区分的对外汉语课堂教学研究

对外汉语课堂教学涉及的内容自然包括汉语语音、语法、词汇、汉字以及语言教学中的文化因素。一般来说,某一教学内容在实际课堂教学中并不具备完全的独立性、排他性,而是与其他教学内容相互交错、相互包容、相互渗透的。只是为了方便讨论,我们将各个教学内容分别论述。

1.1 语音教学

语言的第一功能是交际,是通过特定的声音来表达特定的意义。在人们的交际过程中,无论是用某一词语表示某一概念,还是用某一

---

① 我们已从这些论文中筛选出有代表性的研究成果40余篇结集出版,见"对外汉语教学专题研究书系"之《对外汉语课堂教学技巧研究》,商务印书馆,2006。

语法规则去组织语句,最终都要用语音形式表达出来。使用一种语言,如果发音不准,要么造成误解,要么根本无法沟通。因此,在第二语言学习中,语音学习是整个语言学习的基础。帮助学习者建立正确的发音习惯,克服"洋腔洋调",不仅对于他们日后的口语表达能力的提高起着至关重要的作用,而且有助于提高他们使用外语进行交际时的自信,而自信又是进一步提高学习者口语交际能力的重要因素。由此观之,教师如何在课堂上通过一定的教学技巧来帮助汉语初学者跨过语音学习这一道门槛,就很值得我们研究。

与学习词汇和语法不同,学习语音不是靠记忆、理解和推衍,而是靠听辨、模仿来培养新的发音习惯。有关对外汉语语音的教学技巧,程美珍、赵金铭(1985)指出,语音教学要以自觉模仿为主,以必要的语音理论知识指点为辅;要从易入手,由易到难;要以旧引新、以新带旧;要突出难点、反复操练;要加强直观教学,提高效率。他们还从教学实践中总结出演示法、对比法、夸张法、手势法、拖音法、带音法、分辨法、固定法和模仿法等九种语音教学方法。比如,采用演示法教学生分辨送气音与不送气音,可以通过让学生观察嘴前纸片是否因气流冲击而颤动,达到体会二者区别的目的。这些技巧有效易行,至今仍在对外汉语语音教学中发挥着作用。蒋以亮(1999)提出,把音乐引进对外汉语语音教学课堂,结合音乐进行汉语声调和韵腹的教学,是帮助外国学生学习汉语语音的一种比较有效的方法,大部分学生对语音差异的体会基本上都达到了当堂到位。显然,蒋以亮提出的方法对对外汉语教师的音乐素养提出了要求。王玲娟(2003)则认为,语音训练要适当与意义讲解相结合,这是刺激他们进一步掌握语音、形成语音感的重要方法;要根据人的记忆规律合理安排复习强化的时间,可以视情况分别或综合采取连续强化、固定时间间隔强化、可变时间间隔强化、低反应率的分化强化和高反应率的分化强化等方式，使学生对汉语的语音感逐渐建立并巩固。

我们在前人研究的基础上，也尝试用更通俗的语言分析汉语语音教学的重点与难点，描述更易于操作的语音教学技巧（张和生等，2006）。我们认为，无论采用何种课堂教学技巧，语音教学都应该注意以下一些原则：

一是以示范与模仿为主，语音知识指点为辅。语音教学是口耳相传的活动，老师示范、学生模仿是教学中最重要、最直接的方法。但同时也应注意，学好发音有时不能单纯靠模仿，特别是在学生遇到发不好的难音、难调时，以语音知识（辅以手势、绘图）来稍加指点，有助于学生克服发音难点的。二是从易入手，循序渐进，突出难点，有的放矢。判断语音教学内容的难易与重点，既要考虑一般发音规律，又要考虑学习者母语的语音系统。来自不同国家和地区的学生又有不同的难点，根据教学对象的实际情况，应有针对性地安排教学，突出难点，反复进行操练。三是温故而知新。复习学过的音，引出新的音，这样过渡比较自然。四是音形结合，加深印象。在语音教学中，教师可以采用听觉和视觉印象、发音和书写结合起来的方式。声音和形象及时配合，不但学起来容易，而且能加深印象。五是注重对初学者语音教学的时间投入，适时纠正发音。在汉语入门和初级阶段，学生会出现大量的语音错误，若不适时纠正，学生错误的发音习惯会固化而带到中级水平阶段，那时再想纠正学生的语音就变成一件非常困难的事。为了使学生掌握正确的发音习惯，纠正学生的早期发音错误是语音教学中非常重要的一个环节。教师要善于运用启发式教学，对有能力自我纠正错音、错调的学生，教师要鼓励学生自己改错，而不要重复学生的错音、错调。这一方面是出于对学生的尊敬，更重要的是尽量减少对学生的错误刺激。

1.2 语法教学

语法是语言的结构规则,是成年人学习第二语言时内省、类推的依据。对于第一语言(母语)的习得者来说,语法主要是在他们自幼就生活在其中的语言环境中自然习得的。他们在长期的潜移默化中掌握了母语的语法规则,并且自然地用这些规则来组词造句,与人交际。但对于第二语言的学习者来说,他们通常并非生活在目的语的语言环境中,而主要是通过课堂教学在老师的指导下学习目的语。学习并掌握目的语的语法,就能够使他们在相对较短的时间里更快地理解和使用目的语,达到交际的目的。一般来说,对外汉语课堂教学重在语言技能的操练,不需要也不可能大讲语法。更何况我们现行的教学语法是植根于模仿西方语法而成的理论语法体系的,有些内容与汉语实际并不适应。然而,借助一定的教学技巧,恰到好处地为学习者总结出一些汉语集词成句的规则,无疑有助于提高学生的阅读、理解能力和表达能力,有助于提高学习者用有限的词汇去生成无限的句子的能力。

有关对外汉语语法的教学策略与技巧,卢福波(2002)认为,在教学原则上,对外汉语语法教学的切入点应当是从意义到形式,注重功能和语义对语法结构的选择,注重语法结构意义上的解释和使用条件的概括归纳,注重语法形式或表达方式背后的动因分析。在具体操作上,教师对所教内容必须作浅化和简化处理。所谓浅化和简化,既包括对汉语语法内容的取舍和对学术概念、定义的处理,也包括通过感性化、条理化、公式化、图示化的教学手段,使教学内容易于被学生接受。彭小川(1999)认为,句子的排列次序也是一种语法手段。教师可以采用三种方法进行语段教学:一是把学生学过的常用关联词语从逻辑语义关系方面进行辨析、分类;二是通过指导学生阅读语段,体会结构关系;三是通过填空、合并句子、修改语段等综合训练手段,帮助学生明确要表达某一逻辑语义关系应怎样连接句子,以及如何选取关联词语。刘若云、徐韵如（2003）认为，对外汉语基础语法教学应从学习者的认知结构出发，注意学生学习的心理过程，把认知心理学应用于对外汉语基础语法教学，科学设计每个语法点的教学，能使语法点顺利进入学生的认知结构中。在教学方法上，要帮助学生建立起新旧知识的联系，同时指出新旧知识之间形式和语义上的异同；帮助学生建立新语法点与相关语法点的联系；帮助学生建立一般语法点与学生已掌握的语言相对应的语法点的联系，并强调理解和有意义的操练。

从实际应用的角度出发，参照学界的研究成果并根据我们自己的教学经验，我们可以把对外汉语课堂教学中的语法教学原则归纳为以下几点（张和生等，2006）：

一是精讲多练。所谓"精讲"就是教师尽量用较少的时间，抓住最重要的语法规则进行讲解，把尽可能多的时间留给学生对所学的语法规则进行操练。这样不但能使课堂气氛活跃，也更容易使学生掌握所学的语法规则。二是深入浅出。对外汉语教学中所教的语法是教学语法，而非理论语法。教师在讲授语法时应该尽量减少学生学习中的困难和障碍，应该尽量少用语法术语，更不能大谈语法理论。不能把语法书中的语法规则以及对那些规则的解释原封不动地照搬到课堂上，而是要在对所教语法内容理解深透的基础上，想办法用最简明易懂的语言和其他直观的方式表达出来，这样才能使学生易于理解。三是分散难点。对比较复杂的语法内容和语法难点应该分散开来，按照由易到难、由浅入深以及使用频率的高低、学生习得的顺序，循序渐进地进行教学。四是注重用法。一般来说，初、中、高三个阶段的语法教学各有侧重：初级阶段侧重在语法形式，包括各种句法结构、句型和词序；中级阶段侧重在语法意义，包括语法成分的语义关系和语义搭配；高级阶段侧重在语法形式的语用功能，包括词语句式的语用选择和应用。但不管在哪个阶段都要特别注重用法上的说明,要让学生了解各个语法形式使用的条件和语境。同时在教学过程中要努力使课堂教学交际化、真实化,让学生在尽可能真实的交际实践中掌握所学的语法形式。

1.3 词汇教学

词汇学习是第二语言学习中最重要的部分,也是对外汉语教学中的重中之重。从语言的本质来看,语言的第一功能应当是交际。言语交际是通过语言的基本的表述单位——句子完成的,而词又是句子的基本结构单位。离开词汇,句子的生成就是一句空话。语言发生学理论也告诉我们,是先有词语,后有句子。从第二语言学习的角度看,词汇学习是语言学习的难点与核心,是第二语言学习者最重要的任务。凡有过学习第二语言经历的人,应当有此共识。从对外汉语教学角度看,学习者的难点即是我们教学的重点。汉语的组合规则是有限的,汉语的声韵及拼合规则就更有限,而词汇却是一个相对开放的量。我们通常在两至三个学期即可完成基本语法项目的教学,汉语的语音教学可以在更短的时间内完成,而扩大词汇量可以说是学习者终身的事情,因而是对外汉语课堂教学与研究中的一项重要内容。

陆俭明(2005)在论及对外汉语词汇的教学技巧时指出,解释、说明一个词语的意义和用法,应该根据不同的程度、不同的对象,采用不同的方法。他介绍了"图标法""直译法""以旧带新法""义素分析法""模拟法""语境教学法"等几种方法。为帮助学生巩固在课文中所学的词语,加深对词语意义和用法的理解,陆俭明又介绍了填空、造句、词语搭配联系、词义选择、推断词义、配字成词等15种词语练习类型。杨惠元(2003)认为,对外汉语课堂教学要以生词讲练为中心,要把词语放到句子里边教给学生。生词讲练又要以词语的搭配为中心,重在意义和用法,向下延伸到语素,向上延伸到词组,以便学生能够举一反三,扩大词汇量。要重视虚词的讲练,要利用语言测试的指挥棒作用,在测试中考学生的词汇量,考词语的意义和用法,从而强化词语教学。张和生(2002)则针对如何提高词汇教学效率,从而帮助学习者扩大词汇量提出了相应的教学策略,包括联系交际情境,归纳词语义类;利用语素,点面结合;总结归纳,强化记忆。也有一些学者仅就词汇教学中的某一环节或某一步骤展开讨论。张慧君(2002)论及课堂教学中词汇展示的方法;刘若云、林凌(2004)探讨了如何在课堂教学中循环复现生词;刘颂浩(1999)则分析了辨认、联想、搭配、评价、总结等五种练习方法在词汇学习中的作用。

  我们认为,探讨对外汉语课堂教学中的词汇教学策略与技巧,依旧应当从实际应用出发,在提高可操作性上下功夫。词汇教学的要点在于怎样帮助学生理解词的意义,掌握词的用法,辨析词的异同;在于如何有效地利用有限的课堂教学时间扩大学生的词汇量。具体说,首先是词汇教学的基本方法和技巧。我们(张和生等,2006)把处理课文生词的方法归纳为"归类""扩展"和"文中标注";把词语讲解的方法归纳为"翻译""以旧释新""实物或图片展示""利用语境"等。其次是词汇练习的方法,语言的掌握过程是一个对语义的认知过程,在课堂教学的条件下,学习者很难直接掌握词义,需要教师给他们提供词语使用的条件,这就形成了词汇练习。我们提出了"搭配法""游戏法""表演法"等课堂教学中的词汇练习方法。第三是关于词义辨析的问题。随着学习者所掌握的词汇不断增多,有些意义相近的词就会产生意义上、用法上的混淆,这时也需要教师帮助学习者分辨清楚。面向对外汉语教学的词语辨析,应当涉及同义词、近义词、多义词和同形词,我们正是据此提出了相应的词语辨析方法与步骤。第四是关于怎么帮助学习者扩大词汇量的问题,每个有过第二语言学习经历的人都会认同,词汇掌握得越多,使用目的语的能力就越强,所以教师就要设法帮助学习者不断扩大词汇量。为此，我们又提出了"反义词的利用""义类的利用""同语素词的利用""词缀的利用"等帮助学习者扩大词汇量的教学手段。

1.4 汉字教学

在以不同语言为目的语的第二语言教学中，汉语因为有汉字而独具特色，汉语又历来因为用汉字记录而成为外国人学习的主要难点之一。这不仅因为熟悉了拼音文字体系的外国人初学表意文字不得书写要领，还因为汉字与汉语的关系较之其他语言与文字的关系有所不同。在以汉字记录汉语的一个字符串中，一个独立的书写符号既可能仅仅是一个字，又可能是一个语素，还可能是一个词。怎样帮助学习者认读、书写汉字，如何指导学生利用汉字知识扩展词汇，少不了教学策略与技巧的运用。

有关对外汉字教学的策略与技巧见仁见智。崔永华（1997）提出，要利用汉字部件进行汉字教学，在教学中要优先考虑构字率高的独体字；要注重不同部件之间的对比分析和相同部件不同结构的对比分析；要注重汉字结构教学，注意对汉字结构层次的揭示；在教学中，对汉字部件结构的拆分应当适可而止。李大遂（2002）与崔永华的观点不尽相同。他认为，采用传统的偏旁教学法会有更好的汉字教学效果。因为尊重和利用汉字自身系统性方面，传统的偏旁分析法较之新兴的部件分析法，其优越性要大得多。费锦昌（1998）认为，在对外汉语教学中，要从一开始就注意帮助外国学生确立、培养汉字的观念，让外国学生从一开始就在理性上知道并掌握汉字记录汉语的基本方法，要充分利用现代汉字中尚有表音或表意功能的音符、意符，作为掌握汉字形音义的"把手"和"支点"，在科学介绍汉字特点和基本理论的前提下，有些单纯从现行汉字字形生发出来的俗文字学的说解，也可以适当利用。伍巍（2004）提出"汉字构建教学法"，主张按汉字的结构特点与认知规律，分"汉字基本笔画教学""汉字部件教学"与"汉字组合教学"三个相互连接的递进步骤实施对外汉语汉字教学。周健、尉万传（2004）则把他们的对外汉字教学基本方法概括为字形系联、字音系联、字义系联和综合应用四种。

我们认为，对外汉字教学策略的要点在于教学的总体安排。目前，在汉字教学的总体安排上可以分成四种情况：一是"先语后文"，即在初级阶段只教拼音，不接触汉字，待学生具备了一定口语水平后再教汉字；二是"语文并进"，即随着课文出现的词语，逐一识读汉字；三是"语文穿插"，即拼音与汉字在课文中交叉分布，以有计划地控制生词数量和调节汉字出现的顺序；四是"单独开设汉字课"，即不依附于按词汇项目和语法项目编排的课文，单独开设读写汉字的课程，使用专门教材。

先语后文的方法，是受国内小学识字法的启发。中国的小学生在学习汉字之前就已经具备了正常的汉语听说能力，在此基础上学习汉字相对容易一些，但这个方法对外国学生并不适用。这主要是因为外国学生在学汉语之前对汉语一无所知，如果让他们在口语水平达到中国小学生的水平之后再学汉字，在时间上极不经济。语文穿插的办法可以有计划地控制生字的数量和安排汉字出现的顺序，但哪些汉字先出，哪些汉字后出也是一个很棘手的问题。使用专门的教材，单独开设汉字课的做法，在汉字教学的安排上可以体现汉字的系统性。进行集中识字，可以提高学生学习汉字的效率，但这也应该以一定汉字数量为基础，而且这种做法和语言活动很难结合。我们认为（张和生等，2006），在初级阶段，比较合理的安排还是语文并进的方法。因为汉字是记录汉语的符号系统，汉字必须以自己的字形关联了语言中的语音和语义才有价值。汉字教学应该从属于汉语教学。对于外国学生来说，掌握汉字的最终目的不是掌握汉字的构形系统、理解每个字的来源，而是通过认读汉字理解汉语文章，通过写汉字表达自己的思想达到交际的目的。此外，课文中出现什么字，就教什么字，识字、用字同步进行，易于边学边巩固。这种方法在当前汉字教学中占主流地位，但就是这种方法给学生造成了汉字没有规律、汉字难学的印象。因此，我们所要探索、解决的问题是，在运用语文并进方法进行汉字教学时，如何消除学生汉字难学、汉字没有规律的印象，如何降低学生学习汉字的难度、帮助他们克服对汉字的畏惧感，从而提高他们学习汉字的兴趣，提高学习效率。

1.5 文化教学

语言与文化有着共生、相属、相依的密切关系。第二语言学习中，语言的理解包含着文化的理解，语言的理解需要文化的理解。换言之，学生文化知识的储备为语言水平的提高提供了潜在的支撑。在对外汉语课堂教学中，无论教与学双方有意还是无意，文化的传播、渗透、碰撞、吸收会不可避免地贯穿在课堂教学过程之中。在经济全球化的今天，在世界文化趋同化与文化多元化此消彼长的新形势下，采用怎样的教学策略与技巧，如何适度、有效地在语言教学中融入文化因素，怎样在教学中处理好跨文化交际中的异文化碰撞，怎样处理语言教学中的文化因素，如何做到服务于语言教学而不干扰语言教学，都是需要我们关注的问题。

常敬宇（1995）著书探讨汉语词汇中的文化因素，旨在说明，对外汉语词汇教学只有与汉民族观念文化教学结合起来，方可帮助学习者真正把握文义。孙欣欣（1997）探讨了在语言教学中的文化导入方式，包括体现中国人思维的显著特点的序列展示法，反映中国人宗族观念的系统归纳法，观察不同民族风俗习惯的中外比较法，对教材作适当变通、酌情增减文化因素的因材施教法等等。张莹（2004）则提出三种对外汉语文化教学模式及相应策略，即以开设专题讲座为主要形式的知识文化传授模式，通过言语交际训练使学生自然领会和掌握语言中文化要素的交际文化训练模式，有意识地引导学生发现文化差异的多元文化互动模式，三种模式都将文化教学作为语言教学不可缺少的一部分加以贯彻和实施。

研究对外汉语课堂教学中的中国文化传播，不外乎是"传播什么"和"如何传播"两个问题。多年来，学界一直呼吁编写一部面向对外汉语教学的文化大纲，以使我们的文化传播系统化、规范化，能真正反映出中国文化特征，并为我们制定对外汉语课堂教学中的中国文化传播策略提供依据。但现实是，在对外汉语教学界，语法大纲、文字词汇大纲、功能大纲出版了多种，修订了几轮，可是至今拿不出一部文化大纲。其原因在于，制订汉语文字、词汇、语法大纲，可以主要以字频、词频、句频这些客观标准为依据。而如何制订文化教学大纲，如何筛选文化内容，是弘扬还是渗透，以及怎样渗透，如何确定教学顺序的先后，怎样在汉语课堂教学中适度、有效地融入文化因素等等问题，尚未真正从理论上解决，都是需要我们进一步研究的课题。

二、按课型区分的对外汉语课堂教学技巧研究

区分不同课型进行汉语教学，是国内高校对外汉语课堂教学的特色之一。尽管有些课堂教学的方法、原则、技巧带有共性，适用面广。但有时因为课型不同，课程定位不一，课堂教学技巧的适用性、针对性也会有一定差异。

2.1 精读课教学

精读课（有些院校称之为汉语综合课或读写课）是对外汉语教学中的主干课，是一门集语言要素教学、中华文化知识教学、语言技能与交际能力（口头的与书面的）训练为一体的课程。在语言技能训练中归纳语言规则，在语言规则指导下训练语言技能，是该课程的主要

特征；处理好训练技能与传授知识的关系，是上好精读课的关键。

郭丽（2003）提出，在精读课中可以利用实物和模型帮助学生学习生词，可以组织游戏与讨论来刺激学习者对词、句的反应，可以安排学生完成做卡片、市场调查、搜集路边广告词、主题考察等多种类型的课后作业。郭丽提出的这些方法目的在于提高精读课课堂教学的趣味性，提高学生在精读课中的参与度，避免精读课中容易出现的教师"一言堂"。朱其智（2001）介绍了如何在精读课中运用语篇分析技巧，使课文讲解集约化，词汇、语法点教学语篇化。注重语篇教学，探讨如何培养学生成段汉语表达能力，是近年来精读课课堂教学研究的一个关注点。杨嘉敏（2002）认为，中级精读课教学也应注重培养学生的口头交际能力。教师可以提前布置任务，让学生在每周一第一节课做专题口头表达报告，以此增强说、写结合，以"一会"带"三会"。杨嘉敏的观点意在强调对传统精读课的改革，即现代的精读课应当具有明显的汉语技能培养的特色，特别是口头交际的特色。强调在精读课教学中同样注重培养学生的口头交际能力并无不妥，问题是如何突出精读课与口语课的各自特色，如何协调口语交际与书面交际两种能力训练的关系，都还需要进一步研究。

我们初中级的精读课（读写课）通常还包括写作练习的内容，而中高级阶段更强调对学生写作能力的训练。写作是汉语学习中不可或缺的一项必备技能，汉语写作能力是衡量中高级以上汉语水平外国学生的重要标准。

关于对外汉语写作教学，王凤兰（2004）认为，应当把教师支配一切的课堂写作活动改变为以学生为中心的活动，应当把写作活动与听、说、读活动结合起来，应当选择学生感兴趣的题目，应当将传统的评阅方法改为讨论式的师生互动，应当在课堂上布置大量的写作练习让学生课外完成。陈福宝（1998）则提出了语段写作的训练方法，内容包括给模式、给话题句、给扩展句、组句成段、填关联词语、改病段等。赵金铭等（2006）从教师对学生书面表达的控制程度，把写作训练分为限制性表达训练和自由表达训练；从听说读写四项技能综合训练的角度，把写作分为听后写、读后写、观后写、说后写等方式；从对原文再加工的角度，把写作训练分为扩写、改写等。

我们认为，精读课的课堂教学方法或技巧总是要建立在对该课程的教学定位上，建立在教师能够预先准确估计到学生的学习难点，并据以设计有效教学步骤的基础上。当前汉语精读课的课堂教学一般包括复习、新课教学、小结、布置作业等四大环节，其中新课教学环节又包括新课导入、生词讲练、语言点讲练、课文讲练等几个步骤，而每一步骤又都可以通过一定的教学技巧实现。我们认为，在语言知识、文化知识传授和语言技能训练的比例上偏向后者，是当前精读课课堂教学的发展趋势，而且"语言知识的教学也越练越情景化、功能化、交际化，与技能训练合而为一"（赵金铭等，2006）。

2.2 口语课教学

掌握汉语口语交际能力，是绝大多数外国学生学习汉语的第一目标，汉语口语课（有些院校称之为汉语会话课）也因此受到学习者的特别重视。

关于口语课教学，徐子亮（2002）综合了国内外教师采用的会语技能训练的方式和手段，归纳出第二语言会话技能训练中一些行之有效的教学技巧。比如，"问答"可以包括情景问答、卡片提示问答、利用交通图问答、利用照片问答、联想式问答、自由问答、查询问答等等；"游戏"可以包括猜谜语、看动作说话、按说话内容做动作等等；"表演"可以有分角色饰演、人物替换练习、即兴小品表演、为影片或图片配话、做节目主持人等等；"语言实践与调查访问"可以包括做社会调查、课外专访、体验式工作、租房、电话约会等等；"讨论"则可以围绕文字、照片、地图、图表、连环画等话题或热门话题展开。赵金铭等（2006）指出，会话练习的着眼点是提高综合运用语言的能力，包括正确选词造句、组句成段的能力，恰当选取表达方式的能力，以及如何开始谈话、结束谈话及转移话题的能力等。在口语课堂教学中培养这些能力，可以通过问答练习、模仿课文进行会话练习、将叙述体课文改为对话体、话剧表演、讨论与辩论等方法完成。

我们认为，口语课教师首先要建立一种意识，或一种观念，即口语课不是教授知识而是训练能力。口语能力是练出来的，而不是教出来的。合格的口语课教师课上的教学语言一般不应超过课堂教学时间的1/4。在学生口语训练中，教师应适时适度地鼓励学生的进步，指出存在的问题，纠正学生的语病，从而让学生产生信任感、安全感。教师应懂得课堂上相互沟通的艺术，恰当地表现出自己对学生地关心、鼓励、期待、失望，适时提示、启发，为学生开口创造条件，营造气氛。优秀的口语课教师应掌握表演的技巧，可以借助形体语言解释教学中的重点、难点；应具有乐队指挥、影视导演才能，组织教学方式多样，包括领读、独唱、合唱、师生问答、学生互问、复述、小组会话、角色表演、演讲、采访、辩论等等；应掌握提问的技巧，给每一个学生开口的机会，并因人而异地调整问题难度。教师应以饱满的热情感染学生，使学生处于兴奋状态；应将幽默、轻松与严肃、严格有机结合；应控制课堂节奏，口语课提倡在学生有一定压力感的前提下的张弛有序。

2.3 听力课教学

话语交际中的听与说是相辅相成的，听懂话语和表达话语是实现交际的两个方面，语言的输入与输出无论在哪一端出了障碍，交际便无法完成。外语学习者常常发现，听懂一个规范的句子，有时比说出一个不规范但对方尚可听懂的句子更难。这便是外语教学要开设听力课的原因所在。汉语听力课的主旨在于训练学生的汉语听辨与理解能力，最终目的是帮助学习者能够在自然语言环境中达成交际。

关于汉语听力课课堂教学，杨惠元（1996）把学习新课阶段分为听前练习、听时练习和听后练习三个环节。听前练习是通过辨析难音难调、听辨词语、听辨句子、解题和简介内容等方法，降低学生理解课文和做练习的难度，排除学生的畏难情绪和激发他们听的愿望。听时练习是一边听课文一边做练习，引导学生有目的地听，教学生听什么和怎么听。听时练习的着眼点要放在提高学生对所听内容接收解码的能力上，训练学生加快解码的速度，帮助学生养成良好的听话习惯，把听和理解、记忆结合起来。听后练习是听力理解的深化阶段。教师通过迅速问答、讨论、小结等方式，使学生对听过的内容形成更系统、更完整的概念，在听的基础上把听和说、听和写、听和做结合起来。陈颖（2001）认为，教师应当利用语境进行听力教学，引导学生根据语境来猜测词义、判断场景、推测下文内容，从而提高学生的听力水平。孟国（2006）则在听力教学中如何虚拟、再造真实自然的语言环境，如何控制语速，如何人为地设置噪音干扰和方音障碍等方面提出自己的见解，认为现在人们的正常语速是245字/分钟左右，课堂教学应适应现阶段语速的实际状况。

学界对听力课的课堂教学原则大致达成的共识，一是强调大量输入和可懂输入，二是强调以听为主，以练（说、写）为辅，听练结合。尽管如此，在实际课堂教学中，对如何操作"可懂性输入"，学界却有不同的理解，进而导致不同的教学策略。有人主张"理解后听"，即通过把视觉反应转化为听觉反应来实现"可懂性输入"，从而达到听力课的教学目的。而更多的人则主张"听后理解"，即通过"听前练习"完成词语和语境准备，通过"听时练习"和"听后练习"来检验、巩固听辨效果，最终实现输入的可懂性。究竟哪一种教学策略效果更佳，恐怕还有待教学效果跟踪调查及对比实验来证明。

2.4 报刊课教学

能够阅读中文报刊是绝大多数汉语学习者在阅读上要达到的目标，而汉语报刊课正是为帮助他们实现这一目标而开设的课程。然而目前学界对报刊课在对外汉语课堂教学中的定位以及教学规范看法不一，有人关注报刊用语、报刊句式的教学，有人强调新闻内容的时效性。因此，在论及报刊课教学策略与技巧时，研究者的立足点不尽一致。

王新文（2000）把报刊课归为新闻听读课，对该课型的教学方法提出"五带"，即以听带读、以词带篇、以精带泛、以理解带速度、以易带难。张崇富（1999）认为，报刊课要坚持固定教材和活教材的交叉使用、有机结合，要强调对报刊词语、语体、文体、排版、文化背景知识等的介绍，要坚持采用由浅入深的教学方法和辨别对比的教学方法，要强调交际性原则，将学生置于真实、鲜活的报刊语境之中。

要确定报刊课课堂教学策略，首先要明确报刊课的教学定位。我们认为，在当前国内大多数教学单位将"精读"与"报刊"分别设课的情况下，作为独立课型的报刊课在突出报刊语言学习这一特色的同时，应当是精读课的补充或延伸。从体现课型特点与发展学生的阅读能力的角度来说，报刊课应该是精读与泛读相结合，让学生两种阅读技能得到协调发展，最终达到读得多、读得快、读得准的教学目标。报刊课首先是阅读课，但也担负着听和说综合技能训练的任务，在阅读报刊的过程中可以穿插新闻听力训练和热门话题口语交际训练，因而报刊课还可以看做是听力课、口语课的扩展。

根据上述教学定位，报刊课课堂教学在遵守一般教学原则的前提下，还应体现以下教学策略：固定教材与补充教材相结合，精读与泛读相结合，阅读与听、说、写等其他语言技能相结合，课堂教学与课外阅读相结合，报刊语言形式与报刊专题内容、文化背景知识相结合，报刊教学与现代教育技术相结合。

三、对外汉语课堂教学策略与技巧研究展望

对外汉语教学研究总是围绕着教学的总体设计、教材编写、课堂教学和汉语测试这四大环节展开的。而对于绝大多数在对外汉语教学第一线的教师而言,在这四大环节中,课堂教学恐怕会被放在第一位而给予更多的关注。这一方面是因为,对外汉语教学总体设计的实现,不同课型的教学目的以及各种语言技能训练目标的达成,对外汉语教材适用性的检验,都要靠课堂教学去落实;另一方面是因为,第二语言课堂教学相对于其他教学活动更强调教师对学生的启发、调动、组织、引导,怎样才能高质量、高效率地完成课堂教学任务,如何运用教学策略、技巧使教学效果最优,是工作在教学第一线的对外汉语教师们几乎每天都要面对的问题。正是这两方面的原因,构成了对外汉语课堂教学技巧研究的原动力。

然而毋庸回避的是,"教学方法的研究是我们的软肋"[1]。造成这一现象的原因有多种,而对外汉语教学学术研究中重理论轻应用的倾向应当是原因之一,表现为教学技巧类研究成果发表不易,受到重视更难。而就是在这样的情况下,我们的一批教师还是在这块土地上辛勤耕耘不已,把自己在教学中的心得体会奉献给大家。毫无疑问,他们的经验对改进对外汉语课堂教学发挥了并将继续发挥重要的作用,也是我们进一步深化对外汉语课堂教学技巧研究的阶梯。

同样毋庸回避的是,以往关于对外汉语课堂教学技巧的研究也存在着些许不足。

---

[1] 许嘉璐教授2005年2月27日在商务印书馆世界汉语教学研究中心成立大会上的讲话。

其一，研究成果中课堂教学经验介绍多，而上升到理论高度的讨论少。我们提倡大力开展应用型研究，但并不排斥理论层面上的探讨，因为理论的支持会促进应用研究的深入。从事对外汉语课堂教学策略与技巧研究的大多是对外汉语教学的一线教师，我们非常看重一线教师的教学心得，同时主张教师应从"经验型"向"科学型"转变。

其二，以教师行为为中心的研究多，而基于学生第二语言学习规律的教学技巧研究少。我们不仅要探讨某一内容或某一课型应该怎么教，还有必要说明为什么这样教，更应当通过实验证明如此教的效果。

其三，以传统课堂教学为研究对象的多，而基于现代化教育技术的对外汉语课堂教学技巧研究少。很难想象，在21世纪信息化社会的今天，弃现代化教育手段而不用的对外汉语课堂教学如何实现教学效果的最优。

其四，从总体上看，以往的研究都是面向来华学习的成人留学生的，针对非目的语环境的、特别是针对海外中小学生的课堂教学策略与技巧的研究几乎是空白，而这部分学习者恰恰是把汉语作为第二语言学习的主要组成部分。当然，与其说这是对外汉语课堂教学技巧研究的局限，不如说这是对外汉语教学本身的局限。但无论如何，在当前汉语国际推广的形势下，作为汉语的故乡，作为对外汉语教学、科研力量雄厚的高等院校，我们没有理由置改进海外汉语课堂教学效果的需求于不顾。

要之，弥补现有研究中的缺憾，拓展今后研究的领域，国内与海外兼顾，普及与提高双修，或许是我们未来对外汉语课堂教学技巧研究的方向。

参考文献

常敬宇（1995）《汉语词汇与文化》，北京：北京大学出版社。

陈福宝（1998）对外汉语语段写作训练简论，《汉语学习》第6期。
陈　颖（2001）试论利用语境进行听力教学，《北京师范大学学报》第6期。
程美珍　赵金铭（1985）基础汉语语音教学的若干问题，《第一届国际汉语教学讨论会论文集》，北京：北京语言学院出版社。
崔永华（1997）汉字部件和对外汉字教学，《语言文字应用》第3期。
费锦昌（1998）对外汉字教学的特点难点及其对策，《北京大学学报》第3期。
郭　丽（2003）关于初级汉语精读课的改革设想，《云南师范大学学报》第5期。
蒋以亮（1999）音乐与对外汉语的语音教学，《汉语学习》第3期。
李大遂（2002）简论偏旁和偏旁教学，《暨南大学华文学院学报》第1期。
刘颂浩（1999）阅读课上的词汇训练，《世界汉语教学》第4期。
刘若云　林　凌（2004）基础汉语教学课堂中的生词复现技巧，《中山大学学报论丛》第24卷第2期。
刘若云　徐韵如（2003）对外汉语基础语法教学认知法教学初探，《暨南大学华文学院学报》第4期。
卢福波（2002）对外汉语教学语法的体系与方法问题，《汉语学习》第2期。
陆俭明（2005）对外汉语教学中要重视词汇教学，《作为第二语言的汉语本体研究》，北京：外语教学与研究出版社。
孟　国（2006）汉语语速与对外汉语听力教学，《世界汉语教学》第2期。
彭小川（1999）对外汉语语法课语段教学刍议，《语言文字应用》第3期。
孙欣欣（1997）对外汉语教学基础阶段文化导入的方法，《世界汉语教学》第1期。
王凤兰（2004）汉语写作教学刍议，《齐齐哈尔大学学报》第5期。
王玲娟（2003）对外汉语初级阶段语音感教学研究，《重庆大学学报》第3期。
王新文（2000）对外汉语新闻听读教学的原则和方法，《语言文字应用》第4期。
伍　巍（2004）对外汉语教学中的汉字教学探讨，《广州大学学报》第7期。
徐子亮（2002）语言实践在口语自动化中的作用，《对外汉语论丛（第二集）》，上海：上海外语教育出版社。
杨惠元（1996）《汉语听力说话教学法》，北京：北京语言文化大学出版社。
杨惠元（2003）强化词语教学、淡化句法教学——也谈对外汉语教学中的语法教学,《语言教学与研究》第1期。

杨嘉敏(2002)谈中级精读课教学注重培养口头交际意识的意义和措施,《汉语学习》第3期。

张崇富(1999)问题与对策——报刊课之我见,《汉语学习》第4期。

张和生(2002)义类研究及其在对外汉语教学中的应用,《语言文字应用》专刊。

张和生等(2006)《汉语可以这样教——语言要素篇》,北京:商务印书馆。

张慧君(2002)对外汉语教学中的词汇教学技巧,《齐齐哈尔大学学报》第5期。

张　莹(2004)对外汉语中的文化教学模式比较和策略分析,《合肥工业大学学报》第5期。

赵金铭等(2006)《汉语可以这样教——语言技能篇》,北京:商务印书馆。

周　健　尉万传(2004)研究学习策略,改进汉字教学,《暨南大学华文学院学报》第1期。

朱其智(2001)语篇分析技巧在汉语精读课中的运用,《汉语学习》第4期。

作者简介

张和生,博士,北京师范大学汉语文化学院教授。在学院讲授过各类留学生语言技能课程,指导对外汉语教学方向研究生,并曾任教于美国 Hamilton College、Middlebury College 及韩国三星人力开发院。2002年被评为"全国对外汉语教学优秀教师"。

自1992年开始从事对外汉语教学后,先后发表《OPI与汉语口语水平的测试》《试论第二语言学习中口语交际能力的培养》《简论基于互联网的对外汉语教学》《加强汉语言专业学历教育,推进对外汉语教学学科发展》《外国学生汉语学习状况计量研究》等文章20余篇。主持国家汉办项目"汉语科目考试指南""面向海外儿童的多媒体教材研究与开发"和校际横向项目"对外汉语多媒体教材研发",主编《对外汉语教师培训研究》《对外汉语课堂教学技巧研究》《汉语可以这样教——语言要素篇》等书,并出版了两部对外汉语教材。

论课堂正规语言教学和第二语言习得的关系

—— 熊 文

课堂正规语言教学与第二语言习得的关系是第二语言习得研究者和第二语言教学第一线教师最为关注的问题之一。第二语言习得研究者力图描写和解释第二语言学习者的语言发展过程，以便能有效地给教学提供依据。既然第二语言习得研究的是过程，那么语言教学就被设计成相应的实践的过程。双语教学、沉浸式教学、第二方言的教学、第二语言教学，整个教学的系统都是以第二语言作为媒介来进行的，第二语言习得的研究发现为无数的问题提供了指导性的意见。教师则关心如何通过正规的课堂教学，使第二语言学习者掌握所学的语言知识和技能，从而能够以更快的速度，更好的途径发展其第二语言。

但是，成功的第二语言学习需要有太多的因素，包括必需的和偶然的。除了人人皆知的必需的好老师、好教材、好的教学方法和好的学习者以外，学习还需要时间和精力的保证。所有的这些因素被人们反复强调，缺乏其中的任何一项都可以成为第二语言学习不成功的理由。而对这些因素和环节孜孜不倦地追求，使我们无论教学者还是学习者都疲惫不堪，备受挫折。

如果我们稍微停下忙碌的脚步,看看第二语言习得研究的部分结论,也许大家的挫折感会有所减轻。Clahsen、Meisel 和 Pienemann (1983,也见 Clahsen 和 Muysken,1989;Meisel,1991:249)提出,第二语言的发展有如下五个特征(笔者译):

①有限的最终习得;
②习得的速度较慢;
③个体差异明显;
④习得模式具有不连续性;
⑤涉及到特殊参数设定的语法需要另外学习。

这五个基本特征给我们勾画了这样的一幅图景:只有少数的学习者能达到像说母语的人那样的水平,大部分的学习者都会止步于某一个阶段,这种止步也许是暂时的,需要外部或者内部的力量来突破这种"高原平台"(plateauing),但也可能是永久的化石化了(fossilization)。习得是一个积累和渐变的动态过程,教师和学习者都需要足够的耐心来等待奇迹的发生。每一个学习者都以其不同的路径来完成这个过程。对于语言的某些方面,还需要花更多的时间和力气去学习。

面对这样一个客观的现实,课堂教学能带来什么样的改变?
本文讨论正规语言课堂教学中的两个方面:一是教师和学生应该有什么准备来共同实现成功的教学,二是教师如何通过正确评价学生的进步来调整自己的教学。

一、如何实现有效的教学:教师和学生的准备

1.1 教师的准备

正规的课堂语言教学通过传授语言知识和培养学生运用语言的能力来达成。教师的讲解,教学活动的组织,对学生错误的修正和学生运用语言活动(书面的和口头的)进行的反馈都可以算做在课堂上的

"输入"。"输入"在第二语言教学和研究中都是一个重要的概念。"输入"是教师提供给教学的材料,同时也是一个实现教学的过程。

语言教学界对"输入"大概有三种主要的看法(Ellis,1994):

行为主义论者(behaviorist)把第二语言习得者看做是一部"语言生产机器",强调外界语言环境对语言学习至关重要。在这种模式中,"输入"是指对语言学习有效的刺激。学习者通过刺激,从而产生反应来进行学习。有效和合适的刺激可以使学习者通过模仿来内化语言形式。有步骤的、按难易程度安排的"输入"可以保证刺激的完成。"输入"是语言学习的外在因素。

内在论者(nativist)把学习者视为"伟大的发明者"。该学派受Chomsky"普遍语法"的影响,强调学习者内在"语言习得装置"(LAD)的作用。成功的例证来自于儿童第一语言的获得。语言获得的过程是学习者根据外在语料来设定语言参数的过程,教师的主要作用就是提供有效的语料。如此看来,"输入"只不过激活了学习者固有的内在语言装置。"输入"的作用被最小化了。

交际论者(interactionist)强调学习者的外在和内在因素的共同作用,是折衷的论调。强调学习者的习得装置与"输入"相互确定的关系。即:"输入"影响了习得装置,同时又受习得装置影响,所以交际互动(interaction)是通过"输入"和内在的习得装置共同作用完成的。

"输入"对儿童第一语言的习得和第二语言的习得/学习和成人第二语言的习得/学习都起作用。但是从 Hammerly(转引自盛炎《语言教学原理》第74—75页)的一张六种语言习得/学习对比一览表中与"输入"有关方面的对比(全表列了14项对比参数,本文选择了有关的四项说明)可以看出,"输入"对"学习"的影响最大(见表1的第3栏和第6栏)。

表1 六种语言习得/学习对比一览表

	1. 母语习得	2. 婴儿双语	3. 成人第二语言学习	4. 成人第二语言习得	5. 儿童第二语言习得	6. 儿童第二语言学习
输入结构	D	D	A	D	D	A
概念系统占有	D	D	A	a	a	a
语言准确性	D	D	A	a	d	a
对语言的了解	D	D	A	a	d	a

（说明：A=特强　a=强　D=特弱　d=弱）

儿童习得第一语言的"输入"是母语环境下全方位的、开放的系统。第二语言学习者获得的"输入"既包括自然语言环境中开放的语言材料，还包括课堂上教师有控制提供的教学内容。所以，"输入"既有完全真实的（authentic）语言材料，也有教师根据学习者的水平经过调整后的"教师语言"（teacher talk）。学习者内化、接受了的"输入"被称为吸入（intake）；课堂上由教师控制的"输入"——要教学的内容称为"导入"（instruction）。

"输入"者既包括能提供正确的语言材料的说母语者，也包括学习同一种第二语言的学习者，后者会提供一些可能正确、可能错误的中介语语言材料。比如，同样是从前者的话语交际中通过模仿、重复，再加入一些别的语言要素来学得某些语言结构，学习者在惯常学习策略的支持下，不同的"输入"对学习者而言，可能会得到截然不同的学习结果。

例1：教师准备教学表示动作持续的"V+着"

老师：（请看下面这幅画）谁<u>拿着</u>书？（教学演示）

　　　　学生：小孩儿拿着书。（模仿）
　　　　老师：小孩儿拿着几本书？
　　　　学生：小孩儿拿着三本书。（扩展）

同样情况也常常发生在两个第二语言学习者的相互交流中。由于后者对自己也不自信，所以会模仿对方的片段，有时候从前者话语中会得到错误的借鉴。

　　　　例2：学生A：这件事我已经说了老师。（意思是告诉了老师，受母语"said to sb"干扰）
　　　　学生B：真的，你说了？你说了老师？（模仿）
　　　　学生A：对，没有办法。
　　　　学生B：你还说了别人吗？（扩展）

学生通过与教师和其他人交际（interaction），在接触到的"输入"中获得对"V着（例1）"和"说了somebody"（例2）的错误理解和运用。而例1中教师对"V+着"的演示和教学就是我们所说的"教学导入"（instruction）。

"输入"以不同的形式被接受者接受。这包含两层意思：一方面"输入"本身可以是文字形式的，也可以是声音和图像形式的；另一方面，从接受者的角度来说，人们接受信息的成功与否还和自身接受信息的方式有密切的关系，这种自身接受信息的方式是人们多年来在用母语进行交际的过程中培养起来的，在第二语言的学习中，就表现出不同的学习方式（learning style）。比如，对有汉字背景的外国留学生和无汉字背景的外国留学生进行的汉语教学就必须针对学习者采用不同的学习方式。

"输入"通过教师的教学活动来影响学习者的中介语系统。第二语言学习者的学习过程是十分复杂的，第二语言学习者的中介语系统是一个处在不断变化中的复杂动态系统，每当新的第二语言的信息加入到这个中介语系统中,这个系统的调整就不可避免。对这个系统的良性干预,是语言教学的目的之一。

胡明扬(1999)提出从儿童学习母语、母语教学和常规的外语教学来看都是"输入"大于"输出",通过大量的"输入"来保证小量"输出"的质量。而非常规教学中采用的要求"输入"等于"输出"(如二战中美国对派往国外的士兵进行的外语教学,提倡"听说领先、精讲多练"),虽然在短期强化和口语教学中有明显的效果,"但是这种非常规语言教学的方法在纳入常规语言教学时也必然会带来一些问题,最明显的负面影响是由于急于活用或所谓"输出",出现了较多洋泾浜现象,并且日后很难纠正……"(第15—16页)。胡明扬指出了一个常被忽视却又非常关键的问题。

澳大利亚国立大学的洪越碧(2000)等人以 Krashen 理论为依据,在高级阶段开设"丰富内容输入"式课程,旨在通过大量的"输入",如听专业讲座、扩大阅读范围、口头报告、论文写作和自编词典等,调动和利用第二语言学习者母语系统中已有的知识和技能,帮助第二语言的学习,达到事半功倍的效果。这个课程进行了三年,实验者得到的反馈是:学生普遍认为通过学习这门课,在远离汉语为第一语言的环境下,他们的汉语水平不但没有退步而且有了很大的提高:词汇量扩大了,语法水平提高了,写作能力突飞猛进。另外还学到了很多各学科的知识,眼界开阔了,自信心也增强了。

类似这样的实验很有意义,问题是:大量的"输入"到底有多少被学生"吸入"?相关的实验性数据将会提供给教学很多启示。一般语言课堂教学都是在有限时间内的教学,考虑到时间这个参数,考虑到第二语言学习者的成人背景,教师当然主要关心如何在有限时间内提供既有"量"、又有"质"的有效"输入",从而提高学习效率。

我们知道,"输入"同学习者"输出"的准确性(accuracy)有关

（见前文附表）。学习者中介语偏误产生的原因之一就是教师的训练方式有误（Selinker，1972）。比如汉语中连接中心语和定语的"的"的用法，对于外国人来说，什么时候用"的"，什么时候不用"的"是一个难点。有几本教材在注释中指出："人称代词做定语，如果中心词是集体、机构的名词，一般不用'的'"。因此就有如下的留学生病句：

  例3：*如果<u>你国家</u>的运动员在赛场上表现很好，你心里一定会很激动。

  例4：*每个人不由得关心<u>他单位</u>的运动队。

实际上，用"的"与否，不仅与中心词的意义有关系，还同其音节有关系，不仅如此，与前面的代词音节多少也有关系。单音节人称代词修饰表集体和机构单音节名词，可以省略"的"；双音节人称代词修饰表集体和机构双音节名词亦然。但是单音节代词修饰双音节名词一般需要加"的"，而双音节代词修饰表集体和机构的单音节名词的时候，就基本符合上述的"人称代词做定语，如果中心词是集体、机构的名词，一般不用'的'"，但是也有像"国"这样的例外。

  例5：我国　　　我们国家

    *我国家　*我们国

    我们省　　我们村

我们在教学中要不要把这些规则都一股脑儿地告诉学生？还是先介绍基本规则，再讲特殊规则，最后讲例外？所以，"输入"什么，怎么"输入"，这是需要我们认真思考的问题。

  对正规的课堂教学而言，关于"输入"，我们认为可以从以下几个方面考虑：

  (1) 基于Krashen理论的贡献，"输入"必须是可懂的。

  (2) "输入"大于"输出"，必须提供给学习者丰富的语言学习材料，这是"量"的要求。

（3）"输入"必须有"质"的要求，即：语言教学提供的学习材料应帮助学习者在最短的时间内以最高的效率获得第二语言的规则，所以，"输入"必须满足"区别性"这一特征，从而才能使学习者设定与自己的母语不同的参数。

（4）"输入"应该是一个备用的交际单位。因为成年人的第二语言学习者有能力控制话题和交际的进行，他们所需要的是能满足交际使用的材料。提供给学习者一些备用的"原材料"——有固定格式的、便于记忆且不可分割的一些语言片段（formulaic/chunk），即有效的"输入"单位，可以更好地帮助"输出"的完成。

从教师的角度说，积极地安排教学，把"输入"有效地提供给学习者，帮助其形成第二语言的能力，可以最大限度地加速中介语的发展。

1.2 学生的准备

Pienemann（1984：201）著名的可教性假设（teachability hypothesis）指出：只有当所教的语言结构接近于学习者该阶段在自然环境中有能力习得的语言结构时，语言教学才能促进语言习得；超越学习者心理语言接受程度（psycholinguistically ready）的课堂教学无法帮助他们掌握所教的内容和跨越语言的发展阶段（蒋祖康译，1999）。"可教性"相对应的就是"可学性"（learnablity），即：光有教师的准备还不够，学生的准备也是必要条件之一。

熊文（2005）的纵向研究收集了一个母语为英语的汉语学习者近一年、约39周的面谈（interview）语料。面谈每星期一次，最后获得22次有效的录音。讨论的话题既有事先约定的，也有随机的。研究主要试图发现被试（subject）对汉语"能"类助动词（包括"能、可以、会、可能"四个词）的习得过程。根据所收语料，按照分布原则，采用依靠对话者的使用（IDU，Interlocutor Dependent Use）和不依靠对话者的使用（IIU，Interlocutor Independent Use）这一组标准，在确定了学习者使用助动词的不同的语言形式和意义分布后，将被试 Kim 的习得过程分为六个时期（详见熊文 2005）。

在收集语料的时候，作为对话的一方，我有意识地设定了会话的语境，并引发被试对语言材料的注意。比如在第一次录音时，我引导被试使用了助动词"会"。

例 6：

Kim：Today I read some 汉字。

我：Which one? 你会说汉语吗？

Kim：说……，会说，我说汉语。

我：很好。

Kim：我说汉语 not well，一点儿。

我：你会说英语吗？

Kim：Oh，我会说英语。(laughing)

我：很好？

Kim：If you ask anyone here，yes! If you ask friend at home，……yeah…

我：Not as good as me?

Kim：I am a terrible speller, so my friends make fun of me because I can't spell.

我：So you always ask the computer to help you to check spelling.

Kim：Oh, yeah.

我：你会说法语吗？

Kim：不会说法语。

我：会说德语吗？

Kim：不会说。

我：会说别的语吗？

Kim：我会说西班牙语一点儿，Enough for food.

类似的技巧在第五次录音的时候，也用于引发被试使用汉语助动词"能"和"可以"。这样的活动被称为"引发注意"（consciousness-raising）或者"输入注意"（input enhancement），是指鼓励学生去注意和思考接触到的语言材料，从而得出自己的结论去使用这些形式（Rutherford，Sharwood & Smith，1985；Willis，1996）。在正规的语言课堂教学中体现为通过教学导入，去引起学生对特定语法特征的注意（Lightbown & Spada 1990）。

Schmidt（1990，1995，2001）把"关注"（noticing）定义为学习者对呈现给他们的"输入"中语言特征的注意，如果没有这种"关注"，"输入"不可能变成"吸入"（intake）。Schmidt 认为"吸入"是"输入"中被学习者注意到的那部分。因此"关注"在理论上具有重要的意义，因为它解释了"输入"中的特征是如何被学习者"吸入"的。

在我收集语料的过程中，"引发注意"发生在被试的语言发展第一期和第二期。在那个时期，被试至少已经学过或者见过助动词"会""可以"和"能"的基本意义，这一点可以从他使用的教材及其自制的词汇表得知。但是有趣的是，当时的"引发注意"，第一，没有引起学习者快速的、自动的反应；第二，在这次录音结束后，学习者"注意"到的助动词"会""可以"和"能"的用式和意义并没有在紧接着的第三时期被大量使用，即便我提供了合适的使用语境。相反，这些助动词只是被单个地、零星地使用。这种情况一直持续到第四期。

在第一期和第四期之间，被试对助动词的使用有一个缓慢的发展，在第二期的时候，被试的自发能产的话语（IIU）是呈增加趋势，但是在第三期，被试的自发能产话语（IIU）和依靠对话者（我）的话语

(IDU)整体上呈减少趋势，甚至在第十次录音的时候，使用为零。第三期代表了学习者中介语发展过程中的话语产出的"稀薄"阶段（attenuated period）。到了第四期（第十一次录音），学习者的中介语系统发生重构（restructuring），整体话语发展才有了实质性的明显变化。

确切地讲，我们很难知道"关注"到底是在什么时候发生的，是在第三期还是在两个月之后的第四期。

但是，我对被试语言发展的六个时期的分析和描述，正好同被试自己在周记中所描述"听懂汉语"的变化基本吻合，也就是发生在第四期。被试写到（2002年6月20日，周记）：

"我什么时候意识到自己有进步的———直到第一个学期末，我才开始听懂大部分老师所讲的内容。我也开始明白我周围的一些对话，不是全部听懂，但是能听出词语。到了第二学期，我才开始听懂对话。"

简而言之，被试习得汉语助动词的发展路径基本符合第二语言习得的特征，并不是一个线性过程。这个过程由扩展、巩固、退步甚至失落等不同的过程所组成。而六个发展阶段中的第三期提供了一个非常有趣的现象，即：为什么学习者在完成了"引发注意"和对语言形式和意义的"关注"后，并不会马上产生大量的如教师所期待那样的对这个语言形式和意义的使用，而相反呈现出一种不景气的"稀薄"状态？

这个发现提醒我们重新审视"引发注意"和"关注"的关系，以及 Pienemann's（1984）的"可教性假设"。从"引发注意"到"关注"，"输入"到底是怎么变成"吸入"的？因为所有的这些研究观点似乎表明：如果学习者"关注"到了"输入"中的某些形式，如果学习者已经处在合适的准备接受的阶段，那么通过教学，习得就会马上发生。

而我的研究表明，学习者中介语发展过程中的话语产出的"稀薄"阶段（attenuated period，第三期）说明，第二语言的内化并不一定马上会发生，相反，相对于教学而言，总是处于一种延滞状态。对教学的启示就是，即便学习者在各方面都准备就绪，教学和操练也非常充分，学习者也不一定会马上掌握所学的内容并加以运用，反而总是需要一定的时间来自行消化和总结。

因此，如何正确评估学生的第二语言发展，使教师和学生都建立教学的成就感，就显得更加重要了。这是我下面要讨论的问题。

二、如何认识学习者的进步

正规的课堂教学，最希望看到的结果自然是通过教师的有效教学，学生在一定时间内获得了进步。

然而，到底如何评价学生的进步，是我们遇到的第一个问题：我们是否认为，学生在学习了教学内容，通过操练，然后得到巩固，最后以好的考试成绩来标志学习上的进步；还是建立一个纵向的评估标准，从开始就考察学生的中介语从发生到逐步壮大的过程，最后以学生能自发地、能动地使用目的语来评价他们的进步？

答案显而易见，上述的两种评价都需要。前者是对学习者语言发展的一个阶段性的评价，后者则是一个总体的评价。从教学的角度而言，我们通常会更关心前者。因为教学，就其根本，也就是发生在一定时间内的传授知识和培养技能的活动，总有一个结束。可是，一个合理的评价标准，是必须结合后者，才能给学生的语言发展定位的。因为学生的学习并不会因为教学的结束而结束，并且在参加课堂教学的同时，学生学习的资源并不仅仅局限于课堂。

这两种评价标准，实际上就是习得的标准问题，即：我们通过什么样的标准确定学习者已经习得了某个语言项目,从而全面了解学习者的进步?

2.1 准确率标准 (mastery criterion or accuracy criterion)

语言习得的很多研究,包括第一语习得和第二语言习得,采用的都是准确率标准 (mastery criterion / accuracy criterion) (Brown,1973; Shumann, 1976; Dulay & Burt, 1982; Krahsen, 1982; Pica', 1984)。准确率标准最早采用于第一语言习得,它基于一个认识 (Cazden,1965):当学习者的使用准确率达到80%时,习得就达到了稳定 (stability) 状态。因此,研究者通过考察,当学习者使用正确形式于三至五个强制性语法环境中达到80%或90%时,就认为学习者习得了这个语法项目。这个标准后来被广泛沿用到第二语言习得研究中,并且推导出一个认识:准确率高的项目被认为是先习得,准确率低的项目被认为是后习得。当然,现在普遍认为这是前提错误(见 Larsen-Freeman & Long, 1991)。

准确率标准至今仍然使用于考察第二语言习得,并且考虑逐步克服其中的一些问题。早期使用的 SOC 分析方法 (Suppliance in Obligatory Context Analysis) 主要考察强制性语法环境中的正确使用形式。比如说,"He goes to school everyday." 主语为第三人称单数是动词语素-es 出现的强制性语境。如果学习者第三人称单数动词的变化使用的准确率达到了 80%~90%,就可以认为习得了这个语素。

正如前文所述,SOC 分析方法最早使用于第一语言习得 (Brown,1973),它主要考察学习者在多大程度掌握了某个语言形式,对于儿童的第一语言的发展也许比较有说服力,但是第二语言学习者中介语的发展复杂得多。就语境而言,即使是在一定的强制性语境条件下,学习者也可能会使用和目的语不一致的形式或者回避使用某些形式。因此,为了克服诸如此类的问题,TLU 分析方法 (Target-Like Use,

TLU analysis, cf., Rosansky, 1976; Andersen, 1977; Lightbown et al, 1980; Stauble, 1981; Lightbown, 1983; Pica, 1984) 在计算准确率的时候就考虑到了学习者在一定的强制性语境中误用（misuse）和过度使用（overuse）语言形式的两种情况，形成了如下的公式（Pica, 1984: 71），即：

$$\text{学习者类似目的语的使用} = \frac{\text{强制性语境中使用的所有正确形式}}{\text{强制性语境中使用的所有正确形式} + \text{非强制性语境中使用的所有形式}}$$

由于加入了非强制性语境中使用的所有形式（N suppliance in non-obligatory contexts），准确率的百分比就发生了变化，因此当然就会得出不同的结论。比如说，按照 SOC 分析方法，如果学习者在使用某一语法项目的时候在五个强制性语境中的所有用法都正确，就会得到100%的准确率；但是按照 TLU 分析方法，如果学习者还在不需要使用这个语言形式的语境中也使用了五次，得到的准确率就是50%。这样，分析的结果也就大相径庭了。

此外，SOC 分析方法和 TLU 分析方法还都同样面临一个问题：形式型语言因为有较强的形式标志，可以考虑用强制性语境来考察分布特征，但是仍然有一些语言成分出现的环境有较大的灵活性和非强制性而难以确定。而像汉语这样语义型语言，这样的分析方法还是否具有普遍意义？

Wang, Q（2001）在其博士论文《汉语中介语的初期阶段：对三名母语为英语的汉语学习者的考察》（*The Early Stages of Chinese Interlanguage: A Longitudinal Study of the Acquisition of Chinese as Second Language by Three Native English Speakers*）用 TLU 分析方法对三个零起点母语为英语的汉语第二语言学习者初级阶段的学习进行了考察，重点是否定系统、疑问系统和时间系统的习得。他在采用这个习得标准时认为，考察学习者的类似目的语的用法在汉语的句子层面上基本上是不可能的，只有放在话语层面才能确定该语言项目的使用是否正确。因此他把上述的公式作了一定的调整，用于分析汉语的习得，即：

$$\frac{\text{学习者类似}}{\text{目的语的使用}} = \frac{\text{话语语境中使用的所有得体形式}}{\text{话语语境中使用的所有得体形式} + \text{话语语境中使用的所有不得体形式}}$$

具体进一步量化为：每两周收集一次的最后语料中学习者类似目的语的使用正确率必须连续三次达到80%，其中至少出现于五个相关的（话语）语境，才可以确定学习者习得了这个语法形式。以"不+V"的否定结构的考察为例，语料数据如表2所示：

表2 "不+V"的否定结构的 TLU（Wang, Q, 2001：53）

	Sara	Lisa	Peter
语料样本1（0.5mo）	36%（9/25）	39.1%（9/23）	31.6%（6/19）
语料样本2（1.0mo）	81.5%（22/27）	72.7%（8/11）	38.5%（5/13）
语料样本3（1.5mo）	82.5%（33/40）	83.3%（10/12）	77.8%（14/18）
语料样本4（2.0mo）	83.3%（30/36）	82.6%（19/23）	80.0%（12/15）
语料样本5（2.5mo）	N/A	84%（21/25）	81.8%（9/11）
语料样本6（3.0mo）	N/A	N/A	84.2%（16/19）

根据上文所界定的标准和公式，从上面的表格中就可以得出这样的结论（Wang, Q, 2001：53）：Sara、Lisa 和 Peter 分别在第四次、第五次和第六次收集的语料期间习得了"不+动词/形容词"结构。换言之，Sara 最早习得了这个否定结构。同时，与其他否定结构相比，

"不+动词/形容词"结构最早获得稳定，因此认为这个结构最容易习得。

使用准确率标准考察的是学习者中介语发展成熟的一定时期的特点，这和最早采用这一标准考察第一语言的发展的中心始终是一致的，即认为只有稳定的特征才是中介语习得的特征。准确率标准虽然至今仍然被广泛应用，但是从上世纪80年代起就不断地受到批评（Meisel, Clahsen & Pienemann 1981; Ellis, 1985; Larsen-Freeman & Long, 1991）。批评的主要方面是：准确率标准（mastery criterion / accuracy criterion）是一个量的标准，而非质的标准，用准确率来衡量学习者中介语的发展，实际上使用目的语的标准来衡量中介语，只揭示了语言发展某一阶段的特征，因而忽略了中介语本身的动态发展特点；只考察正确的语言产出不能对中介语整体系统做出正确的估计。正如科德（1967：24）指出的，学习者的中介语系统是由不同阶段组成的，学习者的错误也是这个系统的有机组成部分（笔者译）。

2.2 初现率标准（emergence criterion）

随着第二语言习得研究对学习者自身和其习得全过程的考察的日加重视，初现率标准被采用到研究中，尤其是纵向研究（longitudinal study）中。研究者认为对中介语的考察不应该只看到中介语系统变得较为成熟的时期的特征，而是应该从一开始就考察它从出生、成长到成熟的这样一个渐变过程。在这个过程中，学习者积极参与，从自己的中介语发展中得到提高。因此，学习者的首次尝试，最初使用的第二语言成分被认为是习得的起点。

初现率标准最初由 Meisel, Clahsen and Pienemann（1981）在他们提出的"多元发展模型"（*the Multi-dimensional Model of SLA*）中使用。多元发展模型基于 ZISA 项目（*Zweitspracherwerb Italienscher und Spanischer Arbeiter*；*Second Language Acquisition of Italian and*

Spanish Workers）的研究，这项研究是调查移民德国的成年人（20名来自意大利，19名来自西班牙，6名来自葡萄牙）习得德语的情况。调查包括对45个人的横向研究和对其中12名学习者为期两年的纵向研究。其结论为：德语作为第二语言习得经过前后六个特定次序（Clahsen，1984），调查对象最初的语言表达是以孤立的单词和一些套话（固定表达方式）为主，然后遵循一种可以分为五个阶段的语言发展顺序。SAMPLE（Pienemann & Johnston，1987，Syntactic and Morphological Progressions in Learner English）继续了ZISA的工作，调查了澳大利亚成年移民以英语作为第二语言的习得发展情况，亦提出了以ZISA原则为框架的英语习得六个特定次序。初现率标准被用在处理句法、语素的习得方面，并由Pienemann在其《语言处理和第二语言习得：语言处理论》（1998）中得到进一步细则化。

Pienemann（1998：138）是这样定义初现率标准的：

> 从话语处理的角度讲，"初现"可以被认为在某一时刻，某种技能已经原则上得到掌握，或者某种操作原则上已经能够进行。从描述的角度上看，可以说这是习得的开端，将注意力放在习得过程的开端可以使我们揭示习得的全过程。（张燕吟译）

从上述的定义中可以发现：初现，作为习得的开端，被定义为原则上习得（acquired in principle）。从它的理论出发点看，它能比较合理地描写和解释中介语这个动态的连续统的特征，努力发现学习者在不同阶段的表现和所经历的过程，这种方法体现了以学习者为中心的理论立场。

但是，这个标准同任何理论一样，还需进一步完善。比如，初现率标准目前主要用于考察句法和语素的习得，还没有推广到所有习得考察的领域。在考察分布特征时，Pienemann（1998：133）特别提出：只初现一次的结构不足以提供充足的语境，它们可能只是一些过度简化的用法，比如单个的词语：套话或是单语素，因此不放在习得的范围之内讨论。因此 Pienemann 特别提出，必须要有充足的语料来考察语法形式的分布。

但是，就上述的说法中的"单个的词语、套话或是单语素"到底是否放在习得的范围内讨论，这些单位在学习者的中介语系统中是否有意义，一直是第二语言习得研究中有争议的问题。

对套话（formulaic）的研究反映了这种争议。有的学者（Krashen & Scarcella, 1978; Dulay, Burt & Krashen, 1982; Perdue, 1993）对套话和语素—句法知识作了区分，认为套话只是中介语发展的一种前阶段现象，并不是学习者创造性的使用。相反，另一些研究者（Clark, 1974; Wong-Fillmore, 1976; Perters, 1983; Pawley & Syder, 1983; Nattinger & DeCarrico, 1992; Clark, P 1996）通过实证研究证明，套话是中介语发展中形成目的语规则的有机组成部分。Wong-Fillmore（1976：640）认为套话的习得策略对学习语言很重要，它让学习者学会分析（语言），这是习得的前提。

Nicholas（1987：23）指出：第二语言的发展体现为学习者使用新语言的最初尝试，其中包含了可辨认的目的语的单位，这些单位可以是词、套话，或是长一些的话语，他们的语音特征可能正确，也可能不正确；他们可能合语法，也可能不合语法。（笔者译）

由此看来，在研究第二语言学习者的中介语时，如果从最开始关注它的发生、发展和壮大的过程，我们应该给学习者初次使用的那些语言形式应有的地位，因为这些形式：

①是学习者能够使用的有效单位；
②是学习者开始进行交际的初次尝试；
③在学习者的中介语系统中是有意义的；
④可以在日后中介语的发展中成为其有机的组成部分。

比如初学汉语的留学生总是把"太贵了""你身体好吗"流利地挂在嘴边,开始的时候,也许学生只是把这些形式当做一个有效的表达形式来使用。随着学生学习的进步,在其第二语言发展过程中,也许他就能逐步分解这些形式,并学会替换其中的部分成分,明了这种形式的更多用法。这些形式可以是我们通常熟悉的语言单位,如词语、句子;也可以是不同于语言学家所界定的语言单位。学习者的中介语在最初的发展阶段汇集了来自学习者母语的要素、目的语的要素和既不是学习者母语、也不是目的语的要素,当然也包括了非词和非句法的单位。这些各种各样的成分给学习者提供了发展中介语的许多潜在可能,因为这些成分可以经过分解、提炼和修改而逐步接近目的语。因此,使用初现率标准来描写中介语,尤其是把最初的成分纳入到讨论的范畴中,可以为我们提供一种可以更为清楚的了解中介语特征的视角。

基于这个认识,熊文(2005)在博士论文《汉语"能"类助动词作为第二语言习得的考察》把初现率标准作了一定的修改,采用第一次初现(single emergence)和系统出现(systematic emergence)来分别描述学习者的中介语在不同阶段的特点。

第一次初现,指中介语系统中学习者使用的第一个有(词汇)意义形式。系统初现,指中介语发展中因学习者具备了建立形式和意义的联系的能力后大量使用的语言形式,在其中介语中可以发现不同的分布。下面以"可以"为例说明这两个概念对描写中介语发展的意义。表 3 列出了被试 Kim 第一次使用不同意义的"可以"出现的时间和在所有 22 次录音中使用的次数。

表3　Kim使用的所有"可以"的初现（熊文，2005）

义项		使用频率 & 初现时间	初现时间（22次录音）	使用频率
可以	keyi 1：能力		第五次录音	23
	Keyi 2：许可		第五次	14
	Keyi 3：可能		第三次录音	21
	Keyi 4：还可以＝just so so, it's ok.（套话）		第二次录音	7
	Keyi 5：可以说＝can I say / I can say, etc.（套话）		第十五次录音	13
	Total			78

如表4所示，Kim（被试）在学习汉语的初级阶段对汉语助动词"可以"的使用有不同的阶段特征，"可以"的分布如下表所示。在第四阶段以前，"可以"的不同义项虽然被使用，但是十分依赖对话者的提示。在第四阶段时，学习者的使用有了四个明显的变化：一是自发产出（independent use/spontaneous production）占据了主要的部分，21次使用中有19次是自发产出；二是从数量上讲，远远超出前几次的录音中"可以"的使用，所有以前出现的四个义项，"可以1""可以2""可以3"和"可以4"都同时被使用；三是句法结构较以前复杂；四是学习者第一次在表达"能力"这个义项时，出现了和"能"即"会"交替使用的情况。这些变化表明学习者的中介语发生了重构（reconstructing），具备了建立形式和意义的联系的能力，这种联系表现在能对同一形式中不同意义的区别和联系，能采用不同形式对同一意义进行表达。因而Kim能够大量地较为独立地使用"可以"。

表4 Kim习得"可以"的六个阶段（熊文，2005）

第一阶段	None	第二阶段	Keyi 1（6：3I+3D）
			Keyi 2（2I*）
			Keyi 3（3：2I+1I*）
第三阶段	Keyi 1（1I）	第四阶段	Keyi 1（13：7I+1D+4I*）
	Keyi 4（2：1I+1D）		Keyi 2（2：1I+1D）
			Keyi 3（4：2I+2I*）
			Keyi 4（3I）
第五阶段	Keyi 1（1I）	第六阶段	Keyi 1（6I）
	Keyi 2（1D）		Keyi 2（7：2I+5D）
	Keyi 3（5I）		Keyi 3（3I）
	Keyi 4（1D）		Keyi 4（2I）
	Keyi 5（6I）		Keyi 5（5!）

（说明：I：不依赖对话者的使用　D：依赖对话者的使用）

区分出第一次初现和系统初现反映了学习者在不同的时间点上中介语发展的深层变化和具体表现。从上面的分析可见，初现率标准是一个重要的描写中介语的标准，考察始于第一次初现，然后进一步发现第一次初现和系统初现之间的联系有着重要的意义。因为这个联系代表了中介语在不同时间点上的发展，发现其中的联系可以解释学习者中介语是如何形成的，其中的有机组成部分是如何对整个系统做出贡献和产生影响的，从而说明学习者的中介语系统是一个多层次的系统，第二语言的习得是一个渐变的、涉及到多个子系统的过程。

上述对习得标准的讨论，旨在引出我们更深层次的讨论，确定课堂正规教学的立足点，使自己的教学能有助于学生的学习。

在学习者中介语发展中，从初现到掌握，这个过程存在着种种不同的情况,并不是初现了的就一定会掌握,因为这个过程不是一个线性发展过程。中介语系统中既有很早就初现、但是一直都不能掌握的语言项目,比如英语的冠词 a 和 the,介词;汉语的"的""把"字句、助动词等;也有初现得很晚,但是马上就被学习者掌握的语言项目,比如汉语的兼语句。反映在教学中,正如 Lightbown (1985:177) 指出的:

> 虽然习得存在一定的顺序,但它并不是一个简单的线性或者累积的过程。对一个特别形式和结构的操练并不能保证这个形式和结构可以永久地建立起来。学习者会遗忘他们先前已经掌握了的、先前反复操练过的形式和结构。

这些种种的不确定性,是课堂教学无法完全控制的。因此如果我们对教学的影响力过于乐观,就可能对学习者的进步缺乏客观的评价。

准确地对学生的中介语进行评价,才能有针对性地做出教学的方案,促进学生的学习,使学生有学习的成就感。因此正规的课堂教学除了使用传统的测试手段,目前非测试手段的使用,如课堂观察(classroom observation)、面谈(interview)、周记(journals)、问卷调查(questionnaire)、学生成绩档案(portfolios)以及学生讨论(student conference)等(Genesee & Upshur, 1996),反映了教学者对学习者的评估向全面系统靠拢。准确率标准和初现率标准都可以运用于描写和评价学习者的中介语系统,具有同等重要的地位。如果要考察学习者中介语系统从开始到成长、壮大的过程,初现率标准更能准确地反映这个过程。如果要把习得的研究作为教学排序的依据之一,初现率标准更能体现到底哪些语言内容可以先介绍给学习者。准确率标准反映的是学习者的中介语系统阶段性相对稳定的时候的特征,因此在教学的环境中,准确率标准有其独特的价值。因为只有考察学习者通过在一定时期的课堂学习后所呈现的稳定的语言特征,我们才能反观教学对习得的影响,从而进一步有效地进行教学的调整。

第二语言学习,除了受到外在社会环境宏观和微观的影响,归根结底,就像其他学习一样,最终的成功归结为学习者内在心智的变化,所以,教学应该体现这种认识,通过发现学习者的变化去促进学习者的变化。

参考文献

洪越碧(2000)《听说读写往何处去——对"丰富内容输入"式课程的探讨》,《第六界国际汉语教学讨论会论文选》,北京:北京大学出版社。

胡明扬(1999)《语言教学的常规:输入大于输出》,《语言教育问题研究讨论集》,北京:华语教学出版社。

蒋祖康(1999)《第二语言习得研究》,北京:外语教学与研究出版社。

盛 炎(1990)《语言教学原理》,重庆:重庆出版社。

王建勤主编(1997)《汉语作为第二语言的习得研究》,北京:北京语言文化大学出版社。

Brown, R. (1973) *A first language: The early stages*. Cambridge, Mass. Harvard University Press.

Ellis, R (1994) *Understanding second language acquisition*. 1985 first published, impression, Oxford University Press.

Burt, M. K. & H. C. Dulay (1981) On acquisition orders. *Second Language Development: Trends and Issues*: 165—327.

Genesee & Upshur (1996) *Classroom-based evaluation in second language education*. Cambridge University Press.

Larsen-Freeman & Long (1991) *An introduction to second language acquisition research*. Longman Inc. New York.

Lightbown, P., & Spada, N. (1990) Focus on form and corrective feedback in communicative language teaching: Effective on second language learning. *SSLA*, 12, 429—448.

Meisel, J., H. Clahsen, et al. (1981) On determining developmental stages in natural second language acquisition. *Studies in Second Language Acquisition* 3 (2): 109—195.

Menyuk, P. (1987) *Language development-knowledge and use*. Boston, Scott, Foresman and Company. U. S.

Nattinger, J. R. and J. S. DeCarrico (1992) *Lexical phrases and language teaching*. Oxford University Press.

Nicholas, H. (1987) *A comparative study of the acquisition of german as a first and as a second Language*. The Department of German. Melbourne, Monash University. unpublished Ph. D dissertation

Peters, A. M. (1983) *The units of language acquisition*. Cambridge, Cambridge University Press.

Pica, T. (1984) Methods of morpheme quantification: Their effect on the interpretation of second language data. *Studies in Second Language Acquisition* 6/1: 69—78.

Pienemann, M. and M. Johnston, Eds. (1987) Factors influencing the development of language proficiency. *Applying Second Language Acquisition Research*. Adelaide, NCRC.

Pienemann, M. (1998) *Language processing and second language development: Processability theory*. John Benjamins Publishing Co. Amsterdam/ Philadelphia.

Rutherford, W., & Sharwood Smith, M. (1985) Consciousness-raising and universal grammar. *Applied Linguistics*, 6 (3), 274—282.

Selinker, L. (1972) Interlanguage, international review of applied linguistics

Schumann, J. (1978) Social and psychological distance as factors in second language acquisition, *The Pidginization Process: A Model for Second Language Acquisition*. Rowley, Mass, Newbury House.

Schmidt, R. (1995) *Consciousness and foreign language learning: a tutorial on the role of attention and awareness in learning*. In J. C. Kethleen Bardovi-Harlig,

Claire Kramsch et al (Ed.).

Schmidt, R. (2001) Attention. in P. Robinson (Ed.), *Cognition and second language instruction*. Cambridge: Cambridge University Press.

Schmidt, R. W. (1990) The role of consciousness in second language learning. *Applied Linguistics*, 11, 129—157.

Wang, Benjamin Q. (2001) *The early stages of Chinese interlanguage: a longitudinal study of the acquisition of Chinese as second language by three native English speakers*. unpublished Ph. D dissertation. University of California, the U. S. A.

Willis, J. (1996) A framework for task-based learning. *Longman Handbooks for Language Teachers*. Hawlon: Addison Wesley Longman.

Xiong, Wen (2005) *The model auxiliary Neng Verb Group in the acquisition of Chinese as a second language*. unpublished Ph. D dissertation, La Trobe University, Australia.

Zhang, Yanyin (2001) *Second language acquisition of Chinese grammatical morphemes: A processability perspective*. unpublished Ph. D dissertation, the University of Canberra, Australia.

作者简介

熊文，女，原上海大学副教授，现在美国罗德岛大学（University of Rhode Island）现代和古典语言学系教授汉语。自1989年开始从事对外汉语教学工作至今。1989年获学士学位（上海华东师范大学），1994年获硕士学位，2007年获澳大利亚拉筹伯（La Trobe）大学哲学博士学位。曾任教于上海大学、上海同济大学、老挝国立大学（National University of Laos）、澳大利亚拉筹伯大学（La Trobe University）和莫拿什大学（Monash University）。2002年获国家汉办颁发的"全国对外汉语教学优秀教师"奖。主要研究兴趣为汉语作为第二语言的习得、对外汉语教学、汉英对比，共在国内外期刊上发表学术论文20余篇。博士论文题目为《The model auxiliary Neng Verb Group in the acquisition of Chinese as a second language》

(汉语"能"类助动词的第二语言习得研究)。2000年参加了中国教育部组织的《高等学校汉语言专业（外国留学生）·本科语法大纲》的制订，为主要执笔人之一。参加并组织编写对外汉语教学方面的教材《汉语初级听力教程》《汉语中级听力教程》《汉语高级听力教程》（主编之一，2000年，北京语言文化大学出版社）和《初级汉语阅读教程》（主编，2002年，北京语言文化大学出版社）。

试论汉语本体研究与偏误分析的相互作用

——肖奚强

引 言

从事对外汉语教学与研究的教师在进行教学与研究的过程中，教学与研究二者不可偏废，理想的做法是将教学与研究结合起来，以教学带动科研，以科研促进教学。这样才有可能吸收学界最新的研究成果并在教学中适当地加以应用，使得教学和科研共同提高。这一点在学界应该是众所周知、不言自明的。

偏误分析从鲁健骥（1984）引进以来，在国内的研究已经有20多年的历史了。20多年来，偏误分析大致走过了国外理论介绍、实例论证、研究方法/原则反思、大规模语料统计分析及实验研究等几个阶段。这一研究历程已有一些综述文章进行了概括总结。

本文试图从另一个角度来讨论偏误分析的展开和作用。我们知道不同门类的研究之间往往可以相互结合并产生互动从而相互促进。汉语本体的研究与偏误分析之间的结合与互动可以为我们提供新的课题和视角，取得单纯从事某一方面的研究所难以取得的成效。我们知道汉语本体研究与偏误分析分属于理论语言研究和语言教学/习得研究，从个人的研究兴趣和专长来看,有人专门研究汉语本体的规律,多为中文系的学者;有人专门研究语言教学或习得的规律,多为从事第二语言教学的学者;也有人从事这两方面的研究,主要是汉语本体研究出身,目前又在从事第二语言教学的学者。同时进行这两个方面研究的学者所写的具体文章可能分属于两个门类而互不相关(比如我们曾经发表的《"在""正在"与"着"功能比较研究》《协同副词的语义指向》和《韩国学生汉语语法偏误分析》《外国学生汉字偏误分析》,前两篇文章是纯粹的汉语本体研究,后两篇则主要是外国学生的偏误分析),也可能在方法、材料等方面相互借鉴、融会贯通,促进研究的深入,因而更应该值得提倡。下面我们就从两个研究实例来看看汉语本体研究和偏误分析的相互作用。

一、汉语本体研究成果为偏误分析提供理论基础[①]

我们在阅读、研习汉语本体研究的成果时,可以从最新的研究成果中吸收其合理的分析框架和结论,应用于偏误分析之中。作为偏误分析基础的本体研究成果可以是学界的也可以是作者本人的。比如《外国学生照应偏误分析》一文就是我们在阅读廖秋忠、陈平、王灿龙等人关于篇章照应、回指的论著的基础之上,对外国学生的照应偏误进行的考察。该文关于照应的基本理论均引自这些学者的论著。当然对照应偏误类型的确定和分类是我们统计分析归纳和思辨的结果。再比如,我们对"除了"句式从句法到语义进行过系统的研究,可以说对该句式理解和生成规则都比较清楚。在此基础之上,我们展开了该句式中介语使用状况的考察,并对其中的偏误展开了分析。下面我们

---

① 本节主要内容曾在"现代汉语虚词研究与对外汉语教学学术研讨会"(2003年11月,上海)上宣读并刊于《语言教学与研究》2005年第2期。

就来看看该文是如何展开的。

一般我们讨论外国学生的中介语现象,大多是分析其偏误用例,很少考虑其正确用例的情况,更不会分析这些用例的句法语义倾向与本族语者语言的实际分布有何异同。本文拟对外国学生的 40 万字语料中的全部"除了"句式的用例进行统计分析,既分析其正误用例的比例,也分析其句法语义及其与本族语者语言的异同,并据此讨论相应的教学对策。

1.1 教学大纲及教材中对"除了"句式的描写

在讨论外国学生的实际用例之前,有必要先看看现有的教学大纲和通行的教材对"除了"句式的解释。

国家对外汉语教学领导小组办公室汉语水平考试部编《汉语水平等级标准与语法等级大纲》按语义对介词进行了分类,在甲级语法中列出了"除了""除了……以外",认为它们表示排除和加合。这是不涉及句法和搭配的分类。

国家对外汉语教学领导小组办公室编《高等学校外国留学生汉语言专业教学大纲(附件二)》也按语义对介词进行分类,将"除了"列在一年级的语法项目里,认为"除了"表示排除关系,并从搭配关系上分列出"除了……(以外),还(也)……"和"除了……(以外),都……"两种句式,并指出前者"表示加合关系"后者"表示排除关系",说明大纲制订者已经注意到了"除了"句式使用中的主要差别。

刘月华等合著的《实用现代汉语语法》第 301 页指出:"除了"表示"不计在内"的意思,"除了"后面的宾语可以是名词(短语)、代词、动词(短语)、形容词(短语)及主谓短语等。由于后边的句子的不同,又分排除式和包容式两种。排除式的后一分句用"都/全"与之呼应,包容式的后一分句则用"还/也"与之配合使用。这不仅指出了搭配关系,也涉及到"除了"宾语的构成情况。

李德津等主编的《现代汉语教程·读写课本》第二册第473页说"介词'除了'表示不计算在内，'除了……以外'中间可以用名词、代词、动词（组）、形容词（组）或主谓词组等"，虽然所举例句中都使用了"都、还、也"等，但没有说明"除了"一般要与这些词语搭配使用。

杨寄洲主编的《汉语教程》在第二册（下）第156页将"除了……以外，都/还……"作为句式列出，并且将"除了……以外，都……"概括为"表示排除特殊，强调一般"，将"除了……以外，还……"概括为"表示排除已知，补充其他"。

李晓琪等合编的《新汉语教程》分别在一、二册中给出了"除了……还……"和"除了……都……"，两者相隔10课。该教材还指出，在"除了……还……"里，主语（S）有两个位置：1. 除了……，S还……：除了游泳，我还喜欢爬山。2. S除了……，还……：我除了游泳，还喜欢爬山。这是笔者所见到的唯一一套将"除了……还……"和"除了……都……"按难度分级编排，也是唯一一套从句法结构上对"除了"句式进行分析的教材。这种按难度分级对句式进行结构分析的探索是很可贵的，虽然这样的编排和分析不一定十分准确。

佟慧君所编《外国人学汉语病句分析》第76页举了6个病例，都是缺省病例，其中3个缺"还"，3个缺"都"。该书还指出"除了"一般要与"还、也"或"都、全"配合使用。

以上所举是对外汉语教学界对"除了"句式及其偏误的一般认识。这些看法对教学以及外国学生的偏误也有一定的影响，下文将论及。

1.2 汉语中"除了"句式的结构、语义及使用状况

"除了"句式的语义理解问题，郑懿德、陈亚川（1994）、肖奚强（1996）、沈开木（1998）、殷志平（1999）都曾有探讨。他们提出了理

解"除了"句式语义的一些手段,但意见并不一致;刘颂浩(1995)讨论了"除了"句式的句法构成,其分析较为客观准确①。肖奚强(2004)在以上研究的基础之上,对选定的400万字的语料进行穷尽性检索分析后,对"除了"句式的句法构成、语义理解提出了进一步的看法。下面我们就根据最新的研究成果简要概括"除了"句式的结构、语义及其语用状况。

一般将"除了P(以外),Q"句式中的"除了P(以外)"称做"除了"小句,将Q称做主句。在"除了"句式中,主句一般是一个完整的句子,而"除了"小句的构成则比较复杂,往往含有省略或隐含成分。肖奚强(2004)根据"除了"小句的构成,将"除了"句式分为五种下位句式。当"除了"后面的P是一个完整的小句时,这就形成了**句式Ⅰ:除了NVN,NVN**。比如:

(1)和我一块儿站着看的人很多,我真希望有人去劝劝,但除了<u>一些小孩子好奇地跑来跑去</u>,一个人也不敢去劝。

(2)李兴华谈了那么多的"忏悔话",除了<u>结尾几句稍有实际意义</u>外,其余的都可以冠之为"哗众取宠""博取同情",目的是想减轻罪责。

如果句式Ⅰ中P的谓语部分不需特别指明,则往往可以只保留其主语而将谓语部分省略。这就形成了**句式Ⅱ:除了N,NVN**。比如:

(3)除了<u>"四人帮"</u>之外,其他一些要人也一人一座小楼地住在这里。

(4)一位个体户诙谐地说:"现在街上除了<u>戴黑袖章的</u>外,戴其他袖章的人都可以罚我们的款。"

---

① 以上诸位学者论述的得失,请参看肖奚强(2004)。限于篇幅,此处不再赘述。

"除了"后面的 P 也可以是一个谓词性短语。主句的主语既可位于"除了"小句之前,也可位于"除了"小句之后。由此就形成了**句式Ⅲ**:**(N) 除了 VN, (N) VN**。比如:

(5) 他除了坐着,有时也遛个小弯,提着他的马扎,一步一步,走得很慢。

(6) 这些年来,除了拍电影之外,我还在全国各地举行了一千多场个人和综合性的演唱会。

句式Ⅲ中"除了"小句的 V 多与主句的 V 不同。但也有少数用例中的两个 V 是相同的。当前后两个 V 相同时,"除了"小句的 V 就可以省略。这就形成了**句式Ⅳ**:**(N) 除了 N, (N) VN**。比如:

(7) 而买主曾宪梓先生除了 760 万外,还将付出 76 万港元的拍卖佣金,实际上他为购买《良宵》付出了 836 万港币!

(8) 可是,除了四周的群众,除了群众手里擎着的各色纸花,我什么也看不见。

句式Ⅲ的"除了"小句的 V 前常常会带有状语。当这个状语成为对比焦点时①,"除了"后往往可以仅保留状语甚或状语的一部分。这个句式的主句中一般都有与"除了"小句中所保留的成分相对应的状语。因此我们得到**句式Ⅴ**:**(N) 除了 A, (N) AVN**。比如:

(9) 组织上除了向徐明清,也向来自白区的其他人作了调查。

(10) 前面都是些废话,如同窗三载,手足情长等等,关键是后面一句话,姚燕在信上说,毕业以后,除了这一次给他以外,她没有给任何男同学写过信。

除了以上的五种句式外,"除了"还与"便是""就是""还是"搭配,分别构成"除了 N 便/就是 N"和"除了 N 还是 N",前者中的两个

---

① 关于"除了"小句与主句的对比的论述请参刘颂浩(1995)。

N可以是两个事物也可以是两个行为，整个句式用以强调排他性。比如：

（11）他们身后，除了著作，除了尚未完成的书稿，除了已经完成而因凑不起钱不能出版的心底膏血外，就是一身两袖的债、债、债！

（12）文坛骁将路遥挥手西去，他留给人们的除了悲痛，便是遗憾。

后者中的两个N如果是同一事物或同一行为，整个句式就用以强调唯一性。比如：

（13）这里的生活就是看文件批文件，一天到晚除了文件还是文件。

（14）煤矿的工作既艰苦又枯燥，每日10小时工作量，除了挖煤还是挖煤……

这可概括为强调排他/唯一性的**句式**Ⅵ：**除了N就/还是N**。

在我们从400万字中抽取的397个用例中，这些句式的使用比例如下：

句式Ⅰ（48例）占12.1%；

句式Ⅱ（62例）占15.6%；

句式Ⅲ（143例）占36%；

句式Ⅳ（101例）占25.4%；

句式Ⅴ（17例）占4.3%；

句式Ⅵ（26例）占6.6%。

研究表明，在辨别"除了"句式的加合或排除义时，"都"类词、"还"类词和否定词"不、没"使用在"除了"句式的主句中有确定无疑的标记作用[1]。但实际语料中并非每个"除了"句都有标记词，还

---

[1] "都"类词指"都"及与之同义的"全、均、总、一律"等，"还"类词指"还"及与之同义的"也、又、亦"等。相关论述请参看肖奚强（2004）。

有一些是无标记词而依靠"除了"分句与主句的一致性关系辨明语义的,此外,也有一些句子是通过主句的反问语气来表明语义的。

这些辨明语义的手段在我们所统计的语料中的比例分别是:

"都"类词(74例)占全部用例的18.6%;

"还"类词(188例)占全部用例的47.4%;

"不、没"(74例)占全部用例的18.6%;

反问语气(7例)占全部用例的1.8%;

无标记句(28例)占全部用例的7%;

强调唯一/排他句(26例)占全部用例的6.6%。

从以上概括可以看出,实际使用中的"除了"句式的表义手段是非常丰富的。可是在教材中,通常只是作了简单的一般性的说明。那么,"除了"句式在外国学生的实际使用中的状况如何?是像教材中介绍的那样简略,还是像实际语言那样丰富?这正是本章所要讨论的主要内容。

1.3 外国学生"除了"句式的使用情况

我们在外国学生的40万字(中级水平和高级水平各20万字)的作文语料中检索到120个"除了"用例。其中正确用例81个,偏误用例39个。

1. 先看正确用例的情况。

81个正确用例,覆盖了以上分析的"除了"句式的各种次类句式。下面各举一例:

(15) 除了<u>每个柱头都长满了白色的花丝</u>外,花整体上也长满了毛般的东西。

(16) 那时除了<u>我</u>以外谁也不在……

(17) 除了<u>可以布置新房</u>,它也可以当修饰品。

(18) 除了<u>秋天基本的景色如蓝天,微风,落叶</u>……河内还拥有着一种"特产"的味道，那就是一种我们叫奶花的香味。

(19) 除了<u>星期一和五</u>以外都有时间。

(20) 除了<u>当妻子和妈妈</u>还是<u>当妻子和妈妈</u>。

各句式在全部正确用例所占的具体比例如下：

句式Ⅰ（4例），占全部正确用例的 4.9%；

句式Ⅱ（7例），占全部正确用例的 8.6%；

句式Ⅲ（22例），占全部正确用例的 27.2%；

句式Ⅳ（42例），占全部正确用例的 51.9%；

句式Ⅴ（4例），占全部正确用例的 4.9%；

句式Ⅵ（2例），占全部正确用例的 2.5%。

我们可以通过表1比较各句式在学生用例和本族语者语言中所占比例。

表 1

	句式Ⅰ	句式Ⅱ	句式Ⅲ	句式Ⅳ	句式Ⅴ	句式Ⅵ
本族语者语言	12%	15.7%	36%	25.5%	4.3%	6.5%
学生用例	4.9%	8.6%	27.2%	51.9%	4.9%	2.5%

外国学生的正确用例中，"都""还"等标记词和无标记句也全都有分布。它们的使用比例如下：

"都"例（14）占全部用例的 17.3%；

"还"例（48）占全部用例的 59.2%；

"不、没"例（9）占全部用例的 11.1%；

反问例（2）占全部用例的 2.5%；

无标句（6）占全部用例的 7.4%；

强调唯一/排他句（2）占全部用例的 2.5%。

下面也各举一例：

(21) 除了普快的硬座票以外，其他的票<u>都</u>卖完了。

(22) 在南师大生活，除了学习汉语以外，我<u>还</u>喜欢运动，特别是打排球。

(23) 在日本，除了有特别的理由以外，学校<u>不</u>承认义务教育中的打工。

(24) 除了我以外还有别的人回忆她吗<u>？</u>

(25) 除了11点半左右下车吃饭以外，我们一直坐车，下午1点钟才到青海湖。

(26) 山峰上没有什么建筑，我们身边除了<u>云还是云</u>，好像我们已经走进了神仙世界。

我们可以通过表2比较各种表义手段在学生用例和本族语者语言中所占比例①。

表2

	"都"类词	"还"类词	"不、没"	反问语气	无标记句	强调句
本族语者语言	18.6%	47.4%	18.6%	1.8%	7%	6.6%
学生用例	17.3%	59.2%	11.1%	2.5%	7.4%	2.5%

从以上两个表格中我们可以看出，虽然外国学生各句式的比例与本族语者语言中各句式的比例不尽一致，但各种句式和各种表义手段都有使用，特别是"都""还"以外的各种表义手段的使用，都超出了教材所授内容。这一方面说明表达的需求是学生创造性思维的动力；一方面也提示我们，"除了"与"都/还"配合使用不是"除了"句式

---

① 本族语者语料采自《作家文摘》(1996—1997)。

的全部，其他表达手段也应该引入课堂教学。

另外，外国学生所使用的同义的标记词比本族语者使用的要少。表排除义时只使用"都"，表加合义时只使用"还"和"也"；与之同义的"全、均、总、一律""又、亦"未见使用。这与教材仅仅给出"除了……都……""除了……还/也……"也许不无关系。

此外，我们还惊奇地发现，外国学生在 40 万字的语料中使用了 120 个"除了"句，这是本族语者用例（400 万字中有 397 例）的三倍还多。而且这些用例中除了一例是不合上下文的句式偏误（即不该用此句式而用了）以外，其他用例均不与上下文抵牾。那么，为什么两种语料的用例会有如此之大的悬殊？外国学生为什么倾向于使用"除了"句？通过本书一系列相关的研究发现，在外国学生的表达中一些常用的表达方式（包括"除了"句式）的使用频率都比本族语者高，这是否说明他们的表达手段还不是很丰富、只能依靠相对有限的表达手段来表达相对丰富的思想？这一点还需要我们对更多的句式（包括常用的和不常用的）的使用频率进行比较分析后才能回答。

2. 再看偏误用例的情况。

在 39 个偏误用例中，属于缺省偏误的有 31 个，占全部偏误用例（39）的 79.5%；其中缺省"还/也"的有 26 个，占全部缺省用例（31）的 83.9%，占全部偏误用例（39）的 66.7%。我们先看这方面的用例：

（27）＊他上课的时候除了课以外，[还]① 给我们听很多有趣的故事。

（28）＊如果新郎的学历优越或者职业的地位比较高的话，新娘除了家具以外，[还要] 准备车、别墅……等等。

---

① 方括号中的词语是该用而未用的词语。下同。

在我们所分析的语料中,"还/也"做标记词的"除了"句最多,共有74例;其中有26例是偏误用例,约占74例的35.1%,同时也占全部偏误用例(39)的66.7%。这说明两个问题:1."还/也"是学生最熟悉也是最习惯使用的两个标记词,因此在"除了"句式中的使用频率才这么高——句式Ⅳ比本族语者的使用频率高出一半也与此有关;2. 在"除了"句式中"还/也"的偏误也最多,说明学生并未能自如地使用该句式;相比之下,以"都"为标记的句子有15例,其中只有1例缺省偏误,说明学生对"除了……都……"的掌握远比对"除了……还/也……"的掌握要好,这也说明前者比后者更易于掌握。为什么出现这样的差异?可能是"除了"本身含有较强的"排除"的词汇意义,使得学生较难掌握"除了"句式的加合义的表达①。因此,如果要对二者按难度分级的话,应该是先教表排除义的"除了……都……",再教表加合义的"除了……还/也……",而不是相反。

另5个缺省偏误虽然全与"都"有关,但只有一个是缺省"都",另4个都是缺省周遍性主语。请看这些偏误:

(29) *在她的眼里,除了白人之外其他人种[都]没有什么价值。

(30) *我坐的火车到泰山站,除了我以外,[别人]都下车[了]。

(31) *除了考试范围以外,他们[什么]都不愿意学习。

(32) *过那达慕,除了因为工作需要,有些人工作以外,[所有人]都放三天假。

(33) *无垠的草原上,除了道路上的跑车以外[到处]都是安安静静的。

---

① 这一点是在"现代汉语虚词研究与对外汉语教学学术研讨会"(2003年11月,上海)上关键等先生提出的,谨致谢忱。

属于语序偏误的有 6 个。这些用例的数量虽然不多,但具有较强的代表性。先看两个例句:

(34) *除了他很喜欢打网球,也喜欢打篮球。

(35) *跟他们一起生活中,我感到除了他们没有钱以外,基本的生活都是跟我们一样的。

这两个句子都是将原应做主句主语的成分("他""他们")放在了"除了"小句中。例(34)应改为:"除了很喜欢打网球,他也喜欢打篮球。"例(35)应改为:"跟他们一起生活中,我感到他们除了没有钱以外,基本的生活都是跟我们一样的。"这样的偏误与教材和工具书的不准确概括也许有一定的关系。一般认为"除了"后面的宾语可以是名词(短语)、代词、动词(短语)、形容词(短语)及主谓短语等,但不同的下位句式对"除了"的宾语是有选择的:当"除了"的宾语对应于整个主句时,其宾语才可以是完整的"主谓(宾)"短语,即以上所论之句式Ⅰ;而在其他句式中,"除了"的宾语都不能是完整的"主谓(宾)"短语①。因此,在教学中应从其下位句式入手,要分析"除了"的宾语构成,而不是笼统地说它的宾语可以由名词(短语)、代词、动词(短语)、形容词(短语)及主谓短语等充当。再看另几个用例:

(36) *我们虽然去过北京,除了长城以外都没有游览过别的名迹。

(37) *除了篮球以外,我都喜欢任何运动。

(38) *第一天我们除了这儿以外,候园,九龙深还去了。

(39) *除了春节,什么节日你还喜欢?

具有周遍性的词语做谓语动词的受事时,如果用"都"表示排除关系,周遍性的词语应该做句子的主语而不是宾语。所以例(36)应改为:"我们虽然去过北京,除了长城以外别的名迹都没有游览过。例

---

① 相关论述可参看肖奚强(1996)(2004)。

(37)应改为:"除了篮球以外,任何运动我都喜欢。"而在以"还/也"表示加合关系的句子里,如果主句动词带有语义上的受事,则一般要求跟在谓语动词后边而不能置于谓语动词前面。因此例(38)应改为:"第一天我们除了这儿以外,还去了候园,九龙深。"例(39)应改为:"除了春节,你还喜欢什么节日?"① 这种句法上的差异也应该在教材中予以适当的说明。

1.4 小结

如果说教学大纲和教材中有关"除了"句式的一般性的描述,对于初级水平的教学尚且可行的话,那么作为"除了"句式教学的全部内容,仅有这些显然是不够的。

根据以上的分析,我们认为应结合外国学生对句式、表义手段的掌握情况来对"除了"句式进行教学分级:

(1)除了……都……(主要是句式Ⅰ、句式Ⅱ,应特别注意周遍性主语的位置)

(2)除了……不/没……(主要是句式Ⅲ、句式Ⅳ,也有其他句式)

(3)除了……还……(主要是句式Ⅲ、句式Ⅳ,应特别注意标记词的遗漏)

(4)除了……反问……(主要是句式Ⅲ、句式Ⅳ)

(5)除了……无标记……(各种句式)

(6)除了N就/还是N(句式Ⅵ)

前三个宜在初级水平分阶段教授,后三个宜在中级水平分阶段教授,但各阶段不宜相隔过远。

中高级阶段的语法教学一向缺乏系统,教什么和怎么教都是教材

---

① 进一步的论述可参看肖奚强(1996)(2004)。

编写者和施教人员感到困惑的问题。我们认为现有的对外汉语教材和工具书中对语法项目的解释,大都存在过于粗疏和不够准确的现象,大纲的分级与排序也缺乏本体和中介语的统计数据的支持。对本族语者语言以及中介语的调查是制订大纲、编写教材的基础,在此基础之上才能够确定语法项目的难和易进而进行科学的分级,才能够真正使中高级阶段的语法教学成为初级阶段的延伸和深化。

二、学生偏误为汉语本体研究提供课题①

作为一名对外汉语的教师,我们随时都会遇到学生所产生的偏误。这些偏误,有的我们凭经验可以马上从汉语规律或语言习得规律上予以合理的解释,有的则一时不能合理地解释清楚。正是这些需要解释而又一时不能合理解释的现象,促使我们查考文献、进行思辨。如果已有的文献仍然回答不了我们的疑问,这样的偏误就可能为我们进行汉语本体规律的探讨提供了课题。我们写作的《略论A跟B(不)一样X及其教学》《"之所以"的词汇化》《"之所以"小句篇章功能论略》《略论"的确""实在"句法语用差异》都是在实际的教学过程中遇到了困惑,求助于工具书和相关论著而不得其解的情况下进行的汉语本体规律的研究。下面就来看看《略论"的确""实在"句法语用差异》是如何由学生偏误出发进而进行本体规律探讨的。

语气副词"的确"的基本语义是"表示肯定和确认,带有强调的语气"。"确实"和"实在"作为语气副词,也有相似的语义。因此,三者也有相同的用法。比如:

(1)我的确不知道这件事。

---

① 本节主要内容曾在江苏省语言学会第十八届年会(2006年6月,连云港)和首届中青年学者汉语教学国际学术研讨会(2006年12月,北京)上宣读并发表于《语言研究》2007年第2期。

(2) 我确实太喜欢南京了。

(3) 我实在不想再呆下去了。

这三个句子中的"的确""确实""实在"可以互换而基本语义不变。也许正因为如此，对外汉语教材和双语词典中，才将"的确""确实""实在"均翻译成 indeed，really；中文工具书才采用互训的方式对它们的语义进行解释①。但是"的确""确实"和"实在"并不是在任何情况下都可以互换而没有句法语用差别的。根据现有教材或工具书的解释和翻译，即使是同义词典的辨析，也很难帮助学生把握三者之间的差别②。因此，学生很容易认为"的确""确实"与"实在"在副词的用法上是可以随意替换的同义词，而产生如下偏误：

(4) 因为乌龟有耐心与相信自己能赢，结果它实在赢了。

(5) 那时候有一个猎人，他射箭射得很准。人们的确被太阳晒得受不了了，就找这个猎人来求他射掉天上的太阳。

显然，我们可以看出例（4）应该用"的确"或"确实"，不能用"实在"；例（5）用"的确"也不如用"实在"准确。那么"的确"与"实在"除了基本语义相同以外，在句法和语用上还存在什么样的差异

---

① 比如《现代汉语词典》（修订本）对"的确"的解释是"完全确实；实在"，对"确实"的解释是"对客观情况的真实性表示肯定"，对"实在"的解释是"的确"；《应用汉语词典》对"的确"的解释是"完全确实；实在"，对"确实"的解释是"表示对客观情况的真实性的肯定"，对"实在"的解释是"的确"；《现代汉语常用虚词词典》对"的确"的解释是"表示肯定和确认，带有强调的语气，相当于'确实'"，对"确实"的解释是"表示对某种事物、行动或情况的真实性的肯定，多带强调语气，相当于'的确'"；对"实在"的解释是"强调动作、行为、事物状况或判断的真实性，相当于'确实''的确'"；《现代汉语八百词》对"的确"的解释是"完全确实。表示十分肯定"，对"确实"的解释是"对客观情况的真实性的肯定"，对"实在"的解释是"完全正确；的确。强调事情的真实性"。

② 比如《现代汉语同义词词典》认为："的确"侧重于真确、无可置疑地如此，"确实"强调情况真确、属实，"实在"强调事实上就是如此，含有"无论如何也这样"的意味。

呢？这是本文试图回答的问题。

我们对老舍、余秋雨、张贤亮、梁晓声、王朔等现当代作家430万字的作品进行了统计分析，发现"的确"与"实在"在句法搭配和语用方面存在一定的差异①。下面就从这两方面分别进行描写，希望对教学有所裨益。

2.1 "的确"与"实在"句法搭配方面的差异

"的确"与"实在"虽然在有些情况下可以互换而基本语义不变，但它们在句法上也存在一些搭配上的差异。

"的确"可以自由地与时态助词"了、着、过"、时态副词"在、正在"共现。在检索到的344个"的确"用例中，有28例与"了₁"共现，占8.1%。例如：

(6) 唐先生的确和振华吵了一顿。

(7) 你们的确是做了准备工作，但是还做得不够！

这两例的"的确"都不能换用"实在"。"实在"间或也可以与"了₁"连用，但与"了₁"共现不如"的确"自由，受到一定的句法限制。在"实在"与"了₁"共现的句子中，动词大多不是简单的动作动词，比如：

(8) 中国社会上流行的那句俗语"我惹不起，总躲得起吧"，实在充满了无数次失败后的无奈情绪。

(9) 当时我忍不住要驳她，倒不是因为我专门喜欢做偏锋文章，实在是听厌了这一切。

这里的"充满"是状态动词，"听厌"是动补结构。也有的是心理动词或形容词的使动用法。如：

---

① 在分析中我们发现"的确"和"确实"的基本语义、句法和语用功能基本一致。为表述简洁，行文中我们径直说"的确"与"实在"的差异，不言而喻，这种差异也就是"确实"与"实在"的差异（例句中会用到"确实"的实例）。

(10) 他实在厌烦了无休止的不信任的谈话。

(11) 他听说儿子混好了自己便心安理得,不再有负罪感,这实在是便宜了他。

或者谓语是习语性的。比如:

(12) 这个士子也实在是丢了吾乡的脸。

(13) 你这样做实在是拍错了马屁。

除此之外,"实在"很难与"了$_1$"共现;在检索到的"实在"作副词用的553例中,仅有8例是和"了$_1$"共现的,占1.4%。而且"实在"与"了$_1$"共现的句子均可换用"的确",而绝大多数"的确"与"了$_1$"共现的句子不能换用"实在",说明"的确"与"了$_1$"共现是自由的,而"实在"与"了$_1$"共现则是受限的。

"的确"可以与"着"共现,而"实在"不具备这种功能。如:

(14) 他怀疑自己是否完全醒了。拍了拍头,揉了揉眼,他知道自己的确是醒着呢,不是做梦。

(15) 他与"海马"的关系的确面临着严峻的考验。

这两例中的"的确"都不能换成"实在"。

"的确"可以与时态副词"在、正在"共现,而"实在"也不具备这种功能。如:

(16) 我的确在为自己结账。

(17) 大家的确都在思索,而且的确相信军长的指示,军长是有名的指挥山地战的将军,大家都知道。

这两例中的"的确"也都不能换成"实在"。

"的确"可以与时态助词"过"共现,而"实在"则不行。如:

(18) 我告诉晶晶,我过去的确谈过几次恋爱,在我这个年龄也是正常的。

(19) 文学的确曾养育过我的灵魂。大着点儿胆子说也的确养育过

"我们"的灵魂。

这里的"的确"也都不能换成"实在"。虽然"的确"与"着""在""过"共现的频率不高（分别为5例、5例和9例），但这足以说明"的确"具有和时态助词/副词搭配的能力；而"实在"则基本不具备这种能力（可以受限地与"了$_1$"共现）。

"的确"可以位于句首或单独成句，而"实在"则不行。例如：

(20) 的确，也许人就是如此。

(21) 的确是问题，赵胜天摊开两手苦笑一声：的确。

这两例中单独成句的"的确"，都不能换成"实在"。

以上是"的确"有而"实在"无或受限的功能。下面是"实在"常见的搭配倾向。

"实在"多与否定式连用，而"的确"没有这种倾向。"实在"的553个实例中有249个是否定形式，占45%，也就是说几乎两个"实在"用例中就有一个是否定形式；而"的确"的344个实例中仅有49个是否定形式，占14%。下面各举两例：

(22) 在为女儿办妥一切证件之后赵胜天实在走不动了。

(23) 媳妇文不能文，武不能武，实在没处放。

(24) 一时间叶桑倒呆住了，因为她的确不知道自己想要干什么。

(25) 记者走到交警面前，说："他的确没超车。我们几个都可以证明。"

值得注意的是，虽然"实在"倾向于与否定式连用，但这些否定式中无一例是对完成或经历态的否定，即不存在"实在+没/未+VP（过）"的用例①；而完成或经历态的否定式则可以与"的确"连用。

---

① 在使用"实在"的否定句中所出现的"没（有）"均为动词，是动词"有"的否定形式。其句法形式为"没（有）+名词宾语"。

比如：

（26）最后，冯良才告诉他，赵信书先生的确没有调走，仍在本厂，可是他现在担负了别的工作。

（27）方佩的确从未跟千姿提起过她的父亲罗潜，这是她很不愿触及的一块旧伤。

这两例中的"的确"均不能换用"实在"，这说明虽然"实在"更倾向于与否定式连用，但适用范围却没有"的确"广；这种限制与上文所讨论到的时态限制是一致的①。

"实在"常与感叹形式"太……了"连用，在 553 例中有 69 个是"实在"与"太……了"连用的句子，占 12.5%；而"的确"则很少与"太……了"连用，仅见 4 例。下面各举一例：

（28）宝庆觉着自己实在太软弱了，只知道讨好别人。

（29）张敬兵的确太疲乏了。

"实在"常与否定形式、"太……了"连用的倾向，在词典的举例中也可略见一斑。《现代汉语八百词》在所举的"实在"作为副词的 6 个例子中，5 个是否定形式，一个是"太……了"；相应地，"的确""确实"的举例中则一个没有否定形式，一个仅有一例是否定形式，而且均未举与"太……了"连用的例子。这说明该书的编写者的语感和我们所统计的搭配倾向是一致的。

2.2 "的确"与"实在"语用方面的差异

以上讨论的是句法方面的差异，从语用方面来说，"实在"主要是对本句所表述的内容加以强调，而"的确"则具有回应上文的衔接

---

① 在我们检索到的一个用例——"不过她也的确没料到，她能摆脱得如此顺利、迅捷"——中的"的确"似乎可以换成"实在"。但在"实在"高出"的确"的否定用例 4 倍还多的用例中未出现一例是否定完成或经历态的，起码也说明"实在"否定完成或经历态是受限的。

作用①。"的确"的这种语篇关联作用是"实在"所不具备的,因此,绝大多数句子中的"的确"从语用功能上来说是不能更换为"实在"的。比如:

(30) 她可是以大姑子的名义支使我的母亲给她沏茶灌水,擦桌子扫地,名正言顺,心安理得。她的确应该心安理得……在那年月,一位大姑子而不欺负兄弟媳妇,还怎么算做大姑子呢?

(31) "老黎自从教毒气伤了脑子,"教导员说,"说话常常颠三倒四的!他可还是个好连长!"是的,外号叫"虎子"的黎芝堂的确是个好连长,做事认真,打仗勇敢,只是近来脑子有点儿不大好使唤。

例(30)、(31)的"的确"句分别是对上文"心安理得""是个好连长"的确认,并起到进一步引申和引导下文的作用。"的确"所在的句子与上文的照应的方式很多,常用的表达形式大致有以下诸种。

"的确"句的谓语与上文的谓语相同。如例(30)、(31)"心安理得"和"是个好连长"。这是最直接的一种确认、关联方式。

"的确"句里的谓语与上文语义关联,部分形式相同。如:

(32) 她谦称自己并不漂亮,也从不着意修饰打扮自己……肖华确实不能算很漂亮,岁月淘去了她青春的光泽与丰采,但却为她增添了成熟的风韵与内涵。

"并不漂亮"和"不能算很漂亮"不仅语义关联,而且部分形式相同。

"的确"句里的谓语或宾语与上文的定语或状语相同。如:

(33) 他听到"爱国"和"亡国"等等动心的名词与道理。他们的话的确使他动心……

---

① 张谊生(2000)第三章"副词的篇章连接功能"中指出"的确""确实"具有对前述事实和情况进行确认性解说的衔接功能。

(34) 叶民主无奈地望望科长。他的确觉得自己的无奈是一种含有绝望的无奈。

这两句中的"动心""无奈"都是"的确"确认的对象,也是上下文得以关联的关键。

"的确"句的语义与上文内容属于同一语义场。也就是说,使用"的确"句对上文确认时改变了表达形式,但语义是密切相关的。比如:

(35) "牧师,我可识字不多,您得帮助我!"他的确没有读过多少书,可是无论怎么说,他也比牛牧师多认识几个汉字。

(36) 每逢王掌柜说:"先拿去吃吧,记上账!"多二爷总是笑着摇摇头:"不,老掌柜!我一辈子不拉亏空!"是,他的确是个安分守己的人。

例(35)的"识字不多"和"没有读过多少书"都属于"读书识字"这一语义场,例(36)的"不拉亏空"和"安分守己"都属于"老实本分"这一语义场。上下文通过同一语义场得以关联。

上文对某种动作行为或事实提出怀疑或否定,下文通过"的确"对这种动作行为或事实加强确认。比如:

(37) 他怀疑自己是否完全醒了。拍了拍头,揉了揉眼,他知道自己的确是醒着呢,不是做梦。

(38) 她简直不像个女人,而又的确是个女人。

例(37)是上文怀疑,下文确认;例(38)是上文否定,下文确认;以此达到加强确认的效果。

也有在上文出现"事实证明""说实话""你说得对",或下文用"这样""如此"等照应的。比如:

(39) 事实证明,她的确长大了,像俗话说的"翅膀硬了",她可以自己上路独立飞行了。

(40) 说实话，你刚一上工去的时候，我心里的确打开了鼓。

(41) 老柯的那顶鸭舌帽是灰呢绒的，看上去似乎有一段历史了，事实确实如此，购置那顶帽子的人是老柯的父亲。

这些带有上下文关联作用的"的确"都不能换成"实在"。这一点我们在"的确/确实"与"实在"连用的语段里可以看得更加清楚：

(42) 他号召我务必要把烟瘾彻底铲除，就像他已做过的那样。我说我确实戒过，但是，戒不掉，实在是无奈。

(43) 但她承认，由于自己在文中有名有姓地提及这段往事和当时的不恭之辞，确实使那位老师难堪了。"不管怎么说，他毕竟是我的老师，他曾经教过我，我作为学生理应对他表示尊重，如果我做错了什么，在无意中伤害了别人，就应当有勇气承认错误，有勇气承担后果。"她表示，除了10万元她实在拿不出之外，这起官司怎么判都认了。

例（42）的"确实"是对以前戒过这一事实的确认，"实在"则是强调"无奈"本身；二者不宜互换。例（43）的"确实"是确认自己的不恭之辞使老师难堪，"实在"则是强调实际拿不出10万元；前者不能换为"实在"，而后者可以换为"确实"；不过用"实在"是强调实际拿不出，用"确实"还含有和上文（或以前说过的话）照应的作用。

2.3 小结

通过以上的分析，我们发现语气副词"的确""实在"存在句法、语用上的差异。在句法上，"的确"可以自由地与时态助词"了、着、过"、时态副词"在、正在"共现，而"实在"则基本不具备这种能力；"实在"多与否定式连用，常与感叹形式"太……了"连用，而"的确"则没有这种倾向。在语用上，"实在"主要是对本句所表述的内容加以强调，而"的确"则具有回应上文的衔接作用，这种上下文之间的衔接在形式和语义方面又常常是有迹可寻的。教学中如果能够在句法和语用上给予适当的引导,相信会对学生的正确输出有所帮助。

三、结语

从以上的两个研究实例我们可以看出,汉语本体的研究成果可以为偏误分析和中介语研究提供理论基础和分析框架,使汉语的偏误分析和中介语研究更具学术价值;而外国学生的中介语和习得偏误则为汉语本体研究提供研究课题,这种来源于教学实际的课题的研究又必然反过来促进对外汉语教学。由是观之,汉语本体研究和偏误分析可以相互影响、相互促进而相得益彰。作为一名对外汉语教师,如果既具备汉语本体研究的基本功,又能从语言教学的实践中捕捉到国人习焉不察的语言现象,并从适当的角度加以研究,那么我们的研究一定会在汉语本体研究和语言习得理论两方面作出应有的贡献。

参考文献

北京大学中文系1955、1957级语言班编(1986)《现代汉语虚词例释》,北京:商务印书馆。

郭良夫主编(2002)《应用汉语词典》,北京:商务印书馆。

国家对外汉语教学领导小组办公室编(2001)《高等学校外国留学生汉语言专业教学大纲》,北京:北京语言大学出版社。

国家对外汉语教学领导小组办公室汉语水平考试部编(1996)《汉语水平等级标准与语法等级大纲》,北京:高等教育出版社。

李德津等主编(1989)《现代汉语教程读写课本》,北京:北京语言学院出版社。

李晓琪等(1999)《新汉语教程》,北京:北京大学出版社。

刘叔新主编(1987)《现代汉语同义词词典》,天津:天津人民出版社。

刘颂浩(1995)"除了"句式中的省略和对比,《第四届国际汉语教学讨论会论文选》,北京:北京语言学院出版社。

刘月华等（2001）《实用汉语语法》（增订本），北京：商务印书馆。
鲁健骥（1984）中介语理论与外国人学汉语的语音偏误分析，《语言教学与研究》第3期。
吕叔湘主编（1999）《现代汉语八百词》（增订本），北京：商务印书馆。
曲阜师范大学本词典编写组编著（1992）《现代汉语常用虚词词典》，杭州：浙江教育出版社。
沈开木（1998）"除"字句探索，《汉语学习》第2期。
佟慧君（1986）《外国人学汉语病句分析》，北京：北京语言学院出版社。
肖奚强（1996）略论"除了……以外"与"都""还"的搭配规则，《南京师范大学学报》第2期。
肖奚强（2000）韩国学生汉语语法偏误分析，《世界汉语教学》第2期。
肖奚强（2001a）略论语法偏误分析的基本原则，《语言文字应用》第1期。
肖奚强（2001b）外国学生照应偏误分析，《汉语学习》第1期。
肖奚强（2001c）协同副词的语义指向，《南京师范大学学报》第6期。
肖奚强（2002a）外国学生汉字偏误分析，《世界汉语教学》第2期。
肖奚强（2002b）"正（在）""在"和"着"功能比较研究，《语言研究》第4期。
肖奚强（2004）"除了"句式句法语义分析，《汉语学习》第2期。
肖奚强 郑巧斐（2006a）略论"A跟B（不）一样（X）"中"X"的隐现及其教学，《世界汉语教学》第3期。
肖奚强 王灿龙（2006b）"之所以"的词汇化，《中国语文》第6期。
肖奚强 王灿龙（2008）"之所以"小句篇章功能论略，《世界汉语教学》第3期。
杨寄洲主编（1999）《汉语教程》，北京：北京语言文化大学出版社。
殷志平（1999）"除了……以外"的语义辨析，《汉语学习》第2期。
张谊生（2000）《现代汉语副词研究》，上海：学林出版社。
郑懿德 陈亚川（1994）"除了……以外"用法研究，《中国语文》第1期。
中国社会科学院语言研究所词典编辑室编（1996）《现代汉语词典》（修订本），北京：商务印书馆。

作者简介

肖奚强,文学博士,南京师范大学国际文化教育学院副院长、教授、对外汉语专业博士生导师,北京语言大学对外汉语研究中心兼职研究员、上海师范大学对外汉语学院兼职教授、国家教育部中国政府奖学金生预科教育专家工作组成员、全国对外汉语教学优秀教师。

长期从事对外汉语教学与研究,主要研究兴趣为现代汉语语法、语言教学与习得理论。已出版专著2部、语言教材6部(套),在《中国语文》等国内外学术刊物上发表学术论文近50篇,主持国家社科基金项目1项,承担、完成省部级科研项目5项。

曾在韩国淑明女子大学、韩国外国语大学任教。并曾接受国务院侨办、国家汉办派遣,赴德国、西班牙、新加坡、菲律宾、越南等国培训大中小学汉语师资。

对外汉语语感教学法新探

——周 健

一、"语感教学法"的提出

外语学习有自身的规律，把汉语作为外语来学习更有其特殊的规律。这些规律既包括外语学习的一般规律，也包括汉语作为第二语言学习的特殊规律，尤其是在中国这个大语言环境中习得汉语的规律。要想提高汉语教学的效率，就必须按规律办事。

第二语言教学源远流长，人们对高效教学法的探索始终不渝，仅20世纪以来，在迅速发展的语言学、心理学、教育学、文化学等理论指导下，先后涌现了数十种各具特色的教学法流派。刘珣（2000）概括为"四大派"："（1）强调自觉掌握的认知派，如语法翻译法、自觉对比法和认知法等；（2）强调习惯养成的经验派，如直接法、情景法、听说法、视听法等；（3）强调情感因素的人本派，如团体语言学习法、默教法、暗示法等；（4）强调交际运用的功能派，如交际法等。这些流派各有独创之处，也有不足之处。"其中最重要的两派可以归纳为听说教学法和认知教学法。这些教学法基本上来自印欧语的教学实践，反映了西方语言教学家对语言的认识、对语言习得和语言能力发展的认识。

建国以来，我们积累了几十年的对外汉语教学经验，也形成了融合多种教学法为一体的、具有中国特色的"综合法"教学法。正如《汉语水平等级标准和等级大纲》（1988）的"编制说明"所指出的："三十多年来，对外汉语教学在继承传统和不断吸取各种教学法长处的基础上，正在形成富有中国特点的教学法体系，向结构－功能－文化相结合的道路前进。经验表明，注意由易到难、循序渐进地安排语言结构，注重培养学生的交际能力，重视把语言作为'载体'的文化知识在交际中所起的作用，是符合语言教学普通规律的。因此，我们认为以结构－功能－文化相结合的教学法原则作为制订本《标准和大纲》的指导思想，从理论到实践，是可行的、必要的。"程棠（2000）指出："《标准和大纲》提出的教育原则又成为我国对外汉语教学的指导性意见。它对此后的对外汉语教学产生了巨大的影响。此后，关于教学原则，在理论上没有提出新的主张，研究的重点转向如何把结构、功能和文化结合起来。"

在"三结合"的教学原则指导下，我们不断探索，逐渐形成目前流行的对外汉语的教学模式。（1）根据听说读写不同的语言技能分别设课，其中以精读课（综合课）为主，辅以听力课、说话课、阅读课、写作课、汉字课、文化课的课程设置模式已成为主流模式；（2）语言课的课堂教学模式，又可以概括为"展示语言点、操练、输出"的所谓"3P"外语教学模式（presentation，practice，production）；（3）在教科书的编写体例方面，虽然近年来新教材多如雨后春笋，但主流教材普遍沿袭了1958年出版的《汉语教科书》以语法项目为核心的编写模式。程棠（2000）曾对《汉语教科书》《基础汉语》《汉语课本》《基础汉语课本》《实用汉语课本》《初级汉语课本》《现代汉语教程读写课本》《汉语初级教程》《新汉语教程》等九种主流教材的语法项目编排顺序进行了详细的对比研究，发现虽然多数教材对《汉语教科书》所列195个语法项目有所精简合并，但教学思路依然基本相同。

以语法项目和词汇教学为核心的汉语教学思路是目前占主流地位的汉语教学方法，这种仿效英语教学的思路是否符合汉语和汉语学习的规律？虽然西方人对印欧语的特点及其教学规律有了比较深入的认识，但我们照搬他们的经验未必见效。汉语作为第二语言教学事业尽管取得了空前的发展，但老实说，目前对外汉语教学的效率还不高，许多专家、教师和学习者都对教学的效果感到不如人意。西方人普遍把学汉语视为畏途，因为学会汉语要比学会一门印欧语多花几倍的时间和精力。据美国国防语言学院的统计，美国学生学会（指达到中等水平）西班牙文、法文、意大利文，所需的时间为875小时；而学会中文则需2 205个小时！（王晓钧，2004）"汉语难"在世界上成了定论。"汉语难"的症结固然有语言系统自身的原因（如汉字系统的复杂性），但更主要的原因还在于我们还未能正确把握汉语的规律，也没有掌握好汉语作为第二语言的学习规律和教学规律。正如吕必松（2003）所指出的："我们在汉语教学理论和教学方法研究上存在的最大问题就是对汉语的特点缺乏足够的认识，总是在西方语言学理论和语言教学理论的框架内思考问题……我们至今还没有找到一条符合汉语特点和汉语学习规律的教学路子。现在占主流地位的教学路子，基本上是西方语言教学路子的翻版。教学路子不对头，就不可能取得最佳教学效果。"目前，汉字和书面语教学的滞后也说明了这一点。

在汉语作为第二语言的教学中，教学的目的是帮助学生掌握汉语的知识还是运用汉语的能力？恐怕没有人不赞同吕叔湘先生（1993）的说法："学习语言不是学一套知识，而是学一种技能。"但在实际教学中，大讲语言知识、语言理论、语言规律的现象仍然十分普遍。长期以来，人们普遍认为学生语言能力是由语言知识转化而来，因而语言教学必须致力于语言知识（主要是语法知识）的传授并通过训练促成向能力的转化。在传统的"知识主导"和"接受式学习"模式下，学生所学到的知识和技能都是"预设"和"锁定"的。老师在课堂上把语言知识的传授作为重点，始终未能摆脱教师要"传道、授业、解惑"的传统观念。这种过分注重教授语言知识的做法，恐怕正是汉语教学的效率始终不尽如人意的根源。

束定芳（2004）指出："语言背后的'知识'处于不同的层次，'知道'某一层次的语言特征并不意味着学习者能在其他层次使用这种知识。这实际上是一种不断重新分析和重新组合的过程，这样，刚刚词汇化了的可以融进其他已经再词汇化了的领域，而且可以与已经句法化的项目并存。"

学习一门语言，目的在于培养学习者使用这种语言的能力，使学习者养成正确运用这种语言的习惯和语感。语言课是技能课，不是理论课或知识课。知识是可以传递的，但能力是一种非传递性的个体心理特征和素质结构，能力的生成必须通过主体内部的活动，从而在主体内部形成一种牢固的神经联系。言语能力的这种非传递性和内在性决定了语言教学方法必须以言语实践为最基本的方法。可以说，语言认识过程主要靠知识，语言运用过程主要靠语感。语言课当然要讲语言知识，但知识讲解的重点应是在特定的交际语境中该"说什么""怎么说""限定条件是什么"。重点还是要放在"知其然"上，至于探究某种说法的来源和内部语法理据的"为什么"和"所以然"，不应当成为教学的重点。对于第二语言学习者来说，"知其然"往往比"知其所以然"更重要。我们认为语言知识不能自动转化为语言能力，仅仅依靠操练也不能胜任。学生语言能力的形成，主要不是靠语言知识的积累，而是靠语言运用的实践，应该在听说读写的训练和交际实践中，让学生通过感受——领悟——积累——运用的过程，不断提高语言意识,从而习得语言。

语言教学的目的是培养学习者的语言能力,而语言能力的核心则是语感能力,也就是对语言规律的直觉感知和把握的能力。吕叔湘(1985)说过:"语文教学的首要任务是培养学生各方面的语感能力","人们常说'语感',这是个总的名称,里面包括语义感,就是对一个词的意义和色彩的敏感,包括语法感,就是对一种语法现象是正常还是特殊,几种语法格式之间的相同相异等等的敏感。当然也包括语音感,有的人学话总是学不像,就是因为对语音不敏感。"我们的言语经验能验证语感可以细分,比如,"你以为我听不出来他在挖苦我"(语义感);"是'咸/鸭蛋',不是'咸鸭/蛋'"(词汇感);"这个人说话文绉绉的"(语体感);"这句话不通"(语法感);"她叫饶楠,不是姚兰"(语音感)。

语感的作用主要在于言语的理解和言语的表达。实现言语理解和言语表达的目的是为了交流信息,沟通彼此所要表达的意思。在言语理解方面就是要辨识对方所说每一句话的实际含义,在表达方面就是要通过选择适当的语言形式来传递自己真实的意思。换句话说,实现言语理解与言语表达的最终目的只有一个,就是弄清话语中的语义关系。因此语感的核心就是语义感。

心理语言学(1990)认为,言语的生成包括了"言语意念的形成""内部言语""外部言语"三个过程。"言语是什么?作为行为是言与意的转换。作为作品是言与意的统一体。说白了,人们听话、说话、读文、写文,从行为来看,就是把人家的文与话还原为人家要表达的意思;把自己的意转换人家能理解的言,这就是言与意的双向转换。"

对于汉语来说,在内部言语和外部言语的转换过程中,语感的作用尤为重要。因为与重"形合"、有严格的结构语法形式的印欧等语言相比,汉语是一种难于进行形态分析的"意合式"的语言。汉语更重意会、重统一、重具象、重虚实，更适合内部言语以意为主的特性。

内部言语与外部言语的互相转换，靠的正是语感，而不是语言知识和语言规则。我们平时判断正误、修改句子、推敲措辞、润饰文章，靠的也是语感。我们总是先凭语感听出或看出学生的病句，再通过语言知识的思考，指出其不合乎语言规则的地方。正如王培光（2005）所描述的："语感是觉得语言合适不合适的能力，又是反省与修订语言的能力"，"绝大多数人在写作时，文章的初稿写得并不理想，但人们可凭其语感一再修订文稿，到最后的定稿才终于满意了。初稿与定稿的差别可以很大。定稿远远优胜于初稿，正是语感在写作过程中起了作用。"

胡明扬（1997）认为："首先，'语感'实际上就是所谓的'语言能力'的直觉反应，所以有的西方语言学家就称之为'直觉'（intuition）……语感可以说是一个人在长期使用一种语言的过程中积累起来的感性认识。语感只能对具体的用例做出'通'和'不通'、'能这样说'和'不能这样说'一类的直觉判断，但是不能说明为什么'通'，为什么'不通'，为什么'能这样说'，为什么'不能这样说'。但是语感的内容是极其丰富的，可以说包含了和在社会中实际使用的一种语言有关的全部知识内容。"

张斌（1998）指出："凭语感判断（句子通不通），本来没有什么不可以，学了语法的人仍旧要借重语感的。例如，文章写完之后要念上一两遍，不顺口的地方得改动一下，这不是常见的事吗？假如有这么个人，动起笔来处处要考虑合不合语法，于是写一句要想一想，满脑子尽是主语、谓语等等，原来要说的话反而说不出来。实际上，学习本族语的语法是不会有这种情形的，语法只有在遇到疑难的时候才用得上它。"他又引用乔姆斯基的话："'检验一部为L语编写的语法是否完善、是否有效的一个方法就是看一看照这部语法生成的句子实际上是否符合语法；也就是说，说这种语言的本地人是否认为这样的句子可以接受等等。'这就不但认为语感和语法互为表里，而且把语感看成是检验语法的准绳了。"

陆俭明（2005）认为："语感不妨可以理解为凭个人的直觉对某个语言表达的好坏，其中包括语言表达得体与否、到位与否、贴切与否、精当与否、简练与否、正确与否甚至还包括怎么表达才更好、怎么修改一个欠妥的甚至是错误的表达等所作出的判断。一个人真要具备了这样的判断能力，他的语言能力才算是真正达到了较高的水平。"

总之，我们认为语感是言语活动的必备前提条件，语感能力的高低决定语文能力的高低，也决定语文审美能力的雅俗。语感属于直觉思维，是对言语的直觉能力。语感的这种本质特征具有四个方面的规定性：第一，感受的主体是人。第二，感受的直接客体或对象是语言文字。第三，语感是语言文字刺激源作用于人的视听感官而产生的心理反应，这种心理反应具有心理因素的综合性。第四，语感作为人的一种能力，有高下优劣之分；但只要先天的生理基础具备，语感能力可以在后天进行培养和发展。

语感作为对言语的直觉能力，它具有直接性、整体性、敏捷性等显著特性。直接性是说其对言语的领悟无须经过逐步分析、严密推理与论证；整体性是说其在认识过程开始的时候，就将言语对象作为一个整体来反映；敏捷性则是指其对言语的理解和领悟的迅疾、瞬时。同时，语感还具有不确定性和个体差异性。

语感一旦建立，就具有相对的稳定性。让我们具有汉语语感的人故意说不合语法的错话，也是一件相当困难的事情，其原因就在于语感在无意识地控制着我们的表达程序。所以我们说，一个外国人只有养成了汉语的语感以后，汉语才算是达到了较高的水平。

汉语课堂既要教语言知识，也要练言语技能，但二者不是同等重要的并列关系。我们必须明确,教语言知识是为练言语能力服务的,培养学生获得目的语的语感,才是我们的教学目的。我们(周健,2003)曾提出要努力建设符合汉语规律和汉语习得规律的"语感教学法",并指出:"语言教学的目的是培养学习者的语言能力,而语言能力的核心则是语感能力,也就是对语言规律的直觉感知和把握的能力。可以说,汉语教学的根本任务就是培养学生的汉语语感。"

二、汉语语感教学法的原则

语感教学法是指以培养学生养成目的语语感为核心任务的教学法,同时语感教学法也广泛吸收借鉴了其他教学法的长处。在语感教学法模式的探索和实践的过程中,我们总结了以下教学原则。

2.1 结合语境学习词汇和语法规则

学习一门外语,最重要的是积累足够的词汇,掌握语法规律和表达方式。在词汇和语法二者中,词汇又居主导地位。没有足够的词汇量,就不可能建立起摆脱母语的目的语处理机制。据我们的调查,有不少学生采用孤立记词汇的办法,比如死背词汇表;也有一些学生注意到汉语词汇的语素构成,利用词义和字义的关系来记词汇;只有少数学生能结合语境学习和记忆词汇。

经验告诉我们,存储在记忆中的信息会逐渐淡忘和消褪,除非经常应用将其激活。学过的词汇需要经常温习,短时记忆才有可能转化为长时记忆。语言的应用是最有效的温习手段之一。当初学过的词语,一般来说不会彻底遗忘,他们仍然存在大脑中某个部位,但一时却回忆不起来。问题是如何把它们从记忆中提取出来。正如一个"陌生人"走过来和你打招呼时,你全然想不起他是谁,但当他提醒你,半年前你们在某朋友的生日晚宴上曾同桌聊天时,你会忽然想起他是保险公司的业务员,不仅如此,甚至连当时谈话的气氛、话题等等都可能逐渐在眼前浮现。显然,语境重构是激活记忆的关键,是开启记忆库的钥匙。

要牢固地记住生词,就必须结合生词出现的语境来记忆。语境包括句子语境、课文语境和交际语境。对于缺乏语境的生词,要创造合适的语境,包括创造上下文交际语境、有意义的语言背景和认知图示。由于反复接触的这个词不是孤立的,而是连同整个句子一起出现的,学生就记住了十几句乃至几十句具有这个词的句子,掌握了该词的使用规则。这时,对这个词的意义从不懂,至开始有些懂,到完全懂了,这个词在不同语境中的意义变化规律也可以掌握了。阅读中结合语境的伴随性词汇学习有助于扩大词汇量,培养汉语思维的习惯。

汉语的词汇不是杂乱无序的,词义的系统性和网络性是客观存在的,有些在形式方面有明显的表现,如汉语中大量的同素词体现了汉民族善于归类的思维方式和理据归类的认知特点;有些虽属隐性表现,却符合人类共通的某些思维认知方式,例如学了"男",就希望知道对义的"女";学了"现金"就容易掌握相关的"支票"和"信用卡"。词汇场和语义场的理论具有普适性,我们应当把握住词汇的聚合及关联规律,并用之于对外汉语词汇教学,以提高汉语教学的效率。

教材的语言是学生学习的对象,学生通常把教材视为经典、视为权威,教材实际上就是一种"目的语"。这就要求教材中的语言应该是规范的、真实自然贴近生活的、用得着的。规范的语言能经得起时间考验,经得起学生咀嚼;真实自然的语言才会生动,引起学生学习的兴趣;用得着的语言能通过交际中不断使用化为学生自己的语言,才有学习的价值。我们反对为了体现语法点而编造出非真实自然的句子,教材必须为学习者提供真实的语境。

随着长期记忆容量的逐渐增加,学生对信息的处理也越熟练,因而应用目的语的能力也越来越强。而将信息转入长期记忆的必不可少的条件便是复现和操练，通过复现、操练和实际运用，学生对信息的认知越来越熟悉，越来越容易转向"自动化"，最后达到不假思索、凭借语感来理解和表达的程度。

语法是遣词造句的规则，体现了语言的规律，自然是学习的重点。但鉴于：(1) 汉语形态标记不发达，重意合，依赖虚词和语序，显性的语法规律不易准确概括；(2) 偏重形式分析的语法教学效果并不理想，简明的、实用的、适用的教学语法体系尚未建立起来；(3) 突出语法知识讲解对于学生汉语语感的培养收效不明显，传统的语法翻译法过分强调语法知识，使语言的应用处于被动状态，显然不易培养学生灵活的应用语言的能力。所以我们提倡从汉语的特点出发，多采用隐含的、语境化的语法教学。把语法教学更多地融入于词语的教学之中。

2.2 扩大可懂输入

语言习得的规律是输入先于输出，输入大于输出。整个二语学习过程可以概括为由可理解输入开始，经过创造性构建，以输出完成。语言输入的质和量，直接影响着学习的效果。输入是第一位的，是输出的基础，是语言教学的关键，只有"厚积"才能"薄发"。克拉申 (1983) 提出理想输入应具备四个特点：可理解性 (comprehensibility)；既有趣，又有关联 (interesting and relevant)；非语法程序安排 (not grammatically sequenced) 和足够的量及适宜的难度 (i+1)。

我们认为培养语感最有效的方法是增加学生对目的语的接触时间和接触范围，最理想的是完全沉浸在汉语的语境之中。留学生虽然生活在目的语环境中，每天都能接触汉语，但大部分都不是可懂输入，算不上"沉浸"在目的语中。最主要的有效输入还是来自教材，来自课堂。教师应不断地根据学生的反馈调整自己的语言输出和教学手段，以确保输入给学生的内容是可理解的。教师要激励学生参与解决问题和完成任务的交际活动，努力使学生获得更多的直接使用汉语的场所和机会。我们认为，加大课文以及练习中语言材料的输入量，赋予教材一定的弹性，也可以给不同的学习者提供选择余地。

目前，比较流行的初级汉语教材第一册的词汇量大多控制在800个左右，我们认为如果对输入词汇（消极词汇）和输出词汇（积极词汇）进行分类处理，把第一学期的词汇量加大到1000—1500个，是完全可行的。词汇量的局限在诸多方面影响了输入的质量。首先，输入的"真实性"受到了削弱。大多数原文素材需经过改写来删除教学大纲规定以外的词汇。很多真实语言材料难以原汁原味地出现于教科书中。其次，题材较为狭窄。大部分的课文以学生的学习、生活为背景，真实、地道的社会生活场景不易呈现。第三，由于教材设计的主要目的和功能是教授句法，导致输入的内容在信息量、知识性、趣味性上都显得不够。

语感的形成离不开大量广泛的课外阅读，现在适合留学生初级汉语水平的课外读物少得可怜，提供浅显易懂的、生动有趣的课外读物已是当务之急。在学习汉语的早期阶段就着重培养学生的阅读兴趣，对于他们汉语语感的形成，意义重大。

长期以来，我们的教育理论强调的是"少而精""精讲细学""讲深讲透""循序渐进""按部就班"等教学原则。实际上在语言学习中句子的难度是相对的，不存在绝对的顺序。更何况第二语言是技能训练类的课程，与理论知识类课程有截然不同的教学路子。汉语学习者无不希望自己能学以致用，能在很有限的学习时间内立竿见影地掌握汉语交际的本领。如何开展差异性输入教学，让能力强的学生学的更快更好，让能力弱的学生不失去学习的兴趣并获得稳定的进步，是对外汉语教学所面临的一个挑战。

理解与运用语言文字的能力，其培养过程往往是潜移默化的积淀过程,交际能力的获得只能通过言语交际的实践。在对外汉语教学中,目的与手段具有统一性。"而培养熟巧的心理活动规律又证明,任何熟巧在培养时,如果一个人意识并理解到为什么他要做这个或那个动作以及怎样去做它们的话,那么熟巧的形成也就更快、更容易,熟巧一旦形成,保留得也更持久。"(章兼中,1983)所以,言语交际的训练应当成为师生双方的自觉行为。

2.3 背诵

正确的语言输入方法是二语习得的关键,"背诵输入法"是语言输入的最有效的方式之一。背诵输入不仅可以克服外语学习者的焦虑情感,使显性语言知识转化为隐性语言知识,增强汉语语感,还可以排除母语干扰,克服母语对汉语的负迁移。而且,背诵输入也是一种主动建构过程。教师应鼓励学生在理解基础上背诵,掌握这一简单、快捷、高效的语言输入方式。

"背"与"悟"是传统语文教学的主要经验。"书读百遍,其义自见。""熟读唐诗三百首,不会吟诗也会吟。"汉语的许多特点,如四声、平仄、节律、对偶、押韵、停延、抑扬等都需要反复刺激,才能感知领悟,形成语感。熟读背诵有价值的生动表达、名言佳句、精华短章是培养牢固的汉语语感的必由之路。大脑中若未存有几十句数百句好的表达形式,就很难有优美流畅的输出。

清朝的桐城派,竭力提倡诵读。刘大櫆在《论文偶记》中写道:"(读古人书)烂熟后,我之神气即古人之神气,古人之音节都在我喉吻间,合我喉吻者,便是与古人神气音节相似处,久之自然铿锵发金石声。"朱光潜(2001)则用心理学、生理学原理对该现象作出解释:"朗读也是一种模仿。它模仿的是作者喉舌筋肉活动技巧。久而久之,作者的神气音节就在读者的喉舌筋肉上留下痕迹。"

汉语重意合、单音节的特点使得汉语句式结构和修辞手法都非常独特。如对偶句的大量使用："山高月小，水落石出。""横眉冷对千夫指，俯首甘为孺子牛。""卑鄙是卑鄙者的通行证，高尚是高尚者的墓志铭"；如词语中的重叠与重复："天天、人人，看看、试试，红彤彤、静悄悄、讨论讨论、研究研究、清清楚楚、认认真真、又高又大、载歌载舞"；再如汉语的节奏和平仄："站得高，看得远""五湖四海，万水千山""尺有所短，寸有所长"……具有抑扬起伏的音乐美，易读、易记、易流传。这些体现汉语特点的结构、修辞方式和音乐之美，光靠讲解，学生是很难掌握的，必须要反复吟读记诵才能慢慢领略其妙处，耳濡目染，形成语感。旧时"对对子"的方法，就是培养语感的好方法。

在语法规则的背后，除了语义的限制之外，还有节奏、韵律的限制。例如"八九点钟"节奏为2+2，读起来和谐顺口。但"十一二点钟"就不和谐，要改为"十一二点"才好。"猛然跑几步"，读来别扭，应改成"猛跑几步"或"猛然跑了几步"。"抱紧在怀里"也不如"抱在怀里"或"紧紧抱在怀里"。这样两字一顿，双音节音步的节奏听起来就比较自然和谐。留学生缺乏汉语的节律感，常常会输出很多不地道的表达。如"互相不信"（互不相信），"非常可怀疑"（非常可疑），"天气很晴"（天气晴朗），"记住在心"（牢记心中），"不能吃完"（吃不完），"使我很愁"（愁死我了）。此外，如果在停延、轻重、高低、语调和节奏方面出了问题，听起来就非常难受。教师常慨叹：不怕他们说话慢，就怕他们的节律乱。他们大多不会使用汉语中特有的超常组合，更难以运用对偶、平仄、长短、抑扬、回环、往复等音韵节奏规律来修饰文章。汉语语感的培养，尤其是节律感的培养，仅靠汉语节律知识的讲解和操练是远远不够的，必须反复诵读汉语中节律优美的篇章，把体现汉语节律特点的典型表达方式铭记于心。

从教学实践来看，具有一定汉语基础的外国人用中文说话、写作，有时候他表达的每一个句子都是合乎语法的,但组成语段或文章后,就会出现各种各样语篇能力和修辞能力不足的问题,涉及词语和句式的选择运用、句子的衔接、语段的组织、语体风格的转换以及言语策略等多个方面。我们提倡建构主义的汉语教学法,鼓励学生在文本重建中习得汉语表达的方式,提高汉语语篇修辞的能力。

赵元任(1980)等大家都曾结合自己学习外语的体会,强调了背诵的作用。对于汉语语感的形成来说,背诵之功不可没。

2.4 强化"语块"教学

大量语料研究表明,语言中存在一种词汇程式(lexical formulae)现象,即成串的语言结构。这种语言结构是一种兼具词汇与语法特征,介乎传统的词汇与语法之间的语言构块,通常由多个词构成,并具有特定的话语功能,称为"语块"。语块兼有语法和词汇的特征,是一种语言使用惯例,暗含着一定的潜语境,作为整体被学习、使用,并保留在记忆中。语块具有因循性和约定俗成的特点,因而在词汇教学和词汇习得中显得尤其重要。同时语块具有相对固定的形式和可预测的性质,能缩小期待的范围,预测语篇的内容。

正如 Bolinger(1975)指出的:规则系统固然可以帮助人们表达新的思想,生成从未有过的话语,但人们过分强调了语言的规则性,事实上,语言交际更多地建立在长短不一的词汇成分上,语言使用者更多地使用大量储存在记忆系统里的语块,大多数交际涉及的都是可预见的世间平常事,人们所使用的语言,尤其是那些固定表达的语言片段,大多是在重复别人或自己曾经使用过的,并非特别具有创造性。本族语者在自然语言中对语块的大量使用,正是交际时能够不假思索、十分流利且措辞准确的原因。

汉语的词组和短语的构造方法与句法有相当的一致性,强化词语搭配形式与词语语义链接功能的教学,在大脑中积累可供提取的词语组合结构（语块），是提高汉语教学效率的关键。因为人们在研究汉语语序时发现，汉语的造句单位是"语块"（chunk）而不是"词"（word）（鲁川，2002）。语块包括固定短语（成语、俗语、惯用语等），如"一日不见，如隔三秋；不管三七二十一；可不是；话又说回来；那倒也是；错就错在；亏你说得出口；桥归桥，路归路；何必吊死在一棵树上"等等，也包括词语的常用固定搭配，如"在……方面；在……下；与其……不如；市场繁荣——繁荣市场；具有（历史）意义；具有（国际先进）水平；具有（民族）风格"等等。固定结构和固定搭配重在掌握语义和使用条件，至于形式和意义联系的理据不是教学的重点。为了提高学习的效率，在很多时候让学生"知其然"就够了，不一定都要"知其所以然"，教学的重点应放在强化记忆和套用固定的语块和句式方面。

语块教学要求学生把语块作为一个单位来对待和记忆，掌握它相对固定的横向组合形式以及它富有弹性的纵向聚合形式。例如，"一走了之"，其中"走"可以换成"跑""哭""笑""睡""拍""扔"等单音节动词，"了之"也可以换成"了事"；"大错特错"，其中"错"也可以换成动词，如"书""干""讲""谈""吃"等等；"没有根据的话"，其中"话"还可以换成"说法""批评""传闻"等等。

汉语句子顺序的单位是语块，而不是词，句子内的顺序应该是"语块序列"而不是"词序"。揭示这一点对于初学者理解汉语尤为重要，例如这样一句话："你觉得北京和广州有什么不一样？"我们可以把句子拆分为三个语块："你觉得 北京和广州 有什么不一样？"我们将其作为母句，然后改变排序，我们就会得到5种变化形式的子句：

1）北京和广州 你觉得 有什么不一样？
2）你觉得 有什么不一样 北京和广州？
3）北京和广州 有什么不一样 你觉得？

4) 有什么不一样 你觉得，北京和广州？

5) 有什么不一样 北京和广州，你觉得？

在地道的口语中，这些句式都能说，也都常见。这个例子启发我们要注意汉语句式的语块。我们强调语块的整体学习和记忆，就在于语块教学能使学生的注意力从一些费时费力的逐字理解过程转移到比单词大的单位，这样在获取所需信息的时候，能够"略过自下而上的心理过程的某些方面"（桂诗春，2000），实现较高的效率。

很多高年级的留学生口语表达时可能达到了接近本族语的流利程度，语音也基本正确，但他们的话语听起来就是不如本族语者说话那样地道。原因何在？主要就在于词语、词语搭配和关联成分选择能力的差距。在语法正确的基础上，能否选用恰当贴切的词语就成了表达是否地道、准确、生动的关键。当然，本族人的表达也有高下文野之分，但总体来说，本族人不仅词汇量大，而且掌握的语块（尤其是词语搭配）丰富，他们能在语义系统中敏锐地选择合适的词语及搭配。而二语学习者常常从孤立词语的概念义出发来选择词汇，尽管选用的词语可能语义正确，但他们的说法，包括用词和搭配，常常不为本族人所认可。这就是他们语言输出显得不够地道的主要原因。

我们认为汉语教学的核心是培养学习者的语感，语块的教学有助于语感的培养，因为存储在大脑中的语块就好像是一个个半成品预制件，不需要再作精细入微的词汇间的语法关系分析，稍微组装加工就可形成流利地道的句子。这样就能把学习者的注意力引向语义的感知和语篇结构的连贯上，这也正是我们主张的汉语语感的培养方面。汉语的词语搭配，有些易于理性辨析，有些就不容易说清楚。比如只能说"不可思议"或"难以思议"，就不能说"可以思议"或"易于思议"；"把衣服洗洗"可说，"把衣服拿拿"就不可说；"方方面面"能说，"地地方方"就不能说；"穿袜子"能说，"穿手套"却不能说……还有大量的、一般中国人都不明其理的习惯性说法,与其作烦琐的理据分析,不如就让学生记住固定搭配,反复操练使用,形成语感。

2.5 促进自主学习

建构主义强调个体对客观世界理解和诠释的独特性。在语感培养中我们不仅要强化语言经验的积累,还要开展个性化的教学,让不同学习能力的学生都获得稳定的进步。

大量事实证明,学生所学得的大部分内容并非汉语课堂所教。也就是说,课堂的讲解对学生的汉语学习起到的作用很有限。外语学习是一个艰苦的实践和积累的过程,是一种语言意识不断提高的过程。大量的成功经验说明,仅靠课堂教学是无法真正培养学生综合运用外语的能力的。外语教学应该着重学生兴趣的培养、学习策略的训练、外语交际能力的提高等。课堂教学应该从根本上起到调动学生课外学习和使用外语的积极性,检查和督促学生学习效果,解决学习中的困难,让学生展示其学习成果的作用。

语感能力归根结底是学习者通过对各种言语表达反复体味和实际运用而习得的,教师的主要作用就在于充分调动和发挥学生学习的主观能动性,使之主动参与、自觉投入,在现实的语言情景中切身感悟到规律和意蕴。学生学习的能动参与积极性发挥得怎样,实质上取决于学生的语言实践感受情况如何。语言教学的主要目的在于使学生习得语言的实际能力(实质上是关于语言的感性认识),而不在于使之掌握理性化的关于语言的理论知识。因此,只有通过长期有效的训练和实际的语言交际,才能将有意识的语言知识、规则等变成无意识的感觉和语言习惯。

建构主义强调,学习目的不是从外部、由他人强加的,而是形成于学习过程的内部,由学习者自己确定的。而且,学习目的的形成与学习过程中产生的真实任务有关。留学生学习汉语目的多样：或为了提高竞争力，或作为一种工具，或作为一种责任，或作为一种兴趣。但大家都知道，学好外语的最重要因素是个人有强烈的动机。我们必须加强对学习者的研究，包括他们的情感因素和智力资源等。积极、愉悦的情感能调动学生学习的积极性、激发学生自主学习热情，促进他们主动地建构和调节自己的学习行为。

我们鼓励自主学习，让学习者在总体教学目标的宏观调控下，在教师的指导下，根据自身条件和需要自由地选择学习目标、学习内容、学习方法并通过自我调控的学习活动完成具体的学习目标。

汉语语感只能是由学习者自身基于自己的经验背景而建构起来的，学生对知识的接收，只能由他自己来建构完成，以他们自己的经验为背景，来内化语言知识和规律。所以，教师不要把知识作为预先决定了的东西教给学生，不要以我们对知识的理解方式作为让学生接收的理由。我们不能让学生总是停留在被动的、拷贝式的学习模式上，我们要鼓励学生积极主动地学习。心理学研究表明，每个学生都有渴望成功和被赏识的心理需要。当学生的这种心理得到满足时，就能引起积极的情感体验。

教师要从知识的权威到平等参与学生的语感能力发展，从知识的传递者到学生学习的促进者、组织者和指导者。由于每个学生的语感能力都不相同，教师必须考虑如何发展每个个体的语感能力，也就是说，语言教学应当由统一规格教学向差异性教学转变，在学生自主学习过程中对不同层次的学生应提出不同要求，把目标定在他们的"最近发展区"内，真正使每个学生在学习中能"跳一跳，摘到桃子"，分享到成功的喜悦，引发他们学习的自发性，能鼓励他们"拾级而上"。教师所关注的不仅是结果，更是认知的过程与方法。教师要善于引导学生学会学习。在鼓励学生自主性学习的过程中要掌握"情感交融策略""学法指导策略"和"合作探究策略",提倡师生合作、生生合作,使学生在合作中学会取长补短,学会与人沟通,学会把课堂学到的语言和交际中习得的语言结合起来。

三、语感教学法教例评述

3.1 汉字教例1:联系旧字教新字

【做法】例如教生字"肠",可以先提问所学过含有"月"的字,学生可能会说出"脸、明、脚、肚……",教师把学生说的字写在黑板上,写的时候注意把"月"在左边的、在下边的与"月"在右边的分开书写,并适当补充。然后总结出"脸、肚、腿、脚、肌、肝、肤、肩、胃、肢、肥、胖"等字都是表示身体部分的词,"肉月"旁都在左边或下边;而"明、朝、朗、期、望"等字,"月"在右边,这些字都跟"月亮"有关,由于"月"可引申为表示时间单位的"一个月",因此这类右边含有"月"的字都和月亮或时间有关。再联系学过的"场""畅"等字,学生就很容易记住"肠"的读音了。

【评述】在教学中有意识地进行义符(部首)系联和音符系联,不仅可以巩固以前学过的汉字,还能温故知新,提高学生对汉语词义网络系统的认知水平。

3.2 汉字教例2:词义发展脉络的疏理

【做法】有些常用汉字有两个读音,如"行""乐""长"等等。学生觉得难记,还常常读错。其实同一个汉字的不同读音,往往是有意义关联的。从历时的角度适当讲解一些具有典型性的词义演变轨迹,对学生理解汉语语义系统也很有帮助。这里以解析"长"字演变为例,"长"为什么会有 cháng、zhǎng 两种读音?字典上共列了十余个义项,这些义项是如何发展、演变、关联的?中高程度的学生对此会有疑惑。教师可从图示"长(長)"最原始的形态说起。(教师备课时要找到甲骨文"长"

的写法,最好再配上一幅长发老人拄杖的图画。)甲骨文中"长"是象形字,突出的是拄杖老人的长发,词义的发展线索为:头发长→东西长(长矛、长城、长袍)→空间之长(长途、长跑、长空)→时间之长(长夜、长期、长久、长生不老)→抽象的长(长处、擅长、一技之长、取长补短)→长(cháng)是"生长(zhǎng)"的结果→生长(成长、长高、增长、拔苗助长)→生长在先的(年长、长辈、长者、家长、长老、师长)→排在首位的(长子、长女、长兄)→权威、负责人(长官、县长、部长、校长、首长、队长、班长、船长、厂长)。

【评述】这样的梳理能帮助学生认识到,汉语词义的丰富性是由于长期历史发展演变的结果。教师可根据自己的教学内容选择合适的字来进行词义发展脉络的疏理,能帮助他们扩大视野,从孤立地学习记忆词汇转变为系统地、关联地学习和掌握同形异音词的语义发展。

3.3 词语教例1:"认识"—"了解"—"知道"

【做法】这一组词语的区别学生常常弄不清楚,因为初级汉语教科书生词的注释通常是借助英语,这几个同义词的英文注释非常相似:

认识:to know, to be familiar with, to recognize

了解:to know, to understand

知道:to know

教师如果单纯从语义上去解释可能不一定解释得清楚。但是如果将这几个词放在一定的语境中进行辨析,教学就会变得简单得多。如教师给出如下语料供学生区别:

A:你认识他吗?

B:我认识他,他是山本。我上个星期见过他。

A:山本以前做什么,你了解吗?

B:我不了解,我是最近才认识他的。

再比如:

我认识你，可是我不了解你，我不知道你喜欢什么。他认识你，也很了解你，他知道你喜欢做什么，喜欢吃什么，他是你的好朋友。

通过对这些语料的辨别，学生对"认识"和"了解"的区别大致上会有一个把握。教师还可以再给出以下能体现常见搭配和语块的例句：

认识：1. 我认识你们。

2. 我认识这条路。

了解：1. 你很了解我。

2. 你了解中国文化吗？

3. 你了解上海吗？

知道：1. 我知道日本的富士山。

2. 我知道桂林，可是我没去过。

3. 我们知道 Bush，但是我们不认识他。

【评述】这些语料可以引导学生得出一定的语法和语义参数：在语法方面，"认识""了解"和"知道"的宾语可以是人，也可以是地方（方位处所）。"了解""认识"与"知道"在语义上不一样。它们之间的区别教师应该弄清楚，否则教师无法有目的、有意识地整理、收集并向学生提供有效语料。

先看"知道"和"了解"。"知道"和"了解"都是通过一定的方式获得信息，但是，"知道"是基本的、浅层的，"了解"是比较多的、较为深入的，因此"了解"比"知道"所获得的信息更多，"知道"的不一定都"了解"，这是"知道"和"了解"的区别。

再看"认识"和"知道"的区别。在认知水平的深度上，"认识"和"知道"属于一个层次，都是较为基本的、浅层的，它们之间的区别是"认识"是直接获得的感受，而"知道"是间接获取的。我们说"认识"一个人或一个地方就表示他一定直接见过那个人或去过那个地方,而"知道"并不一定去过或见过。

最后,如同"了解"和"知道"的关系一样,"了解"和"认识"的区别在于"了解"比"认识"更深入。换句话说,"了解"比"认识"所获得的信息更多,"认识"的不一定都"了解"。

我们认为,词汇辨析最有效的途径就是利用功能法,将词汇放入一定的语境中。

3.4 词语教例2:提示猜词

【做法】教师让坐在第一、三、五等单数排的学生转身面向后坐,相对的两人为一小组。教师在黑板上写3个词语,如"大夫、大学、热闹",要求面向黑板看到的人,不能直接说出看到的词,也不能说出其中任何一个字,要用间接提示的办法使背朝黑板的人猜出来,猜完一个马上做后一个。3个词都猜出来以后,举手向老师示意。当大部分学生都猜出来之后,教师可表扬猜得最快的小组并提问几组学生的提示语,最后讲评一下哪些同学的提示语最简单、明确。猜、评3个词语之后,让同组的两人交换座位,再猜3个词。

【评述】这个游戏能有效提高学生用自己语言定义词语、解释词语、说明词语的能力,加深对词语的理解,活跃课堂气氛,很受学生的欢迎。每组3个词的选择要由易到难,由具体到抽象,也不一定仅限于名词,如"大夫、聪明、辅导"为一组,"司机、着急、教育"为另一组等。

"提示猜词"还有一种做法:教师指定二人站到教室前面,描述者与其他同学同方向面向黑板,猜词者站在描述者对面,背向黑板;两人中间相距2米左右。比赛开始时,教师站在猜词者身后把卡片展示给描述者和其他同学看2秒后放下卡片,然后描述者要通过肢体动作、面部表情及言语说明等各种手段来帮助自己的同伴猜中卡片上的词,但要注意说明只能用汉语,而且不能说出卡片上的任何一个字。

3.5 语法教例 1:"其实"

【做法】"其实",词典和教材比较简明的解释是:"副词,表示所说的是实际情况。用在分句的开头,表示转折,有进一步说明、修改或者补充上文的意思。'其实'后面可以停顿。"如果我们仅仅把这样的定义告诉学生,学生不会有什么真切的感知和理解。教师应从例句入手,让学生体会:

(1) 人家说他早已不在人世了,其实他还活着。

(2) 他们只知道爱玲会英语,其实她的日语也很好。

(3) 这个问题从表面上看似乎很难,其实并不难。

(4) 看起来她在笑,其实她心里很难过。

(5) 他说有家,其实他家里就他一个人。

(6) 大家都以为"萧楚女"是位女士,其实,他是男的,还是红军的指挥官。

如果能提供比较充分的例句,学生不难掌握"其实"的含义和用法。

下一步,教师用精心设计的练习来检查和巩固学生对"其实"的掌握。

练习一:选词填空。

(1) 以前人们把鲸当做鱼,称它为鲸鱼,____这是错误的,鲸不是鱼,而是哺乳动物。

    A. 其实   B. 所以   C. 至于   D. 难道

(2) 这些家具看上去是木头的,____是塑料的。

    A. 反而   B. 实在   C. 其实   D. 其中

练习二:组织下列句子,排列成一段话并添加标点。

    A. 其实北京人最爱说的一句话是"回头再说"

    B. 后来我发现

C. 我刚到北京时

D. 说北京人的口头语是"吃了吗"

E. 听过一个相声

练习三：用"其实"完成句子。

(1) 她看起来年龄并不大，_____。

(2) 我以为他有事没来，_____。

(3) 高明总觉得自己了不起，_____。

(4) 虽然爱玲说要去，_____。

(5) 大家都以为他是一个诚实的人，_____。

做完这些练习以后，教师再把开头的定义作为"其实"的总结，学生就会有比较清楚的理解。

【评述】本条提供了一个在语法教学中具有普遍意义的教学技巧，那就是从具体的实例展示入手，而不是从抽象的定义出发。提供的实例语境要为学生所熟悉，例子要充分，练习要由浅入深，形式多样。

3.6 语法教例2：替换句子成分

【做法】第一步，先领读例句，使学生熟悉例句的语法结构，以减少口头表达的困难，然后告诉学生替换的部分。学生用教师给的词语替换句子的成分，老师重复一遍，全班学生重复一遍。例如：

教师领读：我跟阿里去商店买东西。

要求替换"商店""买东西"。

教师：医院、看病　　　学生：我跟阿里去医院看病。

教师：（重复学生的句子）　全班学生：（跟老师重复一遍）

教师：书店、买书　　　学生：我跟阿里去书店买书。

教师：邮局、寄信　　　学生：我跟阿里去邮局寄信。

教师：剧场、看京剧　　学生：我跟阿里去剧场看京剧。

教师：体育馆、看比赛　学生：我跟阿里去体育馆看比赛。

第二步,先示范导入,再要求学生自组词语,在"?"处替换。例如:
要不是你打电话告诉我,我就不会去了。

他帮忙,	回不来了。
妈妈病了,	出国旅行了。
运动太少,	不会这么胖了。
明天有考试,	____。
?	买那条裙子了。
?	?。
?	?。

【评述】替换练习是最常用的语法操练手段之一,教师要在训练中逐步提高难度。训练方法由易到难,第一步机械替换对应词语,第二步先由示范导入,多次积累,形成初步的语言经验,再结合语境,模仿扩展,提高难度,自由创造。"重建文本"的方法可以普遍应用于词组、句子乃至话语篇章的训练。我们提倡淡化学生对语法知识、语法术语的关注,强化对汉语表达方式的熟练掌握和重建能力,我们认为这是培养语感的有效办法之一。

3.7 语篇教例1:模仿式写作训练

【做法】教师首先选择一个合适的语篇,先带学生朗读、理解,再分析、归纳出范文的结构要素和组成语篇(语段)的基本模式,然后要求学生按照确定的框架生成出自己的语篇来。例如先学习以下范文:

中国人的姓氏到底有多少呢?据最近的调查,中国人的古今姓氏实际上多达22 000个。当代中国人使用的姓氏约有3 500个左右。其中李、王、张、刘和陈是中国的大姓。如果把这五个大姓的人口加起来,估计就有三亿五千多万人,几乎占了中国全部人口的三分之一。

教师再引导学生把这段短文粗框架化:

1. 设问 姓氏到底有多少呢?
2. 回答 22 000个, 3 500个
3. 分析重点 五大姓

再进一步细框架化,说明其中可以替换的成分:

1. 设问 ……到底有多少呢?
2. 回答 据……调查(统计、分析、估算),……实际上多达(也有,刚到,不足)……
3. 分析重点 其中……,如果把……加起来(算进去,扣除掉,除外),估计……,几乎占了(相当于,差不多,等于)……

(习作A)

　　暨南大学的境外留学生到底有多少呢?据学校招生办统计,暨大的境外生来自77个国家和地区,实际上已达10 270人。其中港、澳、台的学生最多。如果把这三个地区的学生加起来,估计就有8 000多人,几乎占了暨南大学全校学生的三分之一。

(习作B)

　　在广州的外国风味餐馆到底有多少呢?据商业局权威人士估算,广州的外国餐馆实际上已超过300家。其中美国的快餐馆最多,如果把广州的麦当劳、肯德基和必胜客加起来,估计在160家左右,占了全部外国餐馆数量的一半以上。

最后要求学生自选一个题目模仿写作。教师可提供一些主题,帮助学生打开思路:

A. 在中国的外国留学生到底有多少呢?
B. 中国的大学生到底有多少呢?
C. 印度尼西亚的华裔人口到底有多少呢?
D. 泰国每年吸引的外国游客到底有多少呢?
E. 日本的汽车产量到底有多少呢?

F. 我国每年放映的电影片到底有多少呢?

【评述】仿写的训练方式有多种,这里介绍的"范文展示、确定框架、模仿填充"的语篇写作训练方法是一种教学效果明显的方法。这样做的好处是改变了语篇教学随意性强、可操作性差的状况,能手把手地训练学生按一定步骤和方法学会写文章,化难为易,特别适合初学写作者和汉语书面表达能力较弱的学生。

3.8 语篇教例2:重"过程"的写作训练

【做法】教师预先确定好学生要写的题目,如:《如何做好求职面试》,然后按以下步骤进行:

一、教师先简单讲解"求职面试"的过程和重要性,然后把学生分成若干小组,每组4—5人较为适宜。教师分组时要注意每组成员都有强弱搭配。

二、引导学生讨论作文的提纲,要求写在纸上。

比如某组的提纲如下:

1. 面试前应当准备的事情:个人材料;服饰设计;预先操练。

2. 面试时应注意的:如何表现自己的工作能力、亲和力、团队精神、综合素质、自信心;如何给对方留下一个难忘的好印象。

3. 对职位薪酬的期待如何表达;对意外问题如何应对;诚实策略;机智策略;回避策略。

三、教师带领全班讨论各组的特点和创意,允许并给一定时间让各小组修改、补充、完善自己小组的提纲。

四、口头作文。每一段的写作各小组先由一人口头作文,其他同学随时帮助修改、补充。

五、书面写作。可由汉字书写较好的同学执笔,也可以轮流执笔。每写完一句话,就读给大家听,随时修改。

六、练习。教师指定2个小组交换作文,互相学习、评论、修改。

七、最后教师做简短讲评。

【评述】传统的写作教学重结果而不重过程,通常的做法是教师先规定题目,提供范文(或课文),分析范文,讲解写作要求,确定写作的精细或大致框架,然后学生根据框架来写。教师是学生作文的唯一读者,教师对作文进行批改评价,教师的书面反馈是学生获得文章评价的唯一来源。这种方法相对简单易行,学生容易把握,比较适用于汉语水平较低的学生。对于写作水平较好的学生来说,重过程的写作强调师生之间、生生之间的交流互动;强调每个学生的积极参与,不断吸收信息,作出判断和反应,学生能通过亲身体验写作的过程与思维的碰撞,能得到较多的收获。但这种写作训练方式对教师如何驾驭课堂、控制时间,也提出了更高的要求。

限于篇幅,我们从汉字、词汇、语法、语篇四个方面共列举了8条教学实例,这些教例都来自课堂教学第一线,也都体现了我们所提倡的语感教学方法,尤其是体现了突出汉语特点、结合语境学习词汇语法、自主建构汉语语感的根本原则。我们相信,只要正确把握了语感教学法的原则,每位教师都能在教学实践中创造出实用有效的教学方法与技巧。

参考文献

程 棠(2000)《对外汉语教学目的原则方法》,北京:华语教学出版社。

冯胜利(2005)《汉语韵律语法研究》,北京:北京大学出版社。

桂诗春(2005)外语教学的认知基础,《外语教学与研究》第4期。

胡明扬(1997)语义和语法——祝贺《汉语学习》出版100期,《汉语学习》第4期。

鲁 川(2002)汉语句子语块序列的认知研究和交际研究,《汉语学习》第2期。

鲁 川(2005)"预想论":现代汉语顺序的认知研究,《世界汉语教学》第1期。

陆俭明(2005)《语感与语言能力》序,王培光著,北京:北京大学出版社。

吕必松（2003）汉语教学路子研究刍议，《暨南大学华文学院学报》第1期。

吕叔湘（1985）中学教师的语法修养，《中学教学语法讲话》，吕叔湘、张志公等编，济南：山东教育出版社。

吕叔湘（1993）《吕叔湘语文论集》，北京：商务印书馆。

束定芳（2004）《外语教学改革：问题与对策》，上海：上海外语教育出版社。

王培光（2005）《语感与语言能力》，北京：北京大学出版社。

王晓钧（2004）美国中文教学的理论与实践，《世界汉语教学》第1期。

张　斌（1998）《汉语语法学》，上海：上海教育出版社。

章兼中（1983）《国外外语教学法主要流派》，上海：华东师范大学出版社。

赵元任（1980）《语言问题》，北京：商务印书馆。

周　健（2003）论汉语语感教学，《汉语学习》第1期。

周　健等（2004）《汉语教学法研修教程》，北京：人民教育出版社。

周　健（2007）《汉字教学理论与方法》，北京：北京大学出版社。

朱光潜（2001）《文艺心理学》，北京：人民文学出版社。

朱曼殊主编（1990）《心理语言学》，上海：华东师范大学出版社。

Krashen. S. D. (1982) *Principles and practice in second language acquisition*. New York: Pergamon Press Ltd.

Krashen. S. D & T. Terrell. (1983) *The natural approach: language acquisition in the classroom*. Oxford: Pergamon.

作者简介：

周健，暨南大学华文学院教授，研究生导师。生于安徽，长于北京。师从姜书阁教授，在湘潭大学研修中国古典文学，获硕士学位，留校任教。1987年春调入暨南大学，从事对外汉语教学。后在美国威斯康星大学和旧金山市立大学任教三年，传播中国语言文化。

主要研究兴趣为对外汉语教学、英汉语比较研究等。学术成果包括专著、教材20种：《对外汉语语感教学探索》《汉语教学法研修教程》《汉字教学的理论和方法》《汉语课堂教学技巧与游戏》《快捷汉语系列》等，在《社会科学》《世界汉语教学》等期刊发表学术论文 80 余篇。主持国家汉办、广东省社科项目 4 项。曾应邀在美国加州伯克利大学、戴维斯大学、新加坡南洋理工大学及国内多所高校讲学。

现为中国对外汉语修辞学会副会长、中国英汉语比较研究会理事、世界汉语教学学会会员、香港普通话专业学会顾问、北京语言大学教育学院兼职教授。

曾获"广东省优秀教学成果奖（一等奖）"和"全国对外汉语教学优秀成果奖"以及"国务院侨办优秀教师""广东省优秀教师""全国对外汉语教学优秀教师"等称号。

面向世界知名企业的汉语教学模式

——毛 悦

一、问题的提出

近年来,随着中国经济的快速发展和政治地位的不断提高,特别是加入世界贸易组织以后,中国与世界的经济交往日益频繁,来华从事商务活动的国际友人与日俱增,众多世界著名企业纷纷来华投资建厂或设立分支机构,以汉语为工作语言的商务活动日趋活跃。

目前,全球约有 6.4 万多家跨国公司,分支机构约达 87 万多家,平均每家跨国公司拥有 14 个分支机构。据统计,截至 2004 年底已有 400 家以上的 500 强跨国公司来华投资。(戴姗,2006)汉语作为一种重要的商业语言的实用价值和潜在价值正在提升。汉语带给学习者更多的商业机会和就业机会。目前,大约 2.5 万家韩国公司在中国从事制造业,仅在韩国企业较集中的青岛,就有 4 000 家韩国公司和 7 万名韩国人。日本在华投资企业数量也增长迅速,有关数据统计显示,到 2003 年底,日本在华投资企业共计 1.1 万多家,意向投资近 80 亿美元,实际投资 50.5 亿美元,均创历史最高纪录。一些大企业纷纷扩大在中国的生产和经营活动。欧美很多国家的情况也是如此。在这样的大背景下，外国企业要求他们有可能或已经被派往中国开拓市场的职员学一些汉语并了解中国国情和文化，而公司职员为了个人将来的发展也会把学习汉语作为职业培训的选择。正是这种发展形势使以通用汉语为基础，带有职业化倾向的汉语教学模式的研究与建设成为当前世界汉语教学工作的一项重要任务。

在国内外的一定范围内，类似的教学活动已经展开。来华留学的学生中，与中国在商贸、经济、法律、文化、IT业等方面有直接业务来往的公司职员和管理人员越来越多。他们并不满足于仅仅掌握一般通用汉语，而是要求在最短的时间内掌握与其职业领域直接相关的汉语和交际用语。北京语言大学汉语速成学院先后承担过日本、韩国和欧美的近20家企业职员的汉语培训任务，如日本的富士银行、施乐公司，韩国的SK集团、三星公司、现代汽车公司，欧美的马士基航运及物流公司（MARSKE）和法国航空公司等，都取得了很好的教学效果。在分析以往公司企业班教学经验的基础上，我们试图提出多种面向世界知名企业的汉语教学模式，以顺应庞大的市场需求。

二、本模式对应的教学对象分析

本模式所对应的教学对象大多是国际上一些知名企业的职员，其中包括一些高层及中层的管理人员。这些学习者在年龄、个性、动机、学习方式、能力倾向等方面与一般的汉语学习者相比，存在显著特点，对第二语言习得产生很大影响，也影响着学习的速度和成功度。

Ellis（1985）将学习因素分为个人因素和一般因素。前者反映学习者个体特征，对某些学习者产生影响，如迁移焦虑、渴望学习计划的愿望等；后者反映学习者群体特征，对所有学习者产生影响。

2.1 年龄因素

公司企业学习者年龄一般分布在25—55岁之间，分两种情况：一种是企业职员，学成之后将被派往中国工作或在国内从事与中国市场相关的工作，公司对他们的学习效果随时进行监督，结业成绩对今后的工作安排也有一定的影响；另一类是，学员本身是企业的中高层管理人员，如韩国的SK集团曾把多名高层管理者分批派到中国专门学习汉语。年长的、职位较高的公司学习者因学习中考虑较多自我形象会对学习产生负面影响；一些来自东方国家的年轻的职位低的学习者由于与其上级同处一个学习团体中，也会因为一些非学习因素而影响学习效果。

2.2 学习动机

与一般学习者相比，本模式对应的教学对象具有着明确的学习目的和学习动机，学习态度认真、努力，基本素质高。在课堂学习中与其他学习者的对比与竞争较为激烈。特别是公司团体成班学习时，团体动力对于学习者的影响很大。学习者间的竞争对不同的人作用不同，可能会引发困惑，也可能会刺激学习。（周小兵，2004）公司学习者中适当存在迁移焦虑或学习焦虑会其学习产生好的促进作用，但经常存在的现象是过多的焦虑反而影响了学习效果。所以，对于公司企业职员的学习模式教学，重要的一点就是帮助学员减轻焦虑与文化冲击。

2.3 学习态度

与一般学习者相比，公司企业职员学习态度认真、自觉。不但能在课堂上与教师积极配合，还能自觉地进行课下的预习、复习。担任公司班教学工作的教师常被学员的学习精神所感动。

2.4 能力与学习技巧

公司企业的学习者常具有着较高的智力水平，即较高的学术或推理能力，能将其他领域的知识与学习技巧自觉地运用到语言学习中来。但智力水平与语言能力并不是完全一致的。由于其工作性质的影响，部分学员养成了一些思维定式，课堂学习中常习惯运用自己的学习方法，不能顺应教师的引导，对学习进程反而造成了一定的阻碍。认识并克服这一点对于某些职员来说是相当困难的。

总之，相对于一般汉语学习者来说，公司企业的学员各方面具有较高的素质，智力水平较高，学习目标明确，学习努力认真，接受能力强，整体学习效果好。在组织教学的过程中我们应充分利用这些优势，充分发挥强化教学的特性，加大课堂学习的训练量，提高单位时间的教学效率，以实现最优的教学效果。而教学过程中我们也应有效地避免学习者个人因素和一般因素带来的一些负面影响，如过多的情感焦虑、学习目的过于突出、思维定势的干扰、团体动力的困扰等，引导他们掌握相应的学习策略，达到较好的学习效果。

三、面向世界知名企业的汉语教学模式的特点

3.1 教学模式

美国的乔伊斯（B. Joyce）和威尔（M. Weil）1972年出版的《当代西方教学模式》最早对教学模式进行了研究，认为教学模式是构成课程、选择教材、指导教学活动的一种计划和范型。(B. Joyce, 2002) 我国的教学理论界对教学模式的研究是从20世纪80年代中期开始的。目前，国内外学者从不同的角度界定教学模式，意见不一。(阎守轩，2003) 国内学者一般认为，教学模式是在一定的理论思想指导下，为实现特定教学目标而设计的比较稳定的教学程序及其实施方法的策略体系 (李雁冰，1994)；是为开展教学活动的一整套方法论体系，是在一定教学思想或教学理论指导下建立起来的、较为稳定的教学活动框架和活动程序。(黄甫全、王本陆，1998)

任何教学模式都是由一定的指导思想、主体、目标、程序、策略、内容和评价等基本因素组成的，本身都有一套比较完整的结构和机制。(李秉德，1991) 从教材编写、教师备课、课堂教学（延伸至学生的课前预习及课后复习）到测试、教学评估都成为一体，是一个有机的系

统工程。(陈莉,1997)

教学模式是教学理论的具体化,也是对教学经验的一种提炼,既可以直接从丰富的教学时间中通过理论概括而成,也可以在一定的理论指导下提出一种假设,经过多次实验后形成。一般来说,包括以下五个基本要素:理论基础、教学目标、操作程序、实现条件、评价等。(赵金铭、马箭飞,2005)

"面向世界知名企业的汉语教学模式"应在研究、分析世界知名企业对汉语人才需求的基础上,对教学过程提出整体的设计和计划方案,并对具体的实施过程提出建议,针对公司、企业人员培训的不同类型制定出相应的模式方案。

3.2 本教学模式的理论基础

教学模式的理论基础指教学模式建立的教学理论或教学思想,即教学模式建立的理论依据,是反映教学模式内在特征的一个因素。面向企业职员的汉语培训首先是一种把汉语作为第二语言的语言教学活动,所以应该遵从一般的对外汉语教学规律,包括汉语自身的特点和规律、第二语言教学规律、第二语言学习和习得规律等。同时,面向企业职员的汉语培训又是一种具有特定目的的对外汉语强化教学,所以还应该强调针对性的原则,即针对教学对象的特殊需求进行课程设计、教学安排。面向企业的汉语教学是对外汉语教学的一个重要组成部分,既包括通用汉语的教学,更要突出专业性和行业性特点。面向企业对外汉语教学课程的研究和开发,一定会促进对外汉语教学中课程以及相关基础研究和发展,丰富对外汉语教学的类型,提升对外汉语教学的层次,促进对外汉语教学学科的发展,加快"汉语走向世界"的步伐。

3.3 教学目标

教学目标是指教学模式所能达到的教学效果,是教学活动在学习者身上产生的效果的预先估计和设定,是教学模式构成的一个核心因素,对其他因素有制约作用。

"面向世界知名企业的汉语教学模式"的教学目标明确,教学目标的设定应体现有限性与特定性原则,分阶段设立具体教学目标,体现各阶段的教学重点,在此基础上实现教学总目标。教学的总目标为综合培养三种能力:通用汉语交际能力、用汉语开展工作的交际能力、中外经济合作中跨文化交际的能力。三种技能的形成以相关知识的传授为基础,通过交际性训练和语言实践,构成三位一体的能力结构。

结合公司职员学习时间受限较多、教学目标针对性强、教学期望值高的特点和需求,我们在教学设计上充分体现适应性强的特点,强调灵活性、实用性、针对性和高效性。教学模式灵活多样,可以满足不同需求。系统性与交际性相统一,重在交际。以学生为中心,充分考虑学习者有限的学习时间和学习者本身的特点。

3.4 操作程序

操作程序指教学活动在时间上展开逻辑步骤以及每个步骤的重要做法等。任何教学模式都有一套独特的操作程序和步骤、与之对应的教学活动的基本阶段及其逻辑顺序。教学模式中的操作程序是相对稳定的,但不是一成不变的。

"面向世界知名企业的汉语教学模式"的操作程序有教学对象分析、教学设计、教材选编、教学实施、教学管理。首先对各公司、企业的汉语学习者的基本情况、学成后需达到的目标以及公司需要其取得的效果进行分析,作为进行教学设计的支撑条件。然后根据其学习时间设计教学方案,教学方案包括分阶段具体目标,以提高教学效率,保证教学总目标的顺利完成。教学设计中包括教学目标、教学原则、教学特点、课程设置、教学方法及实施细则等部分。在教学设计的基础上进行教材选编。本模式的课程设置应包括三大类:通用汉语语言课、商务汉语课、中国文化国情等知识课。同时在普通课程的基础上安排相应的语言实践课。在教学实施过程中体现语言学习与语言应用相结合的特点。教学管理严格按照教学设计中的程序进行，提前对教师进行岗前培训，让教师领会本教学模式的特点和特殊的教学方法和管理方法，保证教学过程的顺利进行。

3.5 实现条件

实现条件指促使教学模式发挥效力的各种条件，如教师、学生、教学内容、手段、时间、空间等的最优化方案。

承担本模式教学工作的教师应为具有扎实的理论知识和丰富的教学经验的中青年教师，经培训后，严格按照统一的教学要求教学授课及教学管理，以保证教学效率和教学效果。

教学内容应实用，针对性强。精选语言材料，包括通用经贸汉语、职业专门术语等材料中使用频率高、覆盖面大的相关语言要素及日常生活、学习、简单社交和工作范围内的交际任务项目。并开设相应的文化讲座。

教学方式灵活。学用结合，注重真实性交际场景的设计、实物、教具和现代化教学手段的运用。教学过程交际化，整班训练和分组训练或一对一训练相结合，实地教学与课堂教学相结合，组织学生参观、听讲座等，了解中国相关的政治、经济制度，感受中国社会与文化。

教学过程高效。教学过程中精选教学内容，突出培养听说能力，课堂教学强度大，效率高。为保证教学效果，可安排阶段测验及每周一次的各门课学习情况反馈，使学习者时刻了解自己的学习情况。

3.6 评价

每种教学模式一般都有适合自己特点的评价方法和标准。"面向世界知名企业的汉语教学模式"的评价，就是对学习者学成后的工作情况以及这些公司和企业是否继续派职员来参加培训的反馈。

四、几种面向世界知名企业的汉语教学模式范例

4.1 "强化教学模式"范例

4.1.1 教学对象

面向有时间保证、可集中脱产学习、语言水平为初中等级的公司职员学生。

4.1.2 教学时间

12周（360学时）脱产学习。分三个阶段，4周一个阶段，每阶段120学时。每周30学时。

4.1.3 教学总目标

通过12周的强化教学，使学生快速高效地完成初级交际任务项目的学习，掌握经优选的语言材料中使用频率高、覆盖率大的相关语言要素，迅速提高汉语交际能力特别是口语表达能力，能够用汉语进行日常生活和学习范围内的初步交际活动，并能进行简单的社会交际与商务工作。

4.1.4 教学原则

(1) 教学目标的有限性原则；

(2) 系统性与交际性相统一，重在交际的原则；

(3) 学习者与教授者的选择性原则；

(4) 以学生为中心的原则；

(5) 教学过程、教学内容、教材、教学环境的最优化原则；

(6) 实践性原则，强调学以致用。

4.1.5 教学特点

(1) 教学目标明确：分阶段设立明确的阶段性教学目标，体现各阶段的教学重点，在此基础上实现教学总目标。

(2) 教学过程高效：属强化的高效率的教学。教学时段较短，课

时量大,课程设置、教学内容、教学方法与教学目标高度一致,采用高强度训练方式确保教学效果。

(3) 教学内容实用:精选语言材料中使用频率高、覆盖率大的相关语言要素及日常生活、学习和简单的社会交际范围内的初级交际任务项目。

(4) 教学方式灵活:学用结合,注重真实性语言场景的设计、实物、教具和现代化教学手段的运用。教学过程中组织语言交际课,整班训练和分组训练或一对一训练相结合,实地教学与课堂教学相结合,组织学生参观历史文化古迹、与中国人交友、访问中国家庭等实践活动。

(5) 教学组织严密:教学组织管理的各步骤限定在一个完整的体系中。教师经培训后严格按项目规定组织教学,执行教学管理的规定,填写学生的课堂学习情况记录,将学习情况及时反馈给学生,并组织相关测试。

(6) 教学环境、生活环境典型:为贯彻全面浸入式教学(total immersion),学校为学生提供全中文的学习和生活环境。

(7) 学习效果及时反馈:任课教师每两天对学生的学习态度、学习效果进行评估,并对学生学习过程中的问题给予及时反馈和答疑。

4.1.6 教学内容

交际任务	初级交际任务项目 100 项
语言范围	涉及的词汇范围:甲、乙级词汇(包括补充词汇)3 000 个左右,要求至少掌握生词 1 500 个左右。涉及的语法范围:甲级语法大纲及乙级语法大纲语法共 252 个项点,要求至少掌握 200 项。
话题内容	基本的日常生活、学习和一定范围的社会交际活动。

续表

言语能力	具有初步的汉语理解和表达能力。 理解能力：能够理解篇幅较短、内容熟悉的谈话和浅显文章。 表达能力：能够就上述熟悉的话题进行一般性的交谈和书面表达。有初步的成段表达的能力，语句基本通顺，语音语调基本正确。
文化内容	初步了解与言语交际相关的文化因素、与交际有关的一般文化背景知识，能排除交际时可能遇到的文化障碍。
商贸内容	初步掌握在商务工作环境中实际运用语言的能力，能够正确理解、处理及回答各种工作中的问题，并建立及保持商务联系。

4.1.7 分阶段教学目标

	第一阶段（4周）	第二阶段（4周）	第三阶段（4周）
课程目标	掌握基本的汉语形式，培养初步的汉语技能。学习汉语拼音及典型语法项目25个（84个语法项点）。完成日常生活和学习中简单交际活动。涉及基本交际类、生存类	明显提高汉语口语表达能力。学习典型语法项目32个（100个语法项点）。初步完成社交和社会生活中的简单交际活动。涉及社会活动类、个人信息类、综合信息类的	提高综合运用汉语进行交际的能力，学习典型语法项目22个（68个语法项点）和12个复句形式。完成一定范围内的社会交际活动。涉及初级交际任务项目中有关社会活动、

续表

	第一阶段（4周）	第二阶段（4周）	第三阶段（4周）
课程目标	和个人信息类的交际任务项目36项。	交际任务项目40项。学习办公室日常事务、购买与销售、产品广告、公司机构与决策等用语。	综合信息、个人情况中表达抽象意义的交际任务项目。学习各类商务应用文体。

4.1.8 课程设置

分阶段完成教学：每阶段4周。

综合汉语课：通过典型的语言环境，大量操练精选的、常用的汉语词汇和句型，促使知识转化为技能，并达到流利和准确运用。以口语表达为重点。

会话练习课：在语法讲练的基础上，注重语法点在语言环境中的应用练习，重点进行会话体和简短的篇章形式的练习，提高成段表达能力。

汉语交际课：小班上课。根据实际交际的需要，将初级交际任务项目分级，以视听形式提供真实情景，组织交际练习，提高语言交际能力。

商贸汉语课：从第二阶段开始设置商贸汉语课，学习有关商贸词汇、常用语句，熟悉各类商务应用文体。

语言实践课：配合汉语交际课，以交际任务项目为线索，利用现实环境，通过参观、访问、实地教学等多种形式的语言实践，完成规定的交际任务，学以致用。

课程设置特点：

（1）汉语语言能力提高和交际能力提高相结合，语法练习和交际任务项目练习相结合，突出口语表达能力的提高。

（2）学习与运用相结合，强调所学知识转化为实际场景中的交际技能。

（3）课堂教学与课外实践相结合，体现充分利用汉语大环境和特设的模拟环境的作用。

（4）教学与自学相结合，鼓励学生课外学习的主动性。

4.1.9 教学组织与管理

组织：统一做出教学计划，包括教学大纲、课程计划、各课程教学进度、各课程的教学目标及教学要求，并于开课前对任课教师进行培训。教学过程中对教学效果随时进行检查。

教师：

（1）安排具有丰富教学经验并富有活力的教师。

（2）教师严格执行实验计划各环节的具体要求。

（3）教师在教学过程中全身心投入，并用大量时间陪同学生活动交流。

（4）设专人负责管理学生日常生活及相关活动。

学生：

（1）考勤：每天记录学生的出勤情况，出勤情况与结业成绩相关。

（2）课堂教学效果记录表：教师根据学生课堂表现情况、教学任务完成情况以及出现的问题填写，每周两次。

（3）学生学习情况反馈表：对学生出勤、学习表现和学习中的典型错误提出书面反馈建议，每周一次。

（4）学生在申请参加强化班时须签定保证书，承诺在学期间遵守强化班的相关制度，并保证学习过程中不使用母语。

4.1.10 测试及考绩管理

对学生的学习效果和汉语水平按三阶段进行三次测试。

(1) 考试形式 { 笔试 / 口试 / 书面报告

(2) 考试成绩构成 { 出勤：10分 / 平时课堂表现：20分 / 第一阶段测试成绩：15分 / 第二阶段测试成绩：15分 / 结业考试成绩：40分

4.2 "进修教学模式"范例

4.2.1 教学对象

面向具体学习时间相对比较灵活，半脱产或业余学习，语言水平为初中等级的公司职员学生。

4.2.2 教学时间

4—12周脱产学习；或80—240学时的业余学习。

4.2.3 教学总目标

通过一段时间的教学，使学生逐步完成初级交际任务项目的学习，掌握经优选的语言材料中使用频率高、覆盖率大的相关语言要素，迅速提高汉语交际能力特别是口语表达能力，能够用汉语进行日常生活和学习范围内的初步交际活动，并能进行简单的社会交际与商务工作。

4.2.4 教学特点

(1) 教学内容实用：精选语言材料中使用频率高、覆盖率大的相关语言要素及日常生活、学习和简单的社会交际范围内的初级交际任务项目。

(2) 学习时间机动：职员可选择脱产式学习，也可选择业余在晚间或周末学习。

(3) 教学方式灵活：学用结合，注重真实性语言场景的设计、实物、教具和现代化教学手段的运用。

(4) 教学过程中组织语言交际课，整班训练和分组训练或一对一训练相结合，实地教学与课堂教学相结合。

4.2.5 课程设置

综合汉语课：通过典型的语言环境大量操练精选的、常用的汉语词汇和句型，促使知识转化为技能并达到流利和准确运用。以口语表达为重点。

汉语交际课：小班上课。根据实际交际的需要，将初级交际任务项目分级，以视听形式提供真实情景，组织交际练习，提高语言交际能力。

商贸汉语课：学习有关商贸词汇、常用语句，熟悉各类商务应用文体。

语言实践课：配合汉语交际课，以交际任务项目为线索，利用现实环境，通过参观、访问、实地教学等多种形式的语言实践，完成规定的交际任务，学以致用。

课程设置特点：

(1) 汉语语言能力提高和交际能力提高相结合，语法练习和交际任务项目练习相结合，突出口语表达能力的提高。

(2) 学习与运用相结合，强调所学知识转化为实际场景中的交际技能。

(3) 课堂教学与课外实践相结合，体现充分利用汉语大环境和特设的模拟环境的作用。

(4) 教学与自学相结合，鼓励学生课外学习的主动性。

4.2.6 教学组织与管理

统一做出教学计划，包括教学大纲、课程计划、各课程教学进度、各课程的教学目标及教学要求，并于开课前对任课教师进行培训。教学过程中对教学效果随时进行检查。

4.3 "自主学习与课堂教学相结合"的模式范例

4.3.1 教学对象

面向无固定学习时间、不可集中脱产学习等个性化需求无法得以满足的语言水平为初中等级的公司职员学生。

4.3.2 教学时间

可根据需要进行调整。

4.3.3 教学总目标

使学生快速高效地完成初级交际任务项目的学习,掌握经优选的语言材料中使用频率高、覆盖率大的相关语言要素,迅速提高汉语交际能力特别是口语表达能力,能够用汉语进行日常生活和学习范围内的初步交际活动,并能进行简单的社会交际与商务工作。

4.3.4 教学原则

(1) 个性化原则

传统的汉语教学模式以课堂教学为主要组织形式,由于教学对象之间学习水平与学习要求存在差异,使得以课堂教学为组织形式的汉语教学模式较难实现教学的针对性,影响了教学质量与效率。本模式将充分贯彻个性化教学的原则,任何一个进入系统的学习者都可以根据自身的汉语水平、学习意愿选择适合自己的学习等级、学习内容、学习方式及学习进度,从而为学习者提供个性化的服务,满足学习者的不同需求,保障教学的针对性。

(2) 信息化原则

随着网络多媒体技术的迅速发展,建立远程交互式汉语教学模式的条件已经成熟。本模式充分运用计算机技术和现代教育技术手段,通过创设真实自然的汉语环境,建立基于网络的以光盘和多媒体课件为依托的融教学、测试、管理全面信息化为一体的汉语教学模式。

(3) 开放式原则

传统的汉语教学模式以课堂教学为主要组织形式,学习者被相对固定在班级这个教学单位中。本教学模式依托网络虚拟平台展开,它把学习者从班级这个教学单位中解放出来,学习者可以选择适合自己的学习内容与学习方式,可以根据自己的条件自由地进入或暂时终止汉语学习状态,使学习活动呈现出更大的主动性与灵活性,使因工作、时间等条件限制而无法参加课堂教学的学习者自由地学习汉语成为可能。同时多媒体信息资源的开放性也保证了教学内容的与时俱进,动态更新。

(4) 组合式原则

学习内容的组合:学习者可以自由地选择、组合自己的学习内容与课程。

学习方式的组合:学习者可以自由地选择、组合适合自己的学习方式。包括多媒体课件学习、网络自学和教师面授。

现代教育技术与传统教学手段的组合。

学校教育与网络教育的组合。

教学、管理、服务的一体化。

(5) 标准化原则

学生管理、教师管理、课程管理、资源管理等各个环节的程序化、标准化。

4.3.5 教学特点

(1) 全程体现交际教学法。

(2) 充分考虑学习者的学习需求和学习便利,提供多种学习方式和个性化、多选择性的学习内容,满足多种层次、不同学习需求的学习者的需要。

(3) 实现学生管理、教师管理、课程管理、资源管理等各个环节的程序化、标准化。

4.3.6 教学内容

教学将以交际任务为主线组织学习内容,兼顾语言要素和文化因素的学习和商务专门知识点,贯彻交际教学法的交际原则、任务原则和意义原则,实现教学过程的交际化和实用性,做到学以致用、学用平衡,提高教学的趣味性和教学效率。

全程贯彻交际法教学,它以提高学习者的汉语交际能力为核心目标,以功能意念大纲为基础,从汉语语言交际的实际需要出发,把语言交际内容归纳为一系列交际任务项目,通过大量情景性、交际性操练,切实提高学习者的汉语交际能力。无论是网络多媒体教学,还是小班课堂教学,都非常强调创设真实的、具有交际价值的语言环境,此外还利用补充课程等多种多样的语言实践活动进行扩展训练,丰富学习者的汉语交际经验,强化汉语交际能力。

4.3.7 学习方式

主要有多媒体课件(光盘)学习、面授学习、网络课件自学三种,其中面授学习包括个别学习、小组学习、集体学习三种形式。在贯彻现代教育技术与传统教学手段组合原则时,将通过教师面授,把学习者通过其他学习方式学习的内容和结果汇集起来,弥补网络教育与传统学校教育的不足,最终完成教学要求和教学目标,实现本模式的教学理念。

4.3.8 教学组织与管理

强调教学指导教师的指导作用。学习者提出学习要求以后,教学指导教师将组织学习者参加入学测试,根据学习者的汉语水平和个性需求,制定有针对性的、个性化的学习目标、学习方式、学习时间,并给出学习建议,而且学习过程的监测、学习内容的调整、每月或更短时间一次的例会全部由教学指导教师负责,从而为学习者提供周到细致的教学服务。

4.3.9 学习流程

学习流程主要有测查、学习指导与计划、学习过程和总结性评价四个环节。具体流程如下：

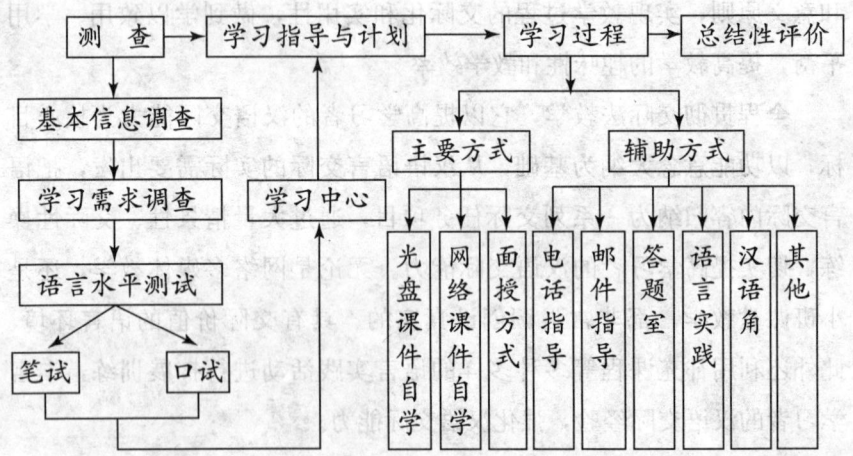

测查：组织针对学习者基本信息、学习需求的调查和汉语水平的测试。

学习指导与计划：教师根据学生的基本情况和初始学习计划进行口语面试。口语面试一方面进一步了解学生的汉语实际水平，另一方面，针对学习者的个体情况，综合考虑学习策略，提出学习指导建议，制定出具有个性化的学习计划。

学习过程：课程教师根据学生的具体情况组织学习者的学习过程，即通过主要的学习方式和辅助的学习方式来实施教学。在学习过程中，学习者可以根据自身的学习情况，在一定的学习阶段后申请面授学习、网上交流，或参加相应测试，并及时调整自己的学习计划。

总结性评价：学习者参加等级考试，对学习效果进行总结性评价，或进入下一等级的学习，或结束学习。

五、结　语

总之,"面向世界知名企业的汉语教学"必须充分考虑到公司企业职员的人员自身特点,考虑到他们的职业的工作特点与特殊需求,教学模式注重针对性和灵活性,以保证这些身处重要工作岗位的管理者可以在最短的时间内高效地完成汉语学习,并运用于工作和生活。

参考文献

Bruce Joyce、Marsha Weil、Emily Calhoun 等（2002）《教学模式》,北京：中国轻工业出版社。

崔永华（1999）略论汉语教学模式的改革,《世界汉语教学》第1期。

戴　姗（2006）世界500强大企业汉语教学模式的客户分析,《数字化汉语教学的研究与应用》,北京：语文出版社。

洪　芸（1998）速成汉语教学模式设计,《北京第二外国语学院学报》第2期。

汲传波（2006）论对外汉语教学模式的构建——由美国明德大学汉语教学谈起,《汉语学习》第4期。

刘长征《2006》ESP、CSP与面向大企业的对外汉语教学,《数字化汉语教学的研究与应用》,北京：语文出版社。

马箭飞（2004）汉语教学的模式化研究初论,《语言教学与研究》第1期。

盛　炎（1990）《语言教学原理》,重庆：重庆出版社。

万谊娜（2004）对外商务汉语与基础性对外汉语的教学比较,《云南师范大学学报》第11期。

赵金铭（2001）对外汉语研究的基本框架,《世界汉语教学》第3期。

赵金铭（2005）《对外汉语教学概论》,北京：商务印书馆。

周小兵　李海鸥（2005）《对外汉语教学入门》,广州：中山大学出版社。

左焕琪（2001）《外语教育展望》,上海：华东师范大学出版社。

雷　莉（2006）韩国三星集团的汉语教学,《世界汉语教学》第1期。

作者简介

毛悦，副教授，硕士生导师。1967年出生。1990年毕业于华东师范大学对外汉语专业，获文学学士学位。1990年至今任教于北京语言大学。在此期间在职攻读汉语言文字学硕士学位，2003年在北京语言大学获文学硕士学位。自2007年起师从赵金铭教授在职攻读语言学及应用语言学博士学位。教学经验丰富。曾获校青年教师优秀教学奖，开设校级观摩课及多种课型的公开课。担任教学管理工作，负责对整体教学工作进行全面设计，对各课型进行定位与规范。在国内外培训汉语教师上千人次。研究方向为对外汉语教学模式及教学方法研究。发表论文多篇。出版过多部教材如《汉语听力速成》《汉语口语速成》等。主持参加过《长城汉语》等多项国家级、校级科研项目。

汉语"对句"的文化解析与对外汉语教学

——鲁宝元

"对句"是指由字数相同、语法结构相同、语音相互映衬、语意相互关联的两个句子组成的句组。

古代的诗词歌赋、散文等文学作品中常常使用这种语言形式。宋代以后对句从诗歌散文中独立出来，与书法艺术相结合，形成了一种特别的艺术形式——对联，出现在节庆、婚丧嫁娶等民俗活动以及园林、寺庙的建筑装饰中。

对句这种语言形式，不光在书面语言中出现，人们在口头表达和交际中，也常常使用对句，经典的对句成为俗谚俚语，世世代代为人们喜闻乐用。

对句是汉语中最具中国文化特色的一种语言形式，探讨对句产生的原因、发展的历史、在中国文化领域中的分布，可以使人更深刻地认识汉语的文化特征。在对外汉语教学中，让外国学生学习对句这种表达形式，对深入理解中国文化、更好地运用汉语也是有好处的。

一、汉语对句的产生与中国人的思维模式

世界上的万事万物无不是由既对立又统一的两个方面构成的。这种朴素的辩证法思想，在中国很早就产生了。

中国古代的农业社会，先民通过仰观俯察，认识了天地、日月、昼夜、阴晴、水火等自然现象。进入阶级社会，认识到君臣、主奴、贵贱、贫富、治乱、兴衰等社会现象，从而在分析事物时逐渐形成了对立统一的思想方法。

《易经·系辞上》把这种观念概括成说："一阴一阳之谓道。"意思是：事物都是由阴阳相对的两个方面构成的，它是一种规律。《易经》的六十四卦是由三十二个对立卦组成，卦形和卦辞反映了自然界和社会生活中吉凶、祸福、得失、损益、泰否等一系列对立统一的现象。

中国古代哲学家老子也说："万物负阴而抱阳，冲气以为和。"意思是：万物的内部都包含着阴阳对立的两个方面，阴阳两方面在看不见的气中获得和谐。老子还揭示了事物对立统一的规律："故有无相生，难易相成，长短相形，高下相倾，音声相和，前后相随，恒也。"意思是：事物的有和无相对立而产生，难和易相对立而形成，长和短相对立而体现，高和下相对立而显示，音乐和歌声相对立而产生和谐，前和后相对立而伴随，这是永恒的规律。（《老子·二章》）

孔子的哲学讲究"中庸"，但从本质上说，他是承认事物存在对立的两端的。《论语》中谈到外表和实质的关系时说"质胜文则野，文胜质则史，文质彬彬，然后君子"。意思是说，做事只考虑实质而不考虑外表，则显得粗放；做事只考虑外表的文采而不考虑实质，则显得虚浮，只有文采和实质兼具，才是恰到好处的君子。（《论语·雍也》）

中国自古形成的这种对立统一的辩证思维模式一直影响着人们对事物的认识和表述。表现在语言表达上，就出现了对句这种两两相对、

意思又相互关联的语言形式。

　　有些文化语言学研究者还认为，中国人自古形成的"天人合一"主客体统一观念，造成了中国人善于从整体上认识事物，善于综合和概括，而疏于对客观事物进行分析和逻辑推理的思维模式，表现在语言表达上，就是强调"意合"。而对句，除了两两相对、格式整齐之外，词语与词语之间依靠"意合"也是重要特点之一。常常为造成整齐相对的形式，表达一个整体的意思，而不拘泥于词语与词语之间的语法关系。

二、汉语对句的产生与汉语自身的特点

　　汉语自身特点是对句产生的语言基础。汉语的最小单位是语素，每个语素基本上由一个音节表示，书面上写成一个汉字。汉语的音节有声调，四个声调又有高低抑扬的不同。汉语的这些特点使人们在说话和写文章时，可以巧妙地把语素配置起来，构成音节数目相同、声调高低和谐、形式整齐对称的句组，以表达密切相关的意思。这就为对句提供了语言基础。例如：

　　　　死　生　有　命，
　　　　仄　平　仄　仄
　　　　富　贵　在　天。
　　　　仄　仄　仄　平

　　这是孔子《论语》里的话。从音节（字数）上看，前一句是四个音节（四个汉字），后一句也是四个音节（四个汉字）。从结构上看，前一句是主谓结构，后一句也是主谓结构。从音韵上看，在关键位置上，字的音节的平仄是相对的。即：前一句关键字音节用"平声"，后一句相对字的音节用"仄声"；前一句关键字音节用"仄声"，后一句相对字的音节用"平声"。这样从语音上构成对称和谐美。如果汉语、

汉字没有上述的性质,对句这种表达形式也就无法产生。

三、汉语对句在中国文化中的表现

3.1 汉语对句与文学作品

汉语对句这种语言形式大量出现在中国的艺术文化——文学作品中,如古代的诗词歌赋、骈散文章、戏剧唱词等等,无不大量使用对句。在现当代的文学作品中对句也是常见的表达方式。

3.1.1 古代散文中的对句

先秦散文是当时口语体的文章,其中常常使用对句。如《论语》里的对句:

- 食不厌精,脍不厌细。
- 四体不勤,五谷不分。
- 学而不厌,诲人不倦。
- 学而不思则罔,思而不学则殆。
- 鸟之将死,其鸣也哀;人之将死,其言也善。

《老子》里的对句:

- (天下)皆知美之为美,斯恶已;皆知善之为善,斯不善已。
- 祸兮福之所倚,福兮祸之所伏。
- 视之不见名曰夷,听之不闻名曰希,搏之不得名曰微。
- 弱之胜强,柔之胜刚。
- 我无为而民自化,我好静而民自正,我无事而民自富,我无欲而民自朴。

两汉时期出现了叫"赋"的散文,多用对句。如枚乘的《七发》描写波涛的形状:

其始起也,洪淋淋焉,若白鹭之下翔。其少进也,浩浩溰

澶，如素车白马帷盖之张。其波涌而云乱，扰扰焉如三军之腾
装。其旁作而奔起也，飘飘焉如轻车之勒兵。

六朝江淹的《别赋》描写离别的情景：

> 黯然消魂者，唯别而已矣！况秦吴兮绝国，复燕宋兮千里；
> 或春苔兮始生，乍秋风兮暂起。是以行子断肠，百感凄恻。风
> 萧萧兮异响；云漫漫而奇色。舟凝滞于水滨，车逶迟于山侧。
>
> ……春草碧色，春水渌波，送君南浦，伤如之何！

汉赋以后演变为骈文，通篇都用对句，风格华丽优美，虽然不免流于形式主义，但许多名篇佳作仍然为人们所爱读。如唐代刘禹锡的《陋室铭》：

> 山不在高，有仙则名。水不在深，有龙则灵。斯是陋室，
> 唯吾德馨。苔痕上阶绿，草色入帘青。谈笑有鸿儒，往来无白
> 丁。可以调素琴，阅金经。无丝竹之乱耳，无案牍之劳形。南
> 阳诸葛庐，西蜀子云亭。孔子云：何陋之有？

唐宋八大家的散文骈散结合，也多使用对句。例如，韩愈《师说》：

> 是故弟子不必不如师，师不必贤于弟子，闻道有先后，术
> 业有专攻，如是而已。

柳宗元《钴鉧潭西小丘记》描写山石的情状：

> 其石之突怒偃蹇，负土而出，争为奇状者，殆不可数。其
> 嵚然相累而下者，若牛马之饮于溪；其冲然角列而上者，若熊
> 罴之登于山。

欧阳修《醉翁亭记》描写山间景色：

> 若夫日出而林霏开，云归而岩穴暝，晦明变化者，山间之
> 朝暮也。野芳发而幽香，佳木秀而繁阴，风霜高洁，水落而石
> 出者，山间之四时也。

苏轼《前赤壁赋》描写与友人共游赤壁的情景：

　　　　壬戌之秋，七月既望，苏子与客泛舟，游于赤壁之下。清风徐来，水波不兴。举酒属客，诵明月之诗，歌窈窕之章。少焉，月出于东山之上，徘徊于斗牛之间。白露横江，水光接天。纵一苇之所如，凌万顷之茫然。浩浩乎如冯虚御风，而不知其所止；飘飘乎如遗世独立，羽化而登仙。

3.1.2　古代的诗歌中的对句

中国最早的古代诗歌总集《诗经》，对句是最为常见的语言表达形式。例如：

　　　　昔我往矣，杨柳依依。

　　　　今我来思，雨雪霏霏。（《诗经·小雅》）

唐代出现了律诗，对句这种形式发展得更加完整，要求也更加严格。例如：

　　　　白日依山尽，黄河入海流。

　　　　欲穷千里目，更上一层楼。（王之涣《登鹳鹊楼》）

这首诗的对句工整，第一组对句："白"对"黄"，颜色词对颜色词；"日"对"河"，名物词对名物词；"依"对"入"，动词对动词；"山"对"海"，名物词对名物词；"尽"对"流"，动词对动词。第二组对句也同样严格，"欲"对"更"，虚词对虚词；"穷"对"上"，动词对动词；"千"对"一"，数词对数词；"里"对"层"，量词对量词；"目"对"楼"，名物词对名物词。对句中的前后句子不仅音节字数相同，声调和谐，而且相对的字词类也相同。深刻的思想内容和完美的艺术形式很好地结合起来，可以说是对句艺术的典范之作。

又如下面两首唐诗也含工整对句：

李白《静夜思》

　　　　床前明月光，疑是地上霜。

　　　　举头望明月，低头思故乡。

杜甫《绝句》

两个黄鹂鸣翠柳，一行白鹭上青天。

窗含西岭千秋雪，门泊东吴万里船。

3.1.3 现当代文学作品中的对句

古代文学作品重视使用对句，现当代的文学作品继承了这一传统。当代人写文章使用对句的例子不胜枚举。例如，一篇纪念语言学家朱德熙先生的散文这样写道：

我们要向朱德熙先生那样，心胸坦荡开阔，处事光明磊落，不汲汲于声名，不戚戚于贵贱，老老实实地做事，清清白白地做人。

散文中使用对句，极端者甚至成为新的骈文。下面是某报的新闻通讯《国际龙舟会》的描写：

中华大地，江河纵横；华夏文化，源远流长……轻快的龙舟如银河流星，瑰丽的彩船似海市蜃楼……仰视彩鸽纷飞，低眸漂灯留霓。焰火怒放，火树银花，灯舞回旋，千姿百态。

文章声韵节奏颇讲究，但内容空洞。这虽是一个反面例子，但从一个侧面反映了中国人写文章喜好使用对句和韵语这一文化传统。

新诗中讲究打破传统格律的限制，但也不可避免地使用对句。好的新诗其中对句同样被人奉为经典。例如，北岛的《回答》：

卑鄙是卑鄙者的通行证，

高尚是高尚者的墓志铭。

看吧，在那镀金的天空中，

飘满了死者弯曲的倒影。

3.2 汉语对句与民俗文化中的对联

汉语对句最初常用于各类文学作品中，后来对句的形式进入民俗文化，又形成了"对联"这种文学、书法与民俗文化结合的特殊的文化事项。

3.2.1 对联的起源

对联之兴,始于五代。五代之前,中国就有旧历新年挂桃符的风俗,就是在桃木板上画上类似符录的东西,挂在门前,用来驱邪避鬼。五代的时候开始有人把桃符上的符录换成用文字写成的对句,这就是最初的对联。相传后蜀皇帝孟昶曾自己撰写春联"新年纳余庆,嘉节号长春"。后来宋灭蜀,令吕余庆知成都,而长春是宋太祖的名号。这副对联成了谶语。

对联在宋代普及开来,形成一种新俗。或贴于门口,或贴于楹柱。

明朝朱元璋喜欢作对联。在南京建都后,曾命令除夕,广贴春联。他微服出宫观赏,并为一个屠户做了一副对联:"双手劈开生死路,一刀斩断是非根。"他赏赐大将军徐达一副对联:"破虏平蛮,功贯古今第一;出将入相,才兼文武无双。"

贴对联这种风俗从产生到现在一直长盛不衰,深入到社会生活中的各个方面。旧历新年家家户户要贴春联;结婚要给新郎新娘送喜联;庆贺生日要给主人送寿联;丧礼上悼念死者要送挽联;旧时代的商家店铺除了招牌字号之外,门口也常常挂对联。特别引人注目的是中国的名胜古迹的建筑物上,大都有文人墨客撰写的楹联。

3.2.2 对联的类别

对联的内容与相应的风俗习惯和场合有关。

(1) 春联

内容一般是祝愿在新的一年里能够丰收增产,日子越过越好。如:

迎新春,五谷丰登,家业天天向上;

庆佳节,六畜兴旺,生活日日提高。

(2) 喜联

内容通常是祝愿新婚夫妇永远相亲相爱,家庭幸福。如:

琴瑟和谐,同心永结;

凤凰双飞,白头到老。

(3) 寿联

内容大都是祝愿对方健康长寿的。如:

福如东海,

寿比南山。

(4) 挽联

内容一般是颂扬死者生前功绩,表示生者悼念之情的。如:

为国为民,光照青史;

无私无畏,名垂后世。

(5) 商家店铺联

店铺联有的起招牌的作用。表明店铺的性质。

书店(中华书局门联)

中原新气象,

华国大文章。

旅店

对烛三更梦,

辞家万里人。

服装店

温暖如人意,

缠绵动客心。

理发店

到来尽是弹冠客,

此处应无搔首人。

戏院

有时欢天喜地,有时惊天动地,转眼皆空;

或为君子小人,或为才子佳人,登场便见。

有的兼有广告作用。如:

生意兴隆通四海,

财源茂盛达三江。

意思是:店铺生意兴旺,财源充足,贸易和投资通达全国各地。用以显示商店的规模和实力,招徕顾客。

(6) 名胜古迹楹联

名胜古迹的建筑物的楹联往往与该地的风景、历史、人物有关,由于大都是文人创作,楹联常常包含着深刻的思想内容,同时又有着完美的书法、雕刻等艺术形式。如:

武昌黄鹤楼楹联:

爽气西来,云雾扫开天地憾;

大江东去,波涛洗尽万古愁。

意思是:凉爽的空气从西方吹来,云开雾散,扫除了天地之间的遗憾;滚滚大江向东流去,波涛洗尽了万古的愁绪。写出了从黄鹤楼上看到的雄大景色,以及景色使人心情豁然开朗的感受。

北京潭柘寺弥勒佛殿的楹联:

大肚能容,容天下难容之事;

开口便笑,笑世上可笑之人。

意思是:弥勒佛的大肚子容量很大,能容忍天下很难容忍的事;他又总是开口便笑,笑世上那些胸襟狭小的可笑的人。对联提醒人们要学习佛教的宽容精神,不要斤斤计较小事。

楹联给名胜古迹增加了更深的文化内涵。旅游中欣赏名山古寺上的楹联,是一种精神上的享受。

(7) 抒情言志联

文人常创作对联,用以抒情、言志、评论、讽喻,起到了其他文学艺术形式不能起的作用。如清末抗击英国侵略的民族英雄林则徐写过一副言志的对联：

海纳百川，有容乃大；

壁立千仞，无欲则刚。

意思是：大海能容纳千百条河流，因为它能包容所以才广大；岩壁耸立千仞，是因为它没有私欲所以就刚强。林则徐用这副对联勉励自己要善于听取各种意见，做事要公正无私，坚强不屈。

又如辛亥革命之后，袁世凯篡夺中华民国临时大总统职位，组织北洋军阀政府。当时有人写了这样一副讽喻联：

民犹是也，国犹是也，无分南北；

总而言之，统而言之，不是东西。

意思是：人民还是原来的人民，国家还是原来的国家，只不过不再分为南北两方；总起来说，统起来说，袁世凯这个总统不是好东西。对联尖锐讽刺了民国成立后，国号虽然改变了，南北形式上虽然统一了，但中国社会半封建半殖民地的性质并没有改变，袁世凯不过是一个新的封建统治者的社会现实。

对联本来是由新年贴春联的风俗逐渐扩展到生活的各个方面的，但实际上在长期发展中，它已经成了一种特殊的文学艺术形式，对联的创作已经不限于与民间习俗有关。

3.3 对句与民间俗语谚语

汉语中有大量的俗语和谚语，它是人们在生产活动和社会活动中产生的一种相对固定的语句，反映了人们的生产经验和社会经验。俗语和谚语最具民族文化特色，而汉语的俗语和谚语大量是以对句的形式出现的。

3.3.1 古代俗语、谚语中的对句

● 相马失之瘦，相士失之贫。（《史记》）

●天下熙熙皆为利来，天下攘攘皆为利往。(《史记》)

●贫贱之交不可忘，糟糠之妻不下堂。(《后汉书》)

●欲人勿知，莫若勿为；欲人不闻，莫若不言。(《五代史》)

3.3.2 现代汉语中俗语和谚语中的对句

●有理走遍天下，无理寸步难行。

●灯不拨不亮，话不说不明。

●鸟无头不飞，蛇无头不行。

●前人栽树，后人乘凉。

●吃人家的嘴短，拿人家的手短。

●虚心使人进步，骄傲使人落后。

3.4 汉语对句与传统语文教育

3.4.1 古代启蒙书的对句和韵语

古代的语文启蒙教材多采用对句形式的韵语。主要是读起来上口，便于记诵。既可识字，又可学习文化知识。

(1)《千字文》(南北朝)

  天地玄黄，宇宙洪荒。

  日月盈昃，辰宿列张。

  寒来暑往，秋收冬藏。

(2)《太公家教》(唐代)

  人无远虑，必有近忧。

  贪心害己，利口伤身。

  落网之鸟，恨不高飞。

  吞钩之鱼，恨不忍饥。

(3)《三字经》(宋代)

  人之初，性本善。

性相近，习相远。

养不教，父之过。

教不严，师之惰。

(4)《百家姓》(宋代)

赵钱孙李，周吴郑王。

冯陈褚卫，蒋沈韩杨。

(5)《昔时贤文》(清代)

路遥知马力，日久见人心。

人老心不老，人穷志不穷。

使口不如自走，求人不如求己。

常将有日思无日，莫把无时当有时。

3.4.2 古代语文教育的对句训练

对句还是古代语文教育的一种训练方法，俗称"对对子"或"属对"。一般是老师出上联，学生做下联。这实际上是一种语音、语汇、语法、修辞的综合训练。应该说是一种科学的教学方法。进行训练时，先练一字对，再练二字、三字、四字对，然后扩大到五字、六字、七字对，逐渐增加练习的难度。

"属对"要"实对实"，即名词对名词；"活对活"，即动词对动词；"死对死"，即形容词对形容词；"虚对虚"，即虚词对虚词。如"天"对"地"，"坚"对"柔"，"奔"对"流"，"于"对"以"等等。

在语言结构上，实际也有规则。联合结构对联合结构，偏正结构对偏正结构，主谓结构对主谓结构，动宾结构对动宾结构。如："兄弟"对"父母"，"微风"对"细雨"，"风吹"对"云腾"，"凿井"对"耕田"。

3.4.3 古代对句练习的教科书

如清代李渔著《笠翁对韵》：

天对地，雨对风，大陆对长空。山花对海树，赤日对苍穹。雷隐隐，雾蒙蒙，日下对天中。风高秋月白，雨霁晚霞红。牛女二星河左右，参商两曜斗西东。十月塞边，飒飒寒霜惊戍旅；三冬江上，漫漫朔雪冷渔翁。

《声律启蒙》

　　云对雨，雪对风。晚照对晴空。来鸿对去雁，宿鸟对鸣虫。三尺剑，六钧弓，岭北对江东。人间清暑殿，天上广寒宫。两岸晓烟杨柳绿，一园春色杏花红。两鬓风霜，途次早行之客；一蓑烟雨，溪边晚钓之翁。

　　在国学热兴起的今天，不少人提出恢复传统语文教育的主张。以对句和韵语为特色的国学启蒙书《三字经》《千字文》流行，唐诗宋词大行其道。许多家庭自觉地让孩子练习背诵。"属对"的训练在今天学校的语文教学中也有人做过尝试，甚至高考题也出了属对的题型。这些尝试应该说是富有中国文化特色，对提高学生的语文能力也是有益的。

四、对外汉语教学中对句的教学

　　对句既然是汉语中广泛运用的一种语言形式，外国学生在学习汉语中就不可避免地会经常听到和看到对句这种富有中国文化特色的语言形式。如在宴会上听到中国人说到"酒逢知己千杯少，话不投机半句多"这样的俗谚，在学习的教科书中读到像鲁迅《藤野先生》里"他的对于我的热心的希望，不倦的教诲，小而言之，是为中国，就是希望中国有新的医学；大而言之，是为学术，就是希望新的医学传到中国去"这样的名段，在报刊上看到类似"立党为公，执政为民"这样的口号，在游览名胜古迹时看到像"大肚能容，容天下难容之事；开口便笑，笑世上可笑之人"这样的楹联。因此在对外汉语教学中应该重视对句这种语言形式的教学。

4.1 指导学生认识对句这种语言形式的特点，理解对句所表达的思想内容

对外汉语教学中的对句教学的重点是学会欣赏对句形式美和对句所表达的思想内容。在中低年级的汉语教科书所选的文章中，如果出现对句这种语言形式，应该指出并讲解它在表达上的特点。

有些教科书中编入了内容比较浅易的古代诗词。在学习这些诗词时，遇到对句，应该讲解它的形式特点和在表达思想时所起的作用。

在参观，旅游等汉语学习实践活动中，要注意引导学生对名胜古迹建筑物和居室中的楹联进行赏析。

另外也可参照中国传统语文教育的经验，在编写外国学习者的汉语教科书时，采用对句和韵语编写课文。学生读起来朗朗上口，便于记忆单词，学习常用句型。

4.2 指导学生进行属对练习，或试写古体诗词

对汉语水平较高的外国学习者不妨也可以试试做些简单的属对练习。以使学生通过这种表达练习，提高学生运用汉语的能力。据资料记载，清代国子监对外国留学生进行的汉语教学中，就有"属对"和做诗的练习。当时琉球国官生所写的律诗和散文水平之高，对句运用之纯熟令人惊叹。

笔者也曾在留学生的选修课上试验过的练习属对，教师先结合对句的实例说明对句的结构特点和属对的规则和方法，然后进行练习。老师出上联，学生对下联。练习由浅入深，开始练一字对，如"天"对"地"、"雨"对"风"、"上"对"下"、"大"对"小"、"父"对"母"、"兄"对"弟"。再练二字对，如"红花"对"绿叶"、"飞鸟"对"游鱼"、"春暖"对"秋凉"、"学习"对"锻炼"、"打球"对"做操"。再练习三字对，如"写生词"对"念课文"、"逛商店"对"买东

西"、"风景好"对"游客多"、"吃得饱"对"喝不了"。然后练四字对，如"身体健康"对"精神快乐"、"发展经济"对"建设祖国"。在此基础上，开始练习一些简短的成句的对子。如教师出上联"妈妈厨房做饭"，学生对"爸爸客厅看书"；教师出"天上白云飘"，学生对"地下红花开"。接着练长一些的。老师出"念拼音写汉字学习汉语"，学生对"登长城游故宫了解北京"；老师出"听京剧看杂技吃中国菜"，学生对"练书法画国画打太极拳"。进一步还可以练习难些的。笔者曾以"风声雨声读书声声声入耳，国事家事天下事事事关心"这副名联为例，要学生仿做一个形式相同的下联。学生经过苦苦思考，相互讨论修改，最后对出来许多精彩幽默的下联。如，"汉语日语西班牙语语语精通""足球篮球乒乓球球球能赢""糖包豆包汉堡包包包好吃"。这样的练习学生既深入感受了汉语对句的形式美，又练习了词汇和句型。事实上学生对这样的练习兴致很高，也并不觉得很难。对句练习不必苛求工整，格律也不能过分讲究。

试写古体诗词相对来说较难，但是也有学生感兴趣，乐于一试。教师应予以鼓励，指导，修改，使他们创作愿望得到满足，使对外汉语教学更加生动活泼。这里就不一一举例了。

参考文献

陈望道（1979）《修辞学发凡》，上海：上海教育出版社。

谷向阳（1986）《中国名胜楹联大观》，合肥：黄山书社。

林庚编（1979）《中国历代诗歌选》，北京：人民文学出版社。

人民教育出版社编《古代散文选》(1980)，北京：人民教育出版社。

吴蒙标点（1993）《三字经　百家姓　千字文》，上海：上海古籍出版社。

游国恩等编（1979）《中国文学史》，北京：人民文学出版社。

张志公（1988）《传统语文教育初探》，上海：上海教育出版社。

作者简介

鲁宝元,北京外国语大学教授,男,汉族,1946年生于北京。北京师范大学中文系本科毕业。专业为汉语语言学。现为世界汉语教学学会会员、中国对外汉语教学学会会员、北京语言学会常务理事。长期从事对外汉语教学工作。曾任中文学院、国际交流学院副院长。并先后在日本福井县立高等学校、福井大学、名古屋商科大学、冲绳县国际交流人材育成财团语学中心担任过汉语和中国文化的教学工作。

研究重点为对外汉语教学。主要著作有《汉语与中国文化》《日汉语言对比研究与对日汉语教学》,主要教材有《交际汉语100课》(合编)、《中国文化读本》(副主编)。另发表有关对外汉语教学和中国文化研究的论文多篇。近年来开始从事日本汉语教学史研究,亦有相当成绩。

1992年获得北京市政府"北京市普通高等学校优秀教学成果一等奖"。2002年获国家汉办"全国对外汉语教学优秀教师奖"。

后　记

　　2002年9月，国家汉办组织了"全国对外汉语教学优秀教师"评选活动，共有11所高校的12名对外汉语教师获此殊荣。

　　荣获此次"全国对外汉语教学优秀教师奖"的教师是：北京大学刘颂浩，中国人民大学李泉，南开大学卢福波，华东师范大学吴勇毅，北京语言大学杨惠元，复旦大学吴中伟，北京师范大学张和生，上海大学熊文，南京师范大学肖奚强，暨南大学周健，北京语言大学毛悦和北京外国语大学鲁宝元。

　　这12位汉语教师都活跃在对外汉语教学的第一线。他们热爱对外汉语教学事业，在各自的工作岗位上，以扎实的业务素质和丰富的教学成果为汉语国际推广工作做出了应有的贡献。

　　如今，离当年评奖又过去了几年时间，这些老师在汉语本体研究、教学实践、学科建设、教材编写等方面也积累了更加丰富的经验，做出了不俗的成绩。我们想，将这些老师的经验结成集子汇总起来，对学界尤其是对外汉语教学领域的一线教师定会有较大的参考价值。

　　12位老师虽然遍布全国高校，有的正在地球的另一端从事着汉语教学和推广工作，但是他们在教学科研工作诸事繁忙的情况下，都如期完成了约请的论文。诸位老师对组稿工作的积极支持和配合，为这本集子的成功推出提供了最切实有力的保障。陆俭明先生德高望众，虽然当时身在国外，但却拨冗通读全稿，并欣然作序，令我们后辈十分钦重。此外，在论集组稿过程中，南京师范大学的肖奚强教授帮助我们做了不少工作,在此一并致以深深的谢意!

　　致力教材出版,推动学术繁荣是我们的宿愿。衷心祝愿汉语国际推广事业日益繁荣,不断壮大!

课程教材研究所
对外汉语课程教材研究开发中心
2008年10月